国家外汇管理局
重要文件选编（2012）

国家外汇管理局综合司　编

中国财政经济出版社

图书在版编目（CIP）数据

国家外汇管理局重要文件选编．2012/国家外汇管理局综合司编．—北京：中国财政经济出版社，2013.4

ISBN 978－7－5095－4354－2

Ⅰ．①国…　Ⅱ．①国…　Ⅲ．①外汇管理－金融法－汇编－中国②外汇管理－文件－汇编－中国　Ⅳ．①D922.286.9②F832.63

中国版本图书馆CIP数据核字（2013）第045693号

责任编辑：贾延平　张　莹　　　　责任校对：李　丽
封面设计：孙俪铭　　　　　　　　版式设计：孙俪铭

中国财政经济出版社出版

URL：http：//www.cfeph.cn

E－mail：cfeph@cfeph.cn

社址：北京市海淀区阜成路甲28号　邮政编码：100142

营销中心电话：88190406　北京财经书店电话：64033436　84041336

北京联兴盛业印刷股份有限公司印刷

787×1092毫米　16开　20.5印张　1 236 000字

2013年4月第1版　2013年4月北京第1次印刷

定价：80.00元

ISBN 978－7－5095－4354－2/F·3531

（图书出现印装问题，本社负责调换）

本社质量投诉电话：010－88190744

反盗版举报热线：88190492　88190446

目　录

第一章　综合部分

第二章　人民币汇率与外汇市场

第一节　外汇市场与结售汇业务管理

第二节　折算率表

第三章　国际收支统计

第四章　经常项目外汇管理

第五章　资本项目外汇管理

第一节　综合管理

第二节　外债管理

第三节　直接投资外汇管理

第四节　证券投资外汇管理

第六章　科技管理

附　录

第一章 综 合 部 分

易纲局长在2012年全国外汇管理工作会议上的讲话

同志们：

这次会议的主要任务是贯彻落实中央经济工作会议和第四次全国金融工作会议精神。刚才周行长作了重要讲话，外汇管理系统的同志要认真学习领会。下面，我主要回顾2011年外汇管理工作，分析当前外汇形势，部署2012年外汇管理工作。

一、2011年外汇管理工作

2011年是"十二五"规划的开局之年。在国际国内经济形势复杂多变、外汇收支波动较大的情况下，外汇管理部门按照党中央、国务院的总体部署，在人民银行党委的指导下，深入贯彻落实科学发展观，加快外汇管理理念和方式转变，在促进贸易投资便利化的同时，切实把减缓银行结售汇顺差过快增长摆在更加突出的位置，积极防范和打击"热钱"违规流入，稳步推进进出口核销制度改革，完善外汇储备经营管理，较好地完成了年初确定的主要工作任务。

（一）减缓银行结售汇顺差和外汇储备过快增长取得显著成效

针对跨境资金大规模流入的严峻形势，外汇管理部门按照国务院部署，疏堵并举、区分重点、多管齐下、综合施策，有效抑制各种投机套利资金流入。

一是未雨绸缪，打好应对“热钱”的有准备之仗。在做好形势预判、加强政策储备的基础上，进一步完善了应对大规模跨境资金流入的政策预案。2010年11月和2011年3月两次果断启动应对预案，加强银行结售汇头寸、出口收结汇、短期外债等外汇业务管理，进一步下调2011年度境内金融机构短期外债指标总规模。此外，上调银行间外汇市场交易费率，运用价格手段引导银行通过完善挂牌汇率定价调节结售汇差额。由于见事早，2010年11月以来两次提高银行结售汇头寸下限，提前要求银行增持外汇头寸，不仅缓解了央行当期购汇压力，降低了银行货币错配风险，也有效平滑了2011年4季度以来银行主动增持头寸的过程，平抑了市场可能产生的大幅波动。

二是疏堵并举，不断丰富跨境资本流动管理手段。2011年7月，进一步强调将减缓银行结售汇顺差过快增长作为工作重点，既要支持进出口贸易稳步发展，又要防止“热钱”流入。增强外汇管理全系统的主动性和责任感，加强贸易投资外汇流入真实性审核，鼓励有真实贸易投资需求的购付汇，对境外融资量较大的银行进行窗口指导，鼓励企业出口收入存放境外，试行个人结售汇“关注名单”管理等。

三是突出重点，继续严厉打击“热钱”等违法违规资金流入。提升外汇检查手段，推广外汇非现场检查系统，改变过去大范围拉网式排查的工作模式，提高打击“热钱”的精准性和有效性。抓大放小，以金融机构、大型企业为重点，开展资本金结汇、短期外债等专项检查，集中力量查办重大违规案件。2011年，共查处外汇违法违规案件3 488件，收缴罚没款超过5亿元人民币，较2010年增长1倍多。联合公安部门打击外汇违法犯罪活动取得重大进展。共破获39起地下钱庄、非法买卖外汇等违法犯罪案件，涉案金额合计达717亿元人民币，破获案件数量创历史新高。加大对市场主体违规情况的通报。2011年7月，对部分银行、企业及个人违规办理外汇业务的处罚情况进行通报，进一步震慑违法违规行为。

四是多管齐下，进一步提升跨境资金流动监管能力。全面监测形势发展变化和外汇市场动态，不断完善国际收支风险预警监测和市场预期调查，建立全面的银行贸易融资统计制度。以资本项目为切入点，在全国推广数据综合利用平台（一期），初步构建较为完整的跨境收支及业务监测数据体系。改进银行执行外汇管理规定情况考核制度，促进银行合规经营。加强部门联合监管，明确工作任务分工，形成抑制“热钱”流入的监管合力。

（二）外汇管理重点领域改革有序推进

把外汇管理改革作为加快外汇管理理念和方式“五个转变”的突破口，加大调研力度，精心组织实施，推动重点领域改革取得新进展。

一是稳步推进进出口核销改革。联合国家税务总局上报《关于优化升级出口收汇与出口退税信息共享机制的请示》，并获国务院批准，2011 年 9 月与国家税务总局、海关总署联合发布《关于货物贸易外汇管理制度改革试点的公告》，12 月 1 日起在江苏、山东、福建等七省（市）进行进出口核销改革试点。合规企业正常的进出口业务均无需逐笔办理核销手续，通过对企业贸易项下货物流与资金流进行总量筛选匹配、动态监测、分类监管，健全风险防范机制，实现贸易便利化和监管有效性的有机统一。从试点情况看，货物贸易外汇管理改革大大简化了银行、企业业务办理手续，降低了运营成本，提高了银行真实性审核的责任心，增强了企业加强内部管理的自觉性，逐步形成贸易便利化和风险管理相结合的新型管理模式。

二是加快数据和系统整合步伐。完成直接投资等 15 个业务系统应用门户整合，实现外汇局、银行和企业端访问渠道与登录界面的统一。建立外汇管理数据资源库，集中各外汇管理业务系统的数据，实现了信息资源共享。配合进出口核销改革和资本项目信息系统整合，调整和规范银行收付汇凭证及相关信息采集，进一步加强和规范信息系统代码标准化管理。

三是进一步便利市场主体外汇收支和交易。2011 年 1 月 1 日起，将出口收入存放境外政策推广至全国。简化部分资本项目外汇管理政策，下放五项业务的审批权限。规范电子银行个人结售汇业务管理，便利个人办理结售汇业务。完善合格境外机构投资者（QFII）和合格境内机构投资者（QDII）制度，截至 2011 年 12 月末，累计批准 110 家 QFII 机构投资额度 216. 4 亿美元，96 家 QDII 机构投资额度 749. 5 亿美元。联合有关部门制定并发布有关人民币合格境外机构投资者（R－QFII）境内证券投资业务试点办法，进一步推动境内资本市场开放。

四是积极培育和发展外汇市场。推出银行对客户的货币掉期和人民币对外汇期权交易，加强银行期权交易风险头寸管理，进一步满足市场主体规避汇率风险的多样化需求。在银行间外汇市场增加澳元、加元对人民币交易，降低跨境贸易和投资汇兑成本。

（三）外汇管理依法行政水平和透明度不断提高

一是加快推进行政审批和法规清理整合工作。取消进口预付货款退汇核准等16项行政许可具体项目。归并整合国际收支统计申报相关法规29件，完成货物贸易、服务贸易、外商直接投资外汇管理等法规清理整合方案，更新《现行有效外汇管理主要法规目录》，并在外汇局政府网站公布。二是加大对外宣传和数据发布力度。加强对“热钱”和外汇储备等热点问题的舆论引导，首次对外发布《2010年中国跨境资金流动监测报告》，分三期发布《外汇储备热点问答》，正向引导社会舆论。首次按季度公布国际投资头寸表。

（四）外汇储备经营经受住国际金融危机的考验

继续加强中长期战略布局，进一步加强风险管理，完善经营管理方式。继续优化投资管理模式，加强各类资产的相对价值研究，进一步拓展外聘投资渠道。加大外汇储备创新运用工作力度，成立外汇储备委托贷款办公室，拓展多种渠道和方式，进一步支持企业“走出去”等国家战略。加强机构和队伍建设，不断完善海外经营平台，稳步推进同城备份中心建设，优化人才引进、选拔、培养和激励机制。

（五）机关党建、党风廉政、干部队伍建设和外汇管理基础性工作再上新水平

一是认真落实中央巡视后的整改工作。根据2010年中央第一企业金融巡视组对外汇局巡视后提出的主要问题和整改意见，局党组认真制定了整改落实方案，及时做出部署，并带头加以落实，有效提升了外汇管理水平。二是大力加强机关党建工作。深入学习胡锦涛同志在庆祝中国共产党成立90周年大会上的讲话精神，举办红歌比赛和党史知识竞赛，营造“学党史、争先进”的良好氛围，并通过局长接待日、座谈会等方式加强与干部职工的沟通和交流，进一步增强党组织的凝聚力和战斗力。围绕外汇局中心工作，按照“五个好”、“五带头”标准，继续深入开展创先争优活动，评选先进单位和个人，增强广大党员干部爱岗敬业的自觉性和责任感。抓好机关党建工作考核，完善评价体系，推动机关党建工作的落实。三是强化党风廉政建设。认真开展“党风廉政建设警示教育月”活动，组织签订党风廉政

建设责任书，进一步增强全体党员干部廉洁从政意识。出台党风廉政建设责任制实施办法和党风廉政建设5年规划，成立外汇局党风廉政建设责任制领导小组，为推进党风廉政建设提供制度和组织保障。成立党组纪检组和监察室，充实纪检监察队伍力量。开展处以上领导干部廉政知识测试，加强对纪检监察干部的培训教育，提高廉政意识与业务能力。四是完善干部队伍建设。推动选人用人工作的规范化和制度化，及时调整配备司处级干部，积极协调、大力推动总局干部挂职锻炼和分局干部工作交流。扎实推进事业单位分类改革，较好地解决了部分事业单位的更名和转制。五是夯实外汇管理基础性工作。不断完善公文、外事、财务、保密档案、政府采购等规则，扎实做好涉密文件、经济数据等专项检查，进一步规范涉密载体管理，新建涉密网办公自动化系统工作基本完成。完善内部管理和内审内控，重新修订业务考核评价办法，增强分局围绕中心开展工作的执行力。组织对部分业务司和分局的内部审计，并尝试开展绩效审计和履职审计。统一清理和规范分局印章管理。加强财务管理，按照国务院要求公开2010~2011年“三公经费”预算和决算情况，组织开展“小金库”全面复查，健全防治“小金库”的长效机制，严格控制“三公”经费支出，保障外汇管理重点工作经费需求。全面开展公务用车和庆典、研讨会、论坛活动治理工作。

上述工作成绩是在党中央、国务院的正确领导下，在人民银行的悉心指导和有关部委的大力支持下，在外汇管理系统广大干部职工的共同努力下取得的。特别是分支局同志认真贯彻落实总局的各项部署，在减顺差、促平衡、防风险、推改革等方面不懈努力、积极探索，做了大量富有成效的工作。在这里，我代表局党组向全系统广大干部职工表示诚挚的慰问！

在充分肯定成绩的同时，也要清醒地看到，我们的工作还存在许多不足，与科学发展观的要求尚有差距。我们还需进一步加快外汇管理理念和方式的“五个转变”，更好地发挥外汇管理服务经济和防范风险的作用；还需进一步提高外汇管理工作的前瞻性和全局性，增强对复杂形势的预判和应对能力；还需进一步探索更多运用符合市场经济要求的政策手段，提高监管和调控的有效性；还需进一步梳理现行政策法规中不适应形势发展变化的方面，夯实依法行政、执政为民的法律基础等。

二、对当前形势的几点认识

2011 年，世界经济增长放缓，国际贸易增速回落，主要发达经济体失业率居高不下，欧洲主权债务危机日趋恶化，全球大宗商品和金融市场震荡加剧，贸易和投资保护主义进一步抬头。我国国民经济继续朝着宏观调控预期方向发展，经济增长由政策刺激向自主增长有序转变，呈现增长较快、价格趋稳、效益较好、民生改善的良好态势。受国内外经济形势影响，2011 年外汇收支总体保持净流入，近期大幅放缓。这既有实体经济因素，也有市场和政策因素，需要客观地分析和评估。

一是欧美债务危机等外部环境恶化对我跨境资金流动产生一定影响。近期，欧洲主权债务危机愈演愈烈，全球投资风险偏好下降，金融市场去杠杆化和信贷紧缩加剧。出于本土资本补充和流动性准备压力，欧美机构和企业纷纷变现境外资产，调回美元弥补其空头仓位，我国境内企业延期付款等贸易融资行为受到抑制，面临更大的购汇偿还压力。

二是近年来内需在我国经济发展中的作用有所加强，进出口顺差更趋平衡。危机以来，我国经济发展的内生性、自主性明显增强，内需对提高我国经济增长贡献率有显著作用。

三是以减顺差为导向的外汇管理政策调整对跨境资金流动发挥了积极作用。如提高银行结售汇头寸下限以来，银行增持结售汇头寸，相当于减少央行等量购汇，也降低了银行货币错配风险。

预计当前外汇收支运行态势可能延续一段时间，2012 年全年外汇资金总体保持净流入，但流入总量将大大低于过去几年的平均水平。一方面，进出口顺差和外商直接投资仍将是我国外汇净流入的基础。现阶段国内储蓄依然大于投资，在现有国际分工格局下，我国经常项目尤其是贸易顺差局面不会改变。我国经济持续平稳较快发展，国内市场前景广阔，有望继续吸引国际长期资本流入。另一方面，贸易项下套利避险资金短期内可能延续外流局面。鉴于欧债危机仍在继续发酵，国际流动性紧张的局面暂时难以缓解，短期内我国企业仍将延续对外负债去杠杆化进程。从全年情况看，预计 2012 年外汇收支形势将分为两个阶段。第一阶段外汇收支可能基本平衡，个别月份出现小幅净流出。第二阶段外汇收支走势将取决于届时国际金融市场状况，若外部流动性依然偏紧，我国企业对外负债去杠杆化将持续，外汇净流入继续偏低；若欧美央行进一步大幅输出流动性、国际金融市场趋稳，我国外汇净流入可能有所回升。

当前外汇收支形势变化总体上利大于弊。一方面，外汇供求关系趋于平衡，国际收支状况有所改善，外汇净流入压力大幅缓解，有利于改善宏观调控，缓解物价上涨压力，为经济平稳较快发展和经济结构调整创造有利条件。另一方面，当前外汇收支形势变化对于货币政策、汇率政策、外汇管理和外汇储备经营有着重大政策含义。对货币政策而言，跨境资金净流入下降意味着 2003 年以来以外汇占款为主渠道投放基础货币、同时大量对冲流动性的货币调控方式将发生改变，央行资产负债规模和结构也将随之发生变化，央行货币政策自主性增强。对汇率政策而言，境内外人民币汇率预期出现分化，外汇供求关系明显改善，经常项目顺差与 GDP 之比下降至 3% 左右，表明人民币汇率正趋向合理均衡水平，推进汇率形成机制改革所需的市场环境正逐步形成。对外汇管理而言，形势的变化意味着监管要进一步向均衡管理转变，注重平滑跨境资金流入、流出过程，防止出现大起大落。对外汇储备经营而言，外汇储备增长速度的变化，意味着需要资产配置进一步优化，流动性管理更加准确，始终把安全性放在首位，防范风险，守住底线。

三、2012 年外汇管理工作思路和主要任务

2012 年是实施“十二五”规划承上启下的重要一年。面对国内外经济出现的新情况、新特点、新机遇和新挑战，外汇管理部门要全面贯彻落实中央经济工作会议和第四次全国金融工作会议的总体要求、基本原则和主要任务，巩固和扩大应对国际金融危机冲击成果，加快外汇管理方式转变，促进外汇管理科学发展。

2012 年，外汇管理工作的总体要求是：贯彻落实党的十七大和十七届三中、四中、五中、六中全会，中央经济工作会议和第四次全国金融工作会议精神，以邓小平理论和“三个代表”重要思想为指导，深入贯彻落实科学发展观，按照党中央、国务院的统一部署，加快外汇管理理念和方式的“五个转变”，着力提高外汇管理的有效性，密切监测跨境资金异常流动，构建防范跨境资金双向流动冲击的体制机制，以贸易投资便利化为重点，深

化重点领域改革，稳步推进资本项目可兑换，培育和发展外汇市场，完善外汇储备经营，促进经济平稳较快发展。在此，要着力做好以下几项重点工作：

（一）坚守风险底线，构建防范跨境资本流动冲击的体制机制

下一阶段，要继续对外汇资金采取分类管理方式，认真总结 2011 年减缓银行结售汇顺差和外汇储备过快增长的做法和经验，对跨境资金流动实施均衡管理，重点防流入。要着力把握以下重点环节：一是完善应对跨境资金双向流动的政策预案。要提高外汇管理政策的针对性和前瞻性，既要完善和充实防范外汇资金大量净流入的政策预案，也要做好防范跨境资金集中流出的政策储备。二是着力构建防范跨境资金流动冲击的政策传导机制。发挥外汇管理系统在监管上的积极性和主动性，充实“总局—分局—银行”、企业、个人等市场主体的三级政策传导机制，探索运用经济和法律手段，提高对市场主体外汇收支行为的调控能力。要重点抓好市场主体中银行这一关键节点，充分发挥银行在政策传导机制中的作用。三是保持对异常外汇资金的密切监测和高压态势。开展对银行、跨国公司和特殊经济区域等重点领域的检查，严厉打击地下钱庄等外汇领域违法犯罪行为，加大对违法违规信息的披露力度，提高对外汇违法违规行为的震慑力。

（二）抓住当前有利时机，加快推进外汇管理重点领域改革

中央经济工作会议提出必须把握当前发展的重要战略机遇期，牢牢把握加快改革创新这一强大动力，抓住时机尽快在一些重点领域和关键环节取得突破。外汇管理要服务于经济发展的大局，敢于攻坚克难，进一步推动外汇管理重点领域和关键环节改革。一是扎实做好进出口核销改革试点和推广。保证进出口核销改革试点平稳推进，及时发现问题，总结经验，完善系统和制度；积极探索岗位职能转变，实事求是地推进人员转型，做好系统、制度、人员等各项准备，适时在全国推广进出口核销改革。二是稳步推进资本项目可兑换。要按照顺势而为、整体推进、突出重点、防范风险的思路，把握好资本项目开放的力度和节奏：扩大民间对外投资，充分调动民间主体对外投资的积极性，适时适度开放有资质的居民个人对外直接投资；整合境外上市外汇管理相关规定，便利境内机构境外上市。进一步完善监管手段，积极推进资本项目信息系统整合。三是加快培育外汇市场。改进做市商做市机制，增强外汇市场自我调节、自求平衡的能力。完善外汇市场清算机制和交

易机制，建立更加灵活多样的交易平台，丰富人民币外汇衍生产品，满足各类经济主体规避汇率风险的需要。

（三）进一步转变管理方式，促进贸易投资便利化

下一阶段，要重点做好以下几项工作。一是继续推进数据和系统整合。以构建非现场监测分析预警体系为重点，加快建设跨境资金流动监测与分析平台，实现监管信息的有序整合，提高数据采集、监测、分析和预警的有效性。二是积极探索主体监管思路。继续支持部分分局开展主体监管试点，研究增强企业遵纪守法自觉性的有效方式，探索组织机构、业务整合、数据集中和监测分析等方面的思路。三是加快推进服务贸易外汇管理改革。完善政策法规、简化行政审核、加强事后监管，进一步便利服务贸易外汇收支。四是进一步规范非金融机构结售汇业务市场准入管理。在总结试点经验的基础上，进一步推动个人本外币特许兑换业务发展。

（四）完善管理体制机制，实现外汇储备资产的安全、流动和保值增值

继续贯彻国务院领导指示精神，加强形势研判，优化货币和资产摆布，完善外汇储备经营管理体制机制，保证外汇储备资产的安全、流动和保值增值。同时，积极配合国家总体战略，创新外汇储备的运用方式，更好地发挥外汇储备支持国家经济社会发展的积极作用。

（五）加强制度建设，促进外汇管理基础工作再上新台阶

一是完善国际收支统计体系。按照国际货币基金组织《国际收支手册》（第六版）要求，制订实施规划，修订发布金融机构对境外业务统计申报制度。二是严格坚持依法行政。继续完善外汇管理立法，夯实外汇管理行政执法的基础。继续做好行政审批项目清理工作。推进外汇管理法规清理整合，指导分局开展辖内政策评估，清理历史遗留的、仍在运行的一些不便利的地方土政策和办法，切实简化手续，便利经营。三是加大新闻宣传工作力度。加强外汇管理政策宣传员队伍建设，为外汇管理创造良好舆论环境。

（六）进一步加强党建、廉政、干部队伍建设和内部管理工作

一是以迎接党的“十八大”召开为主线，加强学习型党组织建设。按照中央的统一部署，配合做好“十八大”代表的选举工作。进一步落实好局党组中心组学习制度，把学习宣传“十八大”精神引向深入，着力推进外汇管理系统学习型党组织建设。二是深入开展创先争优活动，加强领导班子和干部队伍建设。进一步加强政策理论学习，开展实地调查研究，在把握

大局、提升宏观意识的基础上，统筹抓好制度和落实，不断提高领导班子决策的科学性。采取主题党日、自主选学、干部轮训以及交流任职等多种形式，使政治思想工作经常化、日常化，提高基层党员干部的政治思想素质及业务能力。三是继续抓好反腐倡廉教育，不断完善制度，强化监督，注重预防，继续推动廉洁高效政府机关建设。严格落实党风廉政建设责任制，强化领导干部“一岗双责”，建立健全干部廉政档案，开展干部提醒谈话、任前谈话和诫勉谈话，构建主体明确、责任清晰、监督到位的制度机制。四是进一步加强和完善内部管理。进一步规范办公秩序，发布外汇局工作人员办公须知和公文处理办法，不断提高办公效率和公文处理水平。以加强涉密信息系统建设为重点，建立健全保密、机要文电、档案等基础数据库。加大内审内控检查力度，完善对权力运行的监督和制约。进一步健全预算精细化管理措施。推进政府采购分级管理，切实防范采购风险。

同志们，2012年外汇管理面临更加复杂严峻的形势，防范跨境资金流动冲击风险的任务仍然十分艰巨。我们要将思想和行动统一到中央对国内外形势的判断和对明年经济工作的总体要求及决策部署上来，自觉服从服务于大局，坚定信心，振奋精神，开拓进取，扎实工作，继续推进外汇管理各项工作取得新进展，使我们的工作在新的一年再上一个新台阶！

附：

坚定信心 扎实工作 推进外汇管理各项工作再上新台阶

国家外汇管理局新闻稿 2012年1月8日

日前，全国外汇管理工作会议在京召开。会议传达学习党的十七届六中全会、中央经济工作会议和第四次全国金融工作会议精神，全面总结2011年外汇管理各项工作，深入分析当前经济金融和国际收支形势，研究部署2012年外汇管理工作。中国人民银行副行长、国家外汇管理局局长易纲在会上就外汇管理工作作报告，副局长邓先宏、方上浦、王小奕、李超，纪检组长杨国中，外汇管理分局（外汇管理部）、局机关各单位、驻外机构相关负责同志出席了会议。

会议指出，2011年，外汇管理部门按照党中央、国务院的总体部署，深入贯彻落实科学发展观，加快转变外汇管理理念和方式，在促进贸易投资便利化的同时，切实把减缓银行结售汇顺差过快增长摆在更加突出的位置，积极防范和打击"热钱"违规流入，稳步推进进出口核销制度改革，完善外汇储备经营管理，较好地完成了年初确定的主要工作目标和任务。

会议强调，2012年是实施"十二五"规划承上启下的重要一年。面对国内外经济出现的新情况、新特点、新机遇和新挑战，外汇管理部门要全面贯彻落实党的"十七大"和十七届三中、四中、五中、六中全会、中央经济工作会议和第四次全国金融工作会议精神，以邓小平理论和"三个代表"重要思想为指导，深入贯彻落实科学发展观，按照党中央、国务院的统一部署，加快外汇管理理念和方式的"五个转变"，加强跨境资金流动监测和管理，深化重点领域改革，促进国内经济平稳较快发展。

会议研究部署了 2012 年外汇管理重点工作：一是坚守风险底线，构建防范跨境资本流动冲击的体制机制；二是加快推进外汇管理重点领域改革，扎实做好进出口核销改革试点和推广，循序渐进推进资本项目可兑换，加快培育外汇市场；三是进一步转变管理方式，促进贸易投资便利化；四是完善管理体制机制，实现外汇储备资产的安全、流动和保值增值；五是加强制度建设，完善国际收支统计体系，严格坚持依法行政，促进外汇管理基础工作再上新台阶；六是进一步加强党建、廉政、干部队伍和内部管理工作。

易纲局长在2012年国家外汇管理局分局长座谈会上的讲话

同志们：

大家好！这次会议的主要任务是，贯彻落实党中央、国务院关于经济金融工作的决策部署，总结2012年以来外汇管理工作进展情况，分析研究金融外汇形势，明确下半年外汇管理工作重点，部署落实当前外汇领域防范金融风险工作任务。下面，我代表局党组讲几点意见。

一、2012年以来外汇管理工作

2012年以来，外汇管理部门贯彻落实党中央、国务院的总体部署，在人民银行党委的指导下，按照稳中求进的工作总基调，加快外汇管理理念和方式转变，坚守风险底线，积极防范跨境资金流动风险，推动外汇管理重点领域改革，完善外汇储备经营管理，促进国民经济平稳较快发展，各项工作取得新进展。

（一）坚持把防风险放在首位，完善防范跨境资金流动冲击的体制机制

一是密切跟踪欧债危机、银行去杠杆化进程和跨境资金流动变化，从监测跨境资金流入为主，转向对流出流入的双向监测，加大监测分析的频度和力度，客观评估复杂的国内外经济环境和跨境资金流向，提高监测分析的敏感性和前瞻性。二是全面梳理当前外汇管理领域的潜在风险，明确监管职责和应对措施，充实防范跨境资金大幅波动特别是异常流出的政策储备。三是继续保持对违规资金的高压打击态势。大力开展非现场检查，对保税监管等特定区域部分银行、企业进行专项检查，加大对大要案和地下钱庄的打击力

度。截至 2012 年 6 月底，共查处案件 1 761 起，违规金额 323.9 亿美元，罚没款共计 2.35 亿元人民币；联合公安部门破获地下钱庄等非法买卖外汇案件 31 起，冻结金额 8 783 万元人民币。四是加大对违法违规信息通报力度。召开金融机构外汇检查情况通报会，向金融监管部门通报相关商业银行总行违规情况。五是加强对银行体系涉及外汇潜在风险的监测和提示。将中资金融机构购买欧洲债券纳入统计，召集主要中资金融机构，通报欧债危机最新进展，提示金融资产、交易对手和外汇流动性等潜在风险，要求做好应对预案。

（二）稳步推进重点领域改革，货物贸易外汇管理制度改革顺利推广

在江苏等七省（市）稳步推进货物贸易外汇管理制度改革试点，及时进行总结和评估。在试点取得明显成效，并得到企业、银行和地方政府充分肯定的基础上，6 月 27 日，与海关总署、国家税务总局联合发布公告，宣布自 8 月 1 日起在全国范围内实施货物贸易外汇管理制度改革。改革后，取消货物贸易外汇收支逐笔核销，通过总量核查、动态监测和分类管理，健全风险防范机制；同时，相应调整出口报关流程，简化出口退税凭证，加强部门联合监管，实现贸易便利化和监管有效性的有机统一。目前，全国推广工作平稳有序，社会各界评价积极正面。

（三）积极推动贸易投资便利化，支持实体经济发展

一是简化境外直接投资资金汇回和境外放款外汇管理，放宽个人对外担保管理，有力支持民间资本“走出去”。二是优化 2012 年短期外债余额指标分配结构，适当增加中西部地区和服务于小微企业的中小银行短期外债指标。三是取消银行收付实现制头寸下限管理，实行银行结售汇综合头寸正负区间管理，增强银行外汇交易和风险管理的主动性和灵活性。四是便利市场主体外汇交易。对村镇银行进入银行间外汇市场给予政策支持，简化外汇市场准入管理，丰富货币掉期交易形式，扩大个人本外币兑换特许业务试点范围。推进电子银行个人结售汇业务发展，研究规范电子商务外汇支付业务。

（四）主动转变管理方式和手段，稳步推进资本项目有序开放

一是管理流程优化和系统整合取得积极进展。着手对直接投资、资本市场和外债管理法规进行全面梳理、归并和整合，按照主体监管的思路，通过管理流程再造，缩短和简化业务环节。对现行资本项目管理信息系统进行整合，为进一步推进资本项目可兑换夯实基础。二是积极配合相关监管部门，

稳步推进合格境外机构投资者（QFII）和合格境内机构投资者（QDII）制度。2012年上半年，批准48家QFII机构投资额度共计57.2亿美元，4家QDII机构投资额度24亿美元；首批试点的人民币合格境外机构投资者（RQFII）工作进展顺利；分别新增QFII和RQFII投资额度500亿美元和500亿元人民币。

（五）不断提高外汇管理透明度，正确引导社会舆论

一是积极推进法规清理工作。完成服务贸易、直接投资、外债等法规清理方案，配合货物贸易外汇管理制度改革，废止116个货物贸易相关规范性文件。各分局按计划完成了辖内法规文件梳理，摸清底数，大幅减少规范性文件数量并上报拟保留文件目录。二是有效开展舆情监测和舆论引导工作。贯彻落实全国金融工作会议精神，分七个专题详细解读涉及外汇管理工作成果。针对社会关注的国际收支状况、投资收益、打击“热钱”等热点话题，及时释疑解惑，正确引导社会舆论。三是进一步提高数据透明度。发布2011年中国跨境资金流动监测报告和中国国际收支报告，在公布季度国际收支平衡表时配发答记者问，向全社会介绍我国跨境资金流动和国际收支状况。首次发布金融机构直接投资和远期结售汇签约数据，完整公布1982年以来年度和1998年以来季度国际收支平衡表时间序列数据，以及数据发布时间表。

（六）完善外汇储备经营管理，保障外汇储备资产安全

一是完善外汇储备经营管理体制机制，组织实施新的投资基准管理模式，优化货币和资产摆布，稳步推进多元化经营。二是积极应对欧债危机，加强形势跟踪研判，完善危机应对方案，适时调整风险政策，保障外汇储备资产整体安全。三是进一步拓宽投资渠道，创新外汇储备运用，加强外汇储备委托贷款能力建设，优化驻外机构资产经营模式，完善全球化经营平台。四是修订完善备份中心应急操作方案，组织开展同城备份中心应急演练，提升应急水平。五是大力推进机构和队伍建设，开展外汇储备经营人才“百人计划”选拔，完善经营管理人员长期激励和约束机制。

（七）扎实开展党风廉政建设工作，加强机关党建和干部队伍建设

一是全面落实党风廉政各项工作。认真贯彻中央纪委七次全会和国务院第五次廉政工作会议精神，召开外汇局党风廉政建设工作会议，签订党风廉政建设责任书，组织开展处级以上干部党风廉政建设培训班。出台《新提

拔领导干部廉政谈话实施办法》，将任职廉政谈话制度化、规范化。二是充分发挥纪检监察部门的作用，对总局有关部门和部分分局贯彻落实党中央和国务院重大决策部署、局党组布置的重点工作任务、依法行政以及党风廉政建设情况开展监督检查和调研工作，有针对性地提出工作要求，提高制度执行力。三是积极推进机关党建工作。深入开展基层组织建设年活动，总结出17项“支部工作法”。通过主题党日、学雷锋征文、辩论赛以及评选表彰先进党支部、优秀共产党员和优秀党务工作者等活动，提高广大党员创先争优的自觉性和主动性。四是加强干部队伍建设。修订完善干部竞争上岗、干部交流等规章制度，采取多种方式推动干部交流任职和锻炼，组织开展处级领导干部竞争上岗和非领导职务干部选拔任用。大力加强培训工作，不断提高干部综合素质。五是稳妥推进事业单位人事制度和非时政类报刊出版单位体制改革。

（八）强化内部管理，夯实基础性工作

一是加强信息化建设。扩充完善货物贸易外汇监测系统，稳步推进跨境资金流动监测和分析平台建设，进一步完善银行数据采集接口规范并发布实施。完成外汇局新版互联网站和外汇案件管理系统上线工作。完善信息安全组织管理架构，完成系统信息安全保护定级工作，积极推进灾备中心建设。二是规范办公秩序，提高办公效率。出台外汇局公文处理办法，编写公文写作手册，加强培训，提高公文处理质量和效率。严格值班纪律，完善应对突发事件和维护稳定工作方案。将日常性督办与重要工作专项督办相结合，保证工作任务落实到位。加强保密制度建设，顺利通过国家密码安全专项检查，规范分支局印章管理。三是厉行节约，加强财务管理。严把会议数量、规模和经费关，严控出访团组数与人数。认真开展预决算财务管理，按时公布2011年度部门决算和2012年预算。四是强化内审内控管理。开展对部分业务司及分局的内部审计，积极探索绩效审计，督促相关整改工作落到实处。

总的来说，在广大干部职工的共同努力下，全系统对外汇管理理念转变的理解更加深入，各项工作扎实推进。货物贸易外汇管理制度改革在全国顺利推广，资本项目外汇管理法规清理和系统整合工作取得积极进展，查处外汇违法违规行为取得显著成效，跨境资金流动监测和分析平台建设有序推进。各分局还在主体监管、事后监测等方面进行了积极探索并取得新进展，在防范跨境资金流动风险方面积累了新经验，在服务地方实体经济发展方面有了新举措。这些工作成绩与局党组统揽全局、凝聚共识、坚持改革紧密相关，也与分局积极进取、扎实工作、狠抓落实密不可分。在这里，我代表局党组向全系统广大干部职工表示诚挚的慰问和衷心的感谢！

二、当前外汇形势和下一阶段形势展望

2012 年以来，随着欧债危机不断深化，世界经济复苏的长期性和复杂性进一步凸显。一是主要经济体复苏步伐放缓。美国经济温和复苏，但基础并不稳固。欧元区经济接近衰退边缘，德国、法国经济低迷，意大利、西班牙等重债国经济陷入深度衰退。受外需疲弱、内生动力不足等影响，新兴市场经济降温态势明显。二是欧洲主权债务危机进一步恶化和扩散。希腊经济持续衰退，能否留在欧元区面临严峻考验，西班牙银行业危机进一步扩散，意大利借贷成本迅速攀升。欧盟救助措施效果有待观察，不排除有再度反复的可能。三是全球金融和商品市场动荡加剧。受欧债危机循环升级、世界经济前景不明影响，全球股票市场大幅震荡，主要货币汇率波动加剧，国际资本避险情绪上升，资金流出新兴市场。国际大宗商品价格大幅波动，一季度原油、大豆等价格持续上涨，进入二季度后大幅回落，近期又有所反弹。

在复杂多变的国际经济环境下，2012 年以来，党中央、国务院坚持稳中求进的工作总基调，加大政策预调微调力度，国民经济运行总体平稳。上半年，我国国内生产总值同比增长 7.8%，经济增速保持在年初确定的预期目标内；受进口增长明显慢于出口影响，贸易顺差扩大为 689 亿美元，同比上升 56.4%；实际利用外资 591 亿美元，下降 3%，非金融类对外直接投资 354 亿美元，增长 48.2%；居民消费价格同比上涨 3.3%，其中 6 月份上涨 2.2%，7 月份涨幅回落到 1.8%，通胀压力明显趋缓。

面对复杂的国内外经济形势，我们既要善于把握其长期走势及决定因素，也要及时发现新特点、新现象。从 2003 年到 2011 年 9 月的近 10 年间，市场主体通过企业间贸易信贷、银行贸易融资、人民币跨境支付等方式，实现“资产本币化、负债外币化”，我国基本处于人民币汇率升值预期较强、外汇储备大幅增长和央行被动投放基础货币的格局。2011 年四季度以来，形势发生了深刻变化，跨境资金流动呈现出大体平衡的格局。这里既有欧债

危机进一步恶化的国际因素，也有人民币升值预期改变和境内美元利率高于境外市场的原因。受此影响，市场主体资产负债币种摆布出现变化。这有利于外汇市场自求平衡，减少了央行对外汇市场的干预，减缓了外汇储备过快增长的势头。

据初步统计，2012年上半年国际收支大体平衡，略有盈余。一是经常项目趋向更加平衡。经常项目顺差772亿美元，与国内生产总值之比为2.1%，较2011年下降0.6个百分点。二是跨境资金流动呈双向变化。资本和金融项目顺差149亿美元。其中，一季度，随着国际市场环境转暖，国际资本回流我国，资本和金融项目由2011年第四季度逆差290亿美元转为顺差561亿美元。二季度，在国内外因素共同作用下再现逆差412亿美元。三是外汇储备增长放缓。剔除汇率、价格等影响，外汇储备资产增加636亿美元，同比少增2 174亿美元。

对此，需要强调三点。一是资本和金融项目逆差不能简单与外汇流出划等号。二季度，贸易信贷由净负债转为净资产的主要原因不是进口预付大幅增加，而是出口延期收汇大幅增加，这表明企业将一部分出口货款暂时留在境外。因此，贸易信贷的变化，主要反映的是我企业对外债权有所增加，而非外汇资金实际流出。二是资产和金融项目逆差不等于外资大规模集中撤离。现在，社会上有种议论，一谈到资本和金融项目逆差，就总是和资本外逃特别是外商投资企业撤资联系起来，实际情况并非如此。2012年上半年，我国国际收支平衡表中，直接投资净流入900亿美元。其中，二季度直接投资净流入仍然达到386亿美元。这意味着我国利用外资具有较强的稳定性。三是资本和金融项目逆差在当前是“藏汇于民”的一种体现。近期，随着人民币汇率趋向均衡水平，经常项目顺差和外商直接投资等外汇资金流入不再完全转化为外汇储备资产，企业、个人和银行主动持有了一部分外汇资源，并将这部分外汇以存放或贷放等方式运用到境外，体现为资本和金融项目逆差。这种情况符合我们长期以来倡导的“藏汇于民”的方向，有利于减少微观主体货币错配的风险。对此，应该因势利导、冷静观察。

预计下半年我国外汇资金总体将保持小规模净流入，但仍可能存在波动，不排除个别时期出现净流出。一方面，有利于我国跨境资金保持总体平衡的因素正在逐步积累。一是近期党中央国务院出台的一系列预调微调政策将有助于提振市场信心、保持经济平稳增长，有利于吸引中长期资本流入。

二是鉴于世界经济低迷，国际大宗商品价格可能回落，将推动国内进口额下降，下半年货物贸易顺差可能高于上半年。三是各主要经济体宏观经济政策趋于宽松，将更加注重增长，欧盟仍有资源和决心解决欧债危机，不让欧元区解体是欧洲坚守的底线，有助于稳定我国外需。四是随着贸易和经常项目状况的改善，人民币汇率趋近均衡水平，跨境资金将转为双向均衡流动。但另一方面，我国跨境资金流动仍面临一些不确定因素。美国经济复苏乏力，各国保增长的政策空间大不如前，欧债危机远未结束且存在蔓延和反复震荡风险，金融危机有向新兴经济体扩散的风险，地缘政治突发事件可能带来商品市场和金融市场的大幅震荡，都可能影响我国跨境资金流向。同时，市场主体资产负债调整行为对跨境资金流动的影响至关重要。为此，应重点关注企业和银行回补美元头寸的变化情况，做好跨境资金可能有进有出的准备。

三、下一阶段主要工作任务

做好下一阶段外汇管理工作，关键是要按照党中央、国务院的统一部署和人民银行分支行行长座谈会的要求，坚持稳中求进的工作总基调，把稳增长放在更加重要的位置，适应国内外形势新变化，加快转变外汇管理理念和方式，以防范外汇管理领域主要风险、稳步推广货物贸易外汇管理制度改革为重点，推动外汇管理各项工作深入开展。各级领导干部要率先垂范，加强理论和业务学习，深入实践，把工作做细、做实。今年各项工作安排已在年初全国分局长会议上进行了部署，在这里我重点讲两方面工作。

（一）继续把防风险摆在外汇管理工作的突出位置

维护涉外经济金融安全事关我国经济发展和社会稳定大局。当前，我国涉外经济运行总体平稳，外汇储备充裕，抵御外部冲击能力较强，但危机以来涉外经济发展面临不确定性因素增多，维护涉外经济金融安全任务紧迫而繁重。党中央、国务院高度重视防范和化解金融领域风险。今年以来，国务院多次召开会议集中研究金融领域风险点。近期国务院领导同志专门强调，要高度关注金融领域的潜在风险问题，认真梳理、分清责任、层层落实，对苗头问题要早发现、早处置、早化解，切实守住不发生区域性、系统性金融风险的底线。在刚刚召开的 2012 年人民银行分支行行长座谈会上，也对防范金融领域风险做了专门部署。外汇局党组对此高度重视，多次召开局长办公会议，及时传达党中央、国务院领导同志的指示和人民银行会议精神，切实把防风险作为一项政治任务，全面梳理了跨境资金流动、外汇管理改革、外汇储备经营、统计数据误读、打击外汇违法行为、网络和信息安全等外汇管理领域六个方面潜在风险隐患，并有针对性地充实了政策预案。

希望大家高度关注外汇管理领域的风险问题，学习好、领会好、传达好、贯彻好、落实好国务院领导同志关于防范金融风险的指示精神，牢固树立风险意识，在有序推进外汇管理各项改革的同时，切实把防范外汇管理领域风险放在工作的突出位置，守住风险底线。在此，重点强调以下几点：

一是明确职责，增强风险防范的紧迫感。防范风险是金融工作的生命线，各分局一把手要亲自抓，摸清情况，对本辖区内的外汇管理领域风险做到心中有数。要明确监管职责和应对措施，从总局到分局，责任要逐级分解，落实到岗，明确到人，一级抓一级，层层抓落实，早发现、早报告、早处置，防止局部风险转化为全局性、系统性风险。2011 年，为更好地理顺总分局间的政策传导机制，明确职责分工，形成系统合力，在分局考核中设置了专项考核的内容。从实际效果看，各分局按照总局的部署，积极主动、卓有成效地开展工作，圆满完成了当年“减顺差”的任务。目前国际收支形势发生了一定变化，总局正在着手根据形势发展，对专项考核指标进行相应调整，希望各分局能一如既往地按照总局要求，完成好落实好“防风险”的各项任务。

二是突出重点，做好外汇形势监测分析。进一步提高对外汇形势变化的敏感性，密切跟踪跨境资金流动走势，及时发现苗头性、倾向性变化，提高对外汇形势预判的科学性。分局要重点加强辖内外汇形势分析，做到心中有数，形成总体判断，为总局决策提供数据支持。要重点加强对经济主体跨境资金摆布渠道的分析，摸清企业贸易信贷、银行贸易融资以及外国投资者在华权益等情况，从前期“防热钱、控流入”转向流出入均衡管理。

三是未雨绸缪，充实政策预案。完善跨境资金集中流出入的政策预案，进一步充实跨境资金异常流动的应对措施，发挥外汇管理政策预调微调功能，减缓跨境资金波动对实体经济的冲击。对新政策、新系统要早做准备，切实杜绝风险，把好事办好。分局要认真排查各业务、技术、运行和管理环节存在问题，制定或完善应急预案，做到业务和技术应急处理相衔接，提高系统应急响应能力。在创新外汇储备运用方式的同时，做好风险应对预案，有效应对突发风险事件。

四是狠抓落实，夯实管理基础。切实加强系统建设、制度建设、应急响应和舆论引导。以构建非现场监测分析预警体系为重点，加快跨境资金流动监测与分析平台建设，完善国际收支风险预警系统，提高数据采集、监测、分析和预警的有效性。加大统计核查力度，完善贸易、投资、外债和个人等外汇管理措施。根据形势变化及时调整外汇检查方向和重点领域，对流入和流出均衡检查。要依法行政，合法合规、有理有据地打击地下钱庄等外汇领域违法犯罪行为。优化货币和资产摆布，加强外汇储备流动性管理，保证外汇储备资产的安全、流动和保值增值。加强“自媒体”时代舆情全程监测，增强舆论引导的有效性和针对性，同时加大对违法违规信息的披露力度，形成威慑力。此外，要加强与其他涉外监管部门以及地方政府的信息沟通和政策协调，提升跨部门监管合力。

五是不断进取，通过改革提升风险防范能力。防范外汇管理领域的主要风险，最根本的是要深化外汇管理体制改革，提高化解和抵御风险的能力。改革不是简单地放松管制，而是在更高层次上将便利化和防风险有机统一，通过转变管理理念和方式，在便利市场主体的同时，探索有效防范风险的体制机制。同时，还要从理顺外汇供求关系入手，为市场主体提供更加丰富的汇率风险管理工具，增强外汇市场自我调节、自求平衡的能力，提高金融机构风险管理水平，发挥市场在配置外汇资源中的基础性作用；统筹好“引进来”和“走出去”，稳步推进资本项目可兑换，在更大范围、更高层次上提高资源配置能力和金融安全保障水平。此外，还要加强宣传教育，提高社会公众的风险防范意识。

（二）继续把货物贸易外汇管理制度改革工作做实做细

货物贸易外汇管理制度改革取得积极进展。改革货物贸易外汇监管方式是我国涉外经济形势发展的必然要求，是党中央国务院交给我们的重要任务，也是践行“五个转变”的具体体现。在局党组的带领下，经过总分局几年的艰苦努力和扎实工作，确定了先进口和后出口、先试点后推广的基本思路。经过充分的准备，货物贸易外汇管理制度改革于今年 8 月 1 日正式在全国推广。从推广三周的情况看，改革推进平稳有序，总体进展顺利。各分局完成了岗位设置、业务流程调整和内控制度建设，银行、企业贸易外汇收支业务办理方便快捷，货物贸易外汇监测系统运行平稳，社会各界反应积极。作为货物贸易外汇管理制度改革的重要内容之一，外汇局大幅取消行政审批，改革后货物贸易外汇相关的行政审批项目由过去的 19 小项简化为 4 小项，管理重点从事前转到事中和事后上来。这符合 2012 年 8 月 22 日国务院常务会议关于取消和简化第六批行政审批事项的会议精神，有利于简化审批，提升外汇管理服务水平，促进贸易便利化，也有利于转变政府职能，落实依法行政，为反腐倡廉提供制度保证。

改革成效取决于服务、监测和管理水平的提升。货物贸易外汇管理制度改革能否取得预期效果，主要从以下三方面加以评判。

一是贸易便利化程度是否得到提高。改革简化了单证要求，优化了业务流程，旨在降低企业和银行成本。由于流程的重构，绝大多数外贸企业在收付汇、退税等环节是否便利，按照新的监管要求办理业务是否顺畅，成本是否降低，需要在改革推进过程中不断总结和完善。能否“服务好”是关系到货物贸易外汇管理有效性的核心。

二是监测分析能力是否得到有效提升。改革取消了货物流和资金流的逐笔核销，设置了总量比对、动态监测的机制，增强了系统监测分析功能。其目的是要在非现场监测中及时发现外汇收支异常变动，锁定重点监管主体，理清异常资金流动的主要渠道，判明企业资金调配方式。能否“说得清”是关系到货物贸易外汇管理有效性的基础。

三是监管效力是否得到进一步加强。改革在取消逐笔核销、便利绝大多数企业的同时，并没有放松贸易外汇监管要求，在制度和系统设计中的多个监管环节均设置了风险防控措施，包括企业签订确认书，对新企业实行辅导期管理，设置特殊交易报告环节，促进企业增强合规经营的自觉性；加强系统监测分析功能，从宏观、中观、微观三个层次入手，及时发现潜在风险点；实行分类管理，集中力量监管少数异常企业，提高企业违规成本；与海关、税务等部门加强信息共享和联合监管等，都是为了防范和遏制异常资金通过贸易渠道大进大出。能否“管得住”是关系到货物贸易外汇管理有效性的关键。

货物贸易外汇管理制度改革需要把握好几项原则。

一是以理念转变为重点，一手抓服务，一手抓管理。货物贸易外汇管理一方面关系着落实和完善稳定外贸政策，促进对外贸易稳定发展，一方面关系着维护国家经济金融安全。改革就是从这两方面出发，在提高监管有效性的同时，提升贸易便利化程度。为实现这一目标，货物贸易外汇管理的方式和手段变了，岗位和人员进行了重新调配，最重要的是思想和理念上要相应转变。从每天同企业打交道转为日常监测货物流和资金流变化情况，要沉得下心来，面对抽象的数据，寻找异常线索，分析变化趋势；要切实从企业出发，了解其经营方式、操作特点和行为动因，理清哪些是正常业务操作，可以提供政策支持和改进服务，哪些是投机套利运作，需要关注防范。在监管过程中，要始终平衡好防风险和便利化的关系。在改革推广初期，要充分考虑企业的实际情况，分类管理既要坚持原则，又要有一定容忍度，保证企业逐步适应新的管理方式。在当前经济存在下行压力，企业经营存在一定困难的情况下，支持企业健康发展，使其通过合规经营获得监管便利。

二是以系统为依托，一手抓监测，一手抓运行。取消现场核销后，企业贸易外汇收支监管通过监测系统进行，感觉上与企业的距离拉远了。此时，系统是联系我们与企业的平台，也是帮助我们成为“千里眼”和“顺风耳”的工具。因此，各级领导和业务人员要尽快熟悉货物贸易外汇监测系统，学会运用总量核查和综合分析工具进行监测分析。从事非现场监测的同志更要熟练掌握系统功能，将经验判断与系统筛选相结合，层层剖析，准确研判贸易资金流动状况，确定监管方向，锁定重点企业，提升外汇管理效率。同时，系统联系着几十万家企业、上万家银行、近千家分支局以及海关和税务等监管合作部门，稍有问题，影响较大。在新系统上线运行初期，要特别注意保持系统稳定性，加强日常运行维护，按照近期下发的《货物贸易外汇管理应急预案》，明确职责、加强演练，积极防范、化解风险。

三是以队伍建设为基础，一手抓职能，一手抓学习。管理工作是否可持续，关键看人员转型工作能否跟上，需要在主观上加快角色转变，客观上加强人力资源配置和培训。此次改革对管理岗位和职能进行了比较大的调整，大幅减少柜台操作，更多转向非现场监测、分类管理和现场核查。在这一过程中各分支局要从理顺职能入手，深入细致地做好人员调整和岗位设置工作。要切实加强培训，在做好政策初期全面培训的基础上，有针对性地开展专项培训。此后，还要结合地方实际和工作需要，逐步优化人员配备、提升人员素质，形成一支监测能力强、政策把握准、管理服务好的干部队伍。

扎实平稳做好改革推广后续工作。当前，货物贸易外汇管理制度改革进入了崭新阶段，关键是要将“纸面上”的政策法规，切实转化为“行动中”

的监测核查。希望大家一如既往地发扬开拓进取、敢打硬仗的精神风貌。一是要继续做好对企业、银行的服务和政策引导，做到有问必答、首问负责，主动协调解决企业在报关、退税环节可能遇到的管理衔接问题。二是要不断学习，练好内功，将改革精神、政策法规和系统操作吃透，着力提升宏观分析和非现场监测能力，摸索并及时总结监测分析的有效方法。三是要坚持依法行政，完善内控管理，特别是在现场核查、企业分类、签发“登记表”等直接影响企业经营的环节，将推广后的工作做扎实。四是要及时发现推广过程中出现的问题，认真研究解决，不能解决的及时上报总局，同时要善于总结好的经验，为今后其他改革提供借鉴。

在做好上述两项重点工作的同时，还要稳步推动外汇管理其他各项工作。一是继续推动法规清理和法规框架重构。梳理外汇管理基本架构，按业务模块归并整合现行法规，改变目前管理过细、分散立法、文件交叉矛盾等问题。按照“五个转变”要求，构建框架清晰、权责明确的外汇管理法规体系。明确分局可保留的规范性文件目录并适时公开。二是稳步推进资本项目可兑换进程。从制度和系统入手，通过构建内容完整、层次简明清晰的资本项目管理法规体系，搭建面向主体的综合信息系统，重塑业务流程，简化行政审核，完善统计监测，将管理重点逐步转变到事后核查和统计监测，逐步提高资本项目可兑换程度。近期工作重点是简化直接投资项下管理，大幅减少核准事项，鼓励和促进民间对外投资；研究跨境期货业务，继续稳步推进 QFII、QDII、RQFII 业务发展。三是完善外汇市场交易和清算机制，推进国内外汇市场对外开放，继续发展人民币外汇衍生产品。四是加强思想政治和基层组织建设，抓好廉政风险防控试点工作。五是加强干部队伍建设，修订完善人事和内控相关制度，加强内审内控监督工作，稳妥推进事业单位改革。

同志们，下一阶段外汇管理工作任务十分繁重，希望大家把思想和行动统一到局党组的工作部署上来，坚定信心，扎实工作，为促进经济平稳较快发展做出更大贡献，以优异成绩迎接党的“十八大”胜利召开！

谢谢大家！

附：

防风险　促改革　以便利化为抓手更好地服务实体经济

国家外汇管理局新闻稿　2012 年 8 月 24 日

日前，国家外汇管理局分局长座谈会在陕西省西安市召开。会议认真学习贯彻党中央、国务院关于经济金融工作的决策部署，总结 2012 年以来外汇管理工作，分析研究金融外汇形势，明确下半年外汇管理工作重点，部署落实当前外汇领域防范金融风险工作任务。国家外汇管理局局长易纲作工作报告，各副局长、纪检组长、总经济师出席会议。

会议指出，2012 年以来，外汇管理部门按照党中央、国务院的统一部署，在人民银行党委的指导下，按照稳中求进的工作总基调，加快外汇管理理念和方式转变，坚守风险底线，积极防范跨境资金流动风险，推动外汇管理重点领域改革，完善外汇储备经营管理，促进国民经济平稳较快发展，各项工作取得新进展。一是坚持把防风险放在首位，完善防范跨境资金流动冲击的体制机制。加强对跨境资金流出入的双向监测，继续保持对违规资金的高压打击态势，全面梳理当前外汇管理领域的潜在风险，充实相关政策储备。二是稳步推进重点领域改革，货物贸易外汇管理制度改革顺利推广。在江苏等七省（市）货物贸易外汇管理制度改革试点的基础上，于 2012 年 8 月 1 日将改革推广至全国。三是积极推动贸易投资便利化，支持实体经济发展。简化境外直接投资资金汇回和境外放款外汇管理，放宽个人对外担保管理；适当增加中西部地区和服务于小微企业的中小银行短期外债指标；实行银行结售汇综合头寸正负区间管理；对村镇银行进入银行间外汇市场交易给予政策支持，丰富货币掉期交易形式，扩大个人本外币兑换特许业务试点范围等。四是主动转变管理方式和手段，稳步推进资本项目有序开放。管理流程优化和系统整合取得积极进展，稳步推进合格境外机构投资者（QFII）和合格境内机构投资者（QDII）制度，首批试点的人民币合格境外机构投资者（RQFII）进展顺利。五是不断提高外汇管理透明度。积极推进法规清理工作，加大外汇统计数据发布力度，及时回应社会关注。六是完善外汇储备经营管理。七是扎实开展党风廉政建设工作，加强机关党建和干部队伍建设。八是强化内部管理，夯实基础性工作。

会议提出了下一阶段外汇管理工作重点。一是要继续把防风险摆在外汇管理工作的突出位置，切实守住风险底线。二是要继续把货物贸易外汇管理制度改革工作做实做细。三是继续推动法规清理和法规框架重构。四是稳步推进人民币资本项目可兑换进程。五是完善外汇市场交易和清算机制，推进国内外汇市场发展。六是抓好廉政风险防控试点工作，加强干部队伍建设。

会议强调，下一阶段外汇管理工作任务十分繁重，各级外汇管理部门要紧密团结在以胡锦涛同志为总书记的党中央周围，以邓小平理论和“三个代表”重要思想为指导，深入贯彻落实科学发展观，坚定信心，齐心协力，推动外汇管理各项工作深入开展，为促进经济平稳较快发展做出更大贡献，以优异成绩迎接党的“十八大”胜利召开！

国家外汇管理局　海关总署　国家税务总局关于货物贸易外汇管理制度改革的公告

［2012］第1号

为大力推进贸易便利化，进一步改进货物贸易外汇服务和管理，国家外汇管理局、海关总署、国家税务总局决定，自2012年8月1日起在全国实施货物贸易外汇管理制度改革，并相应调整出口报关流程，优化升级出口收汇与出口退税信息共享机制。现公告如下：

一、改革货物贸易外汇管理方式

改革之日起，取消出口收汇核销单（以下简称核销单），企业不再办理出口收汇核销手续。国家外汇管理局分支局（以下简称外汇局）对企业的贸易外汇管理方式由现场逐笔核销改变为非现场总量核查。外汇局通过货物贸易外汇监测系统，全面采集企业货物进出口和贸易外汇收支逐笔数据，定期比对、评估企业货物流与资金流总体匹配情况，便利合规企业贸易外汇收支；对存在异常的企业进行重点监测，必要时实施现场核查。

二、对企业实施动态分类管理

外汇局根据企业贸易外汇收支的合规性及其与货物进出口的一致性，将企业分为A、B、C三类。A类企业进口付汇单证简化，可凭进口报关单、合同或发票等任何一种能够证明交易真实性的单证在银行直接办理付汇，出口收汇无需联网核查；银行办理收付汇审核手续相应简化。对 B、C 类企业在贸易外汇收支单证审核、业务类型、结算方式等方面实施严格监管，B 类企业贸易外汇收支由银行实施电子数据核查，C 类企业贸易外汇收支须经外汇局逐笔登记后办理。

外汇局根据企业在分类监管期内遵守外汇管理规定情况，进行动态调整。A 类企业违反外汇管理规定将被降级为 B 类或 C 类；B 类企业在分类监管期内合规性状况未见好转的，将延长分类监管期或被降级为 C 类；B、C 类企业在分类监管期内守法合规经营的，分类监管期满后可升级为 A 类。

三、调整出口报关流程

改革之日起，企业办理出口报关时不再提供核销单。

四、简化出口退税凭证

自 2012 年 8 月 1 日起报关出口的货物（以海关“出口货物报关单［出口退税专用］”注明的出口日期为准，下同），出口企业申报出口退税时，不再提供核销单；税务局参考外汇局提供的企业出口收汇信息和分类情况，依据相关规定，审核企业出口退税。

2012 年 8 月 1 日前报关出口的货物，截至 7 月 31 日未到出口收汇核销期限且未核销的，按本条第一款规定办理出口退税。

2012 年 8 月 1 日前报关出口的货物，截至 7 月 31 日未到出口收汇核销期限但已核销的以及已到出口收汇核销期限的，均按改革前的出口退税有关规定办理。

五、出口收汇逾期未核销业务处理

2012 年 8 月 1 日前报关出口的货物，截至 7 月 31 日已到出口收汇核销期限的，企业应不迟于 7 月 31 日办理出口收汇核销手续。自 8 月 1 日起，外汇局不再办理出口收汇核销手续，不再出具核销单。企业确需外汇局出具相关收汇证明的，外汇局参照原出口收汇核销监管有关规定进行个案处理。

六、加强部门联合监管

企业应当严格遵守相关规定，增强诚信意识，加强自律管理，自觉守法经营。国家外汇管理局与海关总署、国家税务总局将进一步加强合作，实现数据共享；完善协调机制，形成监管合力；严厉打击各类违规跨境资金流动和走私、骗税等违法行为。

本公告涉及有关外汇管理、出口报关、出口退税等具体事宜，由相关部门另行规定。之前法规与本公告相抵触的，以本公告为准。自 2012 年 8 月 1 日起，本公告附件所列法规全部废止。

特此公告。

附件：废止法规目录（内容详见光盘）

二〇一二年六月二十七日

附 1：

货物贸易外汇管理制度改革全国施行

国家外汇管理局新闻稿　2012 年 6 月 29 日

为大力推进贸易便利化，进一步改进货物贸易外汇服务和管理，自 2011 年 12 月 1 日起，国家外汇管理局、海关总署、国家税务总局在江苏、山东等七省（市）进行货物贸易外汇管理制度改革试点，试点情况良好，取得明显成效。在此基础上，日前，国家外汇管理局、海关总署、国家税务总局联合发布公告，决定自 2012 年 8 月 1 日起在全国范围内实施货物贸易外汇管理制度改革，并相应调整出口报关流程、简化出口退税凭证。主要内容包括：

一是全面改革货物贸易外汇管理方式，简化贸易进出口收付汇业务办理手续和程序。外汇局取消货物贸易外汇收支的逐笔核销，改为对企业货物流、资金流实施非现场总量核查，并对企业实行动态监测和分类管理。银行为企业办理收付汇的单证和流程均大幅简化。

二是调整出口报关流程。取消出口收汇核销单，企业办理出口报关时不再提供核销单。

三是简化出口退税凭证。自 2012 年 8 月 1 日起报关出口的货物，企业申报出口退税时不再提供出口收汇核销单；税务部门参考外汇局提供的企业出口收汇信息和分类情况，依据相关规定，审核企业出口退税。

四是提升监管手段，防范外汇收支风险。通过总量核查和分类管理对企业进行动态监测，对少数异常、可疑的企业进行重点监管，监管资源配置更加合理，增强了监管的针对性、有效性和威慑力。

五是加强部门联合监管。国家外汇管理局、海关总署、国家税务总局将进一步加强合作、完善协调机制、实现数据共享、形成监管合力，严厉打击各类违规跨境资金流动以及走私、骗税等违法行为。

货物贸易外汇管理制度改革在全国范围内的实施，形成了贸易便利化与加强风险管理相结合的新型管理方式，是顺应我国对外贸易规模、方式、主体发展变化和应对当前及未来一段时期内国际收支形势的重要举措，也是转变外汇管理理念与方式的重要内容，有利于增强企业诚信意识，降低社会成本，促进对外贸易的可持续发展。

附 2：

国家外汇管理局有关负责人就货物贸易外汇管理制度改革相关问题答记者问

国家外汇管理局新闻稿　2012 年 6 月 29 日

2012 年 6 月，国家外汇管理局、海关总署、国家税务总局联合发布公告，决定自 2012 年 8 月 1 日起在全国范围内实施货物贸易外汇管理制度改革。日前，国家外汇管理局有关负责人就相关问题接受了记者采访。

问：据了解，2011 年 12 月 1 日起，国家外汇管理局等三部门在江苏、山东等七省（市）进行货物贸易外汇管理制度改革试点。此次将改革向全国推广，请问是何考虑？

答：建立于 20 世纪 90 年代的货物贸易进出口核销制度，适应我国当时的经济发展状况，发挥了积极的作用，但随着我国社会主义市场经济的不断发展，以“逐笔核销、事前备案、现场审核、行为监管”为主要特征的核销制度已经不能适应我国对外贸易的快速发展，迫切需要进行改革和优化。鉴于此，2011 年 12 月，外汇管理局、海关总署与国家税务总局在江苏、山东等七省（市）联合推出了货物贸易外汇管理制度改革试点，改革货物贸易外汇管理方式，优化升级管理部门间信息共享机制，进一步加大联合监管的力度。试点以来，外汇管理、海关、税务等部门多次进行实地调研，及时完善改革试点措施。目前，试点地区贸易外汇管理制度和与之相配套的管理信息系统运行良好，试点成效明显，得到了贸易企业、地方政府和社会各界的广泛欢迎和支持，已具备了全国推广的基础和条件。为此，外汇管理局、海关总署、国家税务总局联合发布公告，决定自 2012 年 8 月 1 日起将货物贸易外汇管理制度改革在全国范围内实施。这是顺应我国对外贸易规模、方式、主体发展变化和应对当前及未来一段时期内国际收支形势的重要举措，也是转变外汇管理理念与方式的重要内容，有利于进一步改进货物贸易外汇服务和管理，有利于增强企业诚信意识，降低社会成本，促进对外贸易的可持续发展。

问：货物贸易外汇管理制度改革的总体目标和基本做法是什么？

答：货物贸易外汇管理制度改革的总体目标是，通过改革货物贸易外汇管理方式，进一步推动贸易便利化，增强企业对外贸易竞争力，促进我国对外贸易的稳定增长。通过优化升级监管部门间信息共享机制，进一步加大联合监管力度，提高监管的针对性、有效性和威慑力，切实防范经济金融风险。

改革后货物贸易外汇管理制度的核心内容是总量核查、动态监测和分类管理，基本做法是依托全国集中的货物贸易外汇监测系统全面采集企业进出口收付汇及进出口货物流的完整信息，以企业主体为单位，对其资金流和货物流进行非现场总量核查，对非现场总量核查中发现的可疑企业实施现场核查，进而对企业实行动态监测和分类管理。同时，提高监管部门间数据与信息交流的力度，强化协同机制，加强联合监管。

问：新的货物贸易外汇管理制度有哪些主要特点？

答：一是企业办理货物贸易外汇收支更加便利，贸易收付汇效率明显提高。新制度下，企业贸易收付汇无需办理核销手续，出口收汇无需联网核查，企业无需频繁往返于外汇局、银行之间。从试点地区经验看，企业对外贸易收付汇时间缩短，资金周转速度加快。银行为企业办理收付汇的单证和流程均大幅简化，银行柜台办理收结汇业务时间缩短，银行外汇业务服务效率和水平得到提高。

二是货物贸易外汇收支风险监管能力得到切实加强。依托货物贸易外汇监测系统，通过对数据的汇总和分析，实现宏观监测与微观管理的有效结合，风险监测能力得到切实加强，外汇管理政策的针对性和有效性得到有效提高。

三是通过制度创新提高外汇管理依法行政水平。以货物贸易外汇管理制度改革为契机，外汇管理局大幅清理法规，共废止120多个现行法规。新的货物贸易外汇管理法规层次更加简明清晰，便利企业和金融机构理解和执行。同时，外汇管理局等监管部门通过动态分类、持续监管、到期评估的机制加强正向引导，以精准打击实施失信惩戒，与市场主体一起，共同营造诚信守法的市场环境，维护正常的经济秩序。

问：您刚才提到，货物贸易外汇管理制度改革在提升监管效率的同时降低了社会成本。请问，这主要表现在哪些方面？

答：对企业而言，主要体现在以下几个方面：一是企业贸易收付汇后，无须办理核销手续。二是调整出口报关流程，取消出口收汇核销单，企业办理出口报关时不再提供核销单。三是简化出口退税凭证。自 2012 年 8 月 1 日起报关出口的货物，企业申报出口退税时不再提供核销单。税务部门参考外汇局提供的企业出口收汇信息和分类情况，依据相关规定，审核企业出口退税。四是绝大多数企业贸易收付汇手续得到简化，A 类企业可凭进口货物报关单、合同或发票等任一能够证明交易真实性的单证在银行办理付汇，出口收汇无须联网核查。

对金融机构而言，银行贸易收付汇审核所需单证及程序都大幅简化，有利于提高贸易收付汇效率，改善银行外汇业务服务水平。

对监管部门而言，通过动态监测和分类管理，能够对可疑、违规交易有针对性地进行核查，对违规违法行为实施精准打击，实现了监管资源的优化配置，节约了管理成本。

问：国家外汇管理局与海关总署、国家税务总局加强部门联合，形成监管合力的主要措施有哪些？

答：一是外汇管理局与海关总署、国家税务总局之间建立数据信息交换机制。外汇管理局定期向海关总署、国家税务总局提供贸易收付汇核查数据及分类监管等信息，海关总署定期向外汇管理局传输企业报关数据，国家税务总局定期向外汇管理局传输出口退税审核关注商品目录及骗税企业名单等监管信息，作为外汇管理局加强管理的参考。

二是建立部门间个案协查机制。外汇管理局与海关总署、国家税务总局之间及时通报日常监测及核查中发现的异常信息，共同打击各类违规跨境资金流动和走私、骗税等违法行为。

问：在新的货物贸易外汇管理制度中，外汇管理局货物贸易外汇收支监管主要包括哪些内容？

答：一是主体管理。对企业实施“贸易外汇收支企业名录”管理，明确企业主体管理范畴。

二是企业报告。要求企业一定期限以上的贸易信贷业务、贸易融资等业务应按规定报告外汇局。

三是非现场监测。通过总量核查、重点监测和专项监测等方式，对所有贸易企业实施多维度、全口径监测，有效排查异常交易行为和异常交易主体，确定需要现场核查的企业。

四是现场核查。采用企业自查、约见谈话或现场调查等多种方式实施现场核查，核实异常或可疑情况，并按规定向外汇检查部门移交。

五是分类管理。根据非现场和现场核查的结果，外汇管理局将企业分为A、B、C三类并动态调整。对A类企业给予贸易收支便利，对B、C类企业在贸易外汇收支单证审核、适用业务类型、结算方式等方面实施严格监管。

附 3:

推进贸易便利化　服务实体经济　货物贸易外汇管理制度改革初见成效

国家外汇管理局新闻稿　2012 年 9 月 3 日

为支持外贸稳定增长，国家外汇管理局、海关总署、国家税务总局于 2012 年 8 月 1 日起在全国范围实施货物贸易外汇管理制度改革。改革实施一个月来已初见成效。

20 世纪 90 年代初，我国对企业实行了进出口货物流与资金流逐笔对应、现场核销的管理制度，该制度在很长一段时间内与我国宏观经济和外贸形势相适应，在督促企业及时足额收汇、防范出口骗税及打击逃汇等方面起到了积极作用。随着我国对外贸易规模的迅猛增长，进出口收付汇逐笔核销管理方式难以适应贸易方式和主体多样化的需要。为此，国家外汇管理局在 2010 年推出进口付汇核销改革的基础上，于 2012 年 8 月 1 日起在全国范围实施了货物贸易外汇管理制度改革。

改革的主要内容包括四项。一是简化进出口贸易收付汇业务办理手续和程序。外汇局取消进出口收付汇核销制度，企业不再需要到外汇局办理逐笔核销手续；取消出口收结汇联网核查，合规企业出口收结汇不受额度限制；取消对企业预收货款和延期付汇等贸易信贷的事前比例管理，改为事后的动态监测；简化进口购付汇单证，合规企业可根据真实合法的进口付汇需求在银行提前购汇，可凭进口报关单、合同或发票等任何一种能够证明交易真实性的单证在银行直接办理付汇。二是调整出口报关流程，简化出口退税凭证。企业办理出口报关和申报出口退税时均不再提供核销单。三是通过总量核查、动态监测和分类管理方式提升监管手段。外汇管理局非现场总量比对企业的进出口货物流与资金流，对企业进行分类管理和动态监测，切实防范外汇收支风险。四是加强部门联合监管，外汇局、海关、税务进一步加强合作，完善协调机制，实现数据共享，形成监管合力，严厉打击各类违规跨境资金流动以及走私、骗税等违法行为。

在推进改革过程中，外汇局积极转换政府职能，大幅减少行政审批，货物贸易外汇管理相关行政许可项目由过去的19小项简化为4小项，共废止了116件与贸易外汇管理有关的规范性文件。同时，建立健全操作规程等标准规范，完善内控制度，提高了行政效能。

货物贸易外汇管理制度改革实施一个月来，在便利贸易活动、服务实体经济等方面的积极作用已经显现。具体表现在，银行贸易收付汇效率显著提高，银行柜台办理收结汇业务由平均每单26分钟缩短为9分钟，售付汇业务由平均每单23分钟缩短为6分钟。企业对外贸易收付汇时间明显缩短，往返外汇局、银行之间的“脚底成本”大为减少，投入贸易收支业务的人力资源减少了1/3，平均每家企业每年因此节省的工资费用可达7万余元，东部发达地区大型企业甚至可节省20多万元，降低了企业进出口经营成本，有利于提升外贸竞争力。

货物贸易外汇管理制度改革在促进贸易便利化的同时，也加强了对异常跨境资金流动的风险防控。改革后，占全部企业95%以上的守法合规企业充分享受到货物贸易外汇收支政策便利；外汇局借助信息化手段，筛选存在异常的企业，通过动态监测、现场核查、分类管理，对少部分存在可疑或违规行为的企业进行严格监管，实施精准打击。据统计，“货物贸易外汇监测系统”日均访问量在20万人次以上。截至2012年8月末，全国超过1 500家“空壳企业”被注销名录，银行不再为其办理贸易收付汇；近700家存在异常情况或涉嫌逃套汇等违法违规行为的企业的贸易外汇收支业务受到了不同程度限制。

中国人民银行　发展改革委　旅游局
银监会　证监会　保监会　外汇局
关于金融支持旅游业加快发展的若干意见

银发［2012］32号

中国人民银行上海总部，各分行、营业管理部，各省会（首府）城市中心支行，各副省级城市中心支行；各省、自治区、直辖市、计划单列市发展改革委、旅游局、银监局、证监局、保监局；国家开发银行、各政策性银行、国有商业银行、股份制商业银行、中国邮政储蓄银行；中国银联，交易商协会：

为贯彻落实《国务院关于加快发展旅游业的意见》（国发［2009］41号）精神和中央关于把旅游业培育成国民经济战略性支柱产业的重要战略部署，进一步加大金融支持实体经济力度，改进和提升金融对旅游业的服务水平，支持和促进旅游业加快发展，现提出如下意见：

一、充分认识金融支持旅游业加快发展的重要意义

（一）加快发展旅游业是经济结构调整和转变经济增长方式的重要推动力量，是满足人民群众不断增长的精神文化需求的重要方面和体现，是全面建设小康社会的应有之义和发展基础。加强和改进旅游业金融服务，支持和促进旅游业加快发展，既是金融部门落实服务业大发展战略和促进经济发展方式加快转变的重要举措，也是金融服务实体经济的重要体现。金融部门要高度重视，合理调配金融资源，创新金融工具和产品，抓住旅游业加快发展

的战略机遇期，支持和推进旅游业科学发展和转型升级，把旅游业建设成国民经济的战略性支柱产业和人民群众更加满意的现代服务业。

二、区别对待、有扶有控，加强和改进对旅游业的信贷管理和服务

（二）改进信贷管理，加强对旅游业的信贷支持。金融机构应根据旅游行业的财务特征，制定和细化符合旅游业经营规律的授信标准，改进和完善风险评价体系。根据旅游项目的风险和经营情况，合理确定贷款利率、期限和还款方式。对旺季旅游企业的短期小额贷款，要在有效控制风险的前提下适当简化审批手续，确保符合条件的旅游企业获得方便、快捷的信贷服务。对于已经落实财政资金的中西部地区重点景区等，要加强信贷资金配套支持。对有资源优势和市场潜力但暂时经营困难的旅游企业，要按规定积极给予信贷支持。对高尔夫球场、大型主题公园、城市水源地的观光农业等国家明令禁止或限制发展的旅游项目，应严格禁止或限制发放贷款。对于可能借旅游项目名义变相进行房地产开发的，应从严审查。

（三）创新发展符合旅游业特点的信贷产品和模式。鼓励金融机构在依法合规、风险可控和符合国家产业政策的基础上，探索开展旅游景区经营权质押和门票收入权质押业务，积极开展旅游企业建设用地使用权抵押、林权抵押等抵质押贷款业务。加快完善各项资产和权益的抵质押登记和评估工作。针对旅游企业财务特点，积极为旅游企业提供固定资产贷款、项目融资贷款、流动资金贷款、融资租赁、票据贴现、资金结算、现金管理等综合金融服务。

（四）加大对小型微型旅游企业和乡村旅游的信贷支持。对符合条件的小型微型旅游企业实行差异化的信贷管理和考核办法，合理扩大基层机构审批权限。涉农金融机构要努力满足农村旅游业的资金需求，对于合理利用古村古镇，民族村寨、农村和农业景观资源发展观光、特色和休闲旅游的项目和企业，要积极采取多种有效信贷模式和服务方式予以支持。加快推进农户电子信用档案建设，鼓励通过农户小额信用贷款等形式支持乡村旅游发展。鼓励涉农担保资金为农家乐等乡村旅游提供担保。

（五）加强旅游景区金融基础设施建设，提高旅游行业和旅游景点金融

服务便利性。鼓励金融机构在确保营业安全的前提下，在旅游景点增设网点和自动提款机等设备，合理安排银行网点的服务时间。在旅游旺季，应适当加大原封新券投放力度，优化流通中人民币券别结构，延长服务时间。

三、支持旅游企业发展多元化融资渠道和方式

（六）支持旅游资源丰富、管理体制清晰、符合国家旅游发展战略和发行上市条件的旅游企业上市融资。积极支持已上市旅游企业通过合适的方式进行再融资或者利用资本市场进行并购重组做大做强。加强证券交易所、保荐机构等相关机构对旅游企业进行发行上市的辅导培育等工作。

（七）通过企业债、公司债、短期融资券、中期票据、中小企业集合票据等债务融资工具，进一步加强债券市场对旅游企业的支持力度。加强产品创新和制度创新，拓宽旅游企业的债务融资渠道。通过区域集优等方式扩大中小旅游企业集合票据的发行规模，建立和完善中小旅游企业直接债务融资担保机制，协调落实中小旅游企业债务融资的风险缓释措施。

（八）鼓励社会资本支持和参与旅游业发展。放宽旅游市场准入，打破行业、地区壁垒，简化审批手续，为社会资本参与旅游业发展营造公平竞争市场环境。鼓励地方财政通过财政补贴、贷款贴息等方式，引导社会资本加大对旅游业的投资力度。积极引导民间资本、产业基金等多元化资金支持旅游业发展。

四、规范发展旅游业保险市场，增强旅游保险服务

（九）支持旅游保险产品和服务创新。鼓励保险公司针对探险旅游、观光旅游、商务旅游等不同旅游方式，境内和境外等不同旅游地区，以及不同年龄群体，开发涵盖医疗救援、遗体运送、人身伤害、航班延误、旅程取消等保险产品。推动保险公司通过电话、互联网、手机等媒介为游客提供便捷的保险服务。进一步完善旅行社责任保险产品，推广责任险全国统保示范项目。鼓励旅游企业通过购买相关保险产品化解经营风险。

（十）规范旅游业保险市场，保障游客的合法权益。旅游保险销售中应尊重游客意愿和知情权，不得强制销售和捆绑销售。应向旅游保险投保人提

供保险单或保险凭证，以及通过电话或者网络方式提供保单查询和验证服务。加强客户服务网络建设，加强与救援、医疗机构的合作，提高理赔效率。加强旅保合作，严厉打击旅游保险市场的不法行为，切实保障游客的合法权益。加强对旅行社投保旅行社责任保险情况的检查。

五、改进旅游业支付结算服务，支持发展旅游消费信贷

（十一）扩大银行卡在旅游景点景区、酒店、餐饮、商业、交通和旅行社等旅游相关行业的受理，鼓励收单机构积极拓展相关行业商户。持续做好“刷卡无障碍”示范商户创建活动，积极改善二级旅游地市、县乡旅游区域和农家乐旅游景点的银行卡受理环境，推动金融支付环境成为旅游景区评级的重要标准。推进旅游支付电子化进程，发展创新支付服务，提高旅游业的支付服务便利程度。积极落实对旅行社、大型景区售票等旅游行业商户实施的银行卡刷卡手续费延期优惠政策，进一步鼓励旅游行业商户受理银行卡。

（十二）鼓励多种方式发展旅游消费信贷。金融机构要合理安排信贷资源，支持信用卡消费信贷，消费金融公司在试点过程中应积极提供旅游消费信贷服务。鼓励金融机构和旅游企业整合资源，探索开发满足旅游消费需要的金融产品，增强银行卡的旅游服务和消费信贷功能，促进银行卡创新。

六、完善旅游业外汇管理和服务，支持旅游企业“走出去”

（十三）完善旅游外汇兑换服务体系，提高外汇管理效率。针对旅游行业交易频繁的特点，简化收付汇的审核手续，优化外汇管理业务流程。建立汇率风险提示机制，促进旅游企业提高外汇资金使用效率，减低企业财务成本。积极研究拓展多种渠道，便利出入境人员货币兑换。

（十四）便利旅游企业的跨境投资，对于旅游企业境外设立办事处、营销网点、合作机构等特殊用汇需求予以政策支持，便利旅游企业境外派驻人员的工资、办公费用等对外支出，支持旅游企业“走出去”战略的实施，满足旅游企业对外贸易、跨境融资和投资的合理用汇需求。进一步明确旅游保险外汇收支有关政策，促进旅游保险外汇业务的健康发展。

七、加强旅游行业管理，营造金融支持旅游业的良好外部环境

（十五）进一步完善旅游法律法规体系，加快旅游行政管理部门的职能转变，支持地方旅游综合改革试点，理顺旅游景区的管理和经营体制，规范资源保护与开发模式，引导旅游企业进行差异化、个性化和集约式的发展，提高旅游项目和产品的文化内涵，防止盲目投资和重复建设，建立健全旅游行业应对不可抗力和各种风险的危机管理机制，为旅游业的发展提供坚实保障。

（十六）各级旅游行政管理部门要积极推动旅游企业规范会计和审计流程，增强财务管理能力，提高信息披露透明度，为金融支持旅游业发展奠定良好基础。积极推动建立旅游企业诚信经营信息系统，实现与综合性信用信息服务平台的对接，并作为银行业对旅游企业授信的重要参考依据，同时加强对旅游企业失信行为的惩戒。

八、加强政策协调落实和监测评估

（十七）加强部门合作，建立健全部门沟通协调机制，加强产业政策和信贷政策的协调配合。各级旅游部门要认真做好《旅游投资项目指导目录》等的编制工作，积极与金融部门对接，作为金融支持旅游业的重要参考。促进银企合作，搭建旅游产业投融资服务平台，共同推动旅游业快速发展。

（十八）加强政策落实、监测统计和评估。人民银行各分支机构要积极会同同级旅游、发展改革、银监、证监、保监、外汇管理等部门，结合辖区实际，采取有效措施做好本意见的贯彻落实工作。各金融机构要逐步建立和完善金融支持旅游业的专项统计制度，加强对旅游业贷款的统计与监测分析。人民银行各分支机构，可根据辖区实际情况，建立金融支持旅游产业发展的专项信贷政策导向效果评估制度。

请人民银行上海总部、各分行、营业管理部、省会（首府）城市中心支行会同所在省（区、市）相关部门将本意见联合转发至辖区内金融机构，并将贯彻实施情况定期报告总行。

二〇一二年二月七日

商务部 发展改革委 财政部 人民银行 海关总署 税务总局 质检总局 银监会 保监会 外汇局关于加快转变外贸发展方式的指导意见

商贸发［2012］48号

各省、自治区、直辖市、计划单列市及新疆生产建设兵团商务、发展改革、财政、海关、税务、质检、银监、保监、外汇主管部门，人民银行上海总部、各分行、营业管理部，省会（首府）城市中心支行，中国进出口银行，中国出口信用保险公司：

改革开放以来，我国对外贸易取得巨大成就，贸易大国地位逐步确立，质量效益不断提升，对我国经济社会发展作出了重要贡献。但是，外贸发展不平衡、不协调、不可持续问题仍然存在，迫切需要转变外贸发展方式，进一步增强外贸推动经济增长、促进社会和谐、扩大国际影响力的作用。为此，提出如下意见：

一、充分认识加快转变外贸发展方式的重要性和紧迫性

加快转变外贸发展方式，是加快转变经济发展方式的迫切需要。外贸是国民经济的重要组成部分。当前，我国经济发展中不平衡、不协调、不可持续问题突出，经济增长的资源环境约束强化。我国依靠资源能源、劳动力等有形要素投入的传统外贸发展模式已难以为继。要推动经济发展方式转变，我国外贸发展方式必须进行适应性转变。

加快转变外贸发展方式，是主动适应国际经贸格局变革的必然要求。当前，国际金融危机影响深远，世界经济更加复杂。发达国家大力推动制造业回归，发展中国家劳动密集型产业竞争力增强，国际竞争更加激烈。贸易保护主义明显抬头，国际贸易环境更加复杂。要适应国际经贸格局调整，我国外贸发展方式必须进行主动性转变。

加快转变外贸发展方式，是推动贸易强国进程的战略举措。我国已是贸易大国，但大而不强。与世界贸易强国相比，我国外贸商品的质量、档次、附加值还不高，企业研发、设计等核心竞争力还不强，行业协调能力和政府参与国际贸易规则制定的能力还不够。要巩固贸易大国地位、推动贸易强国进程，我国外贸发展方式必须进行战略性转变。

二、总体要求

（一）指导思想。以邓小平理论和“三个代表”重要思想为指导，以科学发展为主题，以加快转变发展方式为主线，以调结构、促协调为重点，深入实施科技兴贸、以质取胜、市场多元化和“走出去”等重大战略，强化改革意识、开放意识、创新意识、发展意识，着力提升外贸发展传统优势，培育以技术、品牌、质量、服务为核心竞争力的外贸新优势，提高外贸发展质量和水平，促进外贸可持续发展。

（二）总体原则。坚持出口与进口协调发展，促进贸易平衡；坚持货物贸易与服务贸易协调发展，提升规模效益；坚持外贸与外资、外经协调发展，增强互动作用；坚持外贸与内贸协调发展，实现有效互补；坚持多种所有制主体协调发展，发挥各自优势；坚持东部与中西部协调发展，实现外贸全方位发展。

（三）发展目标。今后一段时期，我国对外贸易发展的目标是巩固贸易大国地位，推动贸易强国进程。转变外贸发展方式，要着力提高我国出口商品的国际竞争力，提高我国企业的国际竞争力，提高行业组织的协调能力，提高政府参与国际贸易规则制定的能力；进一步优化主体结构，做强大企业，扶持中小企业发展；进一步优化商品结构，稳定传统优势产品贸易，推动知识产权、品牌、高附加值产品贸易；进一步优化市场结构，巩固传统市场，开拓新兴市场，培育周边市场；进一步优化贸易方式结构，做强一般贸易，提升加工贸易，发展其他贸易。

三、主要任务

（四）优化外贸国际市场布局。在巩固传统市场、培育周边市场的同时，加大对发展中国家市场开拓力度。综合考虑资源储量、人口规模、市场份额、战略地位等因素，选择若干个发展中国家市场进行重点开拓，逐步提高发展中国家在我国外贸中的比重。加快实施自贸区战略，扩大自贸区伙伴市场规模。加强政府对企业开拓市场的支持与服务。鼓励行业组织帮助企业开展对外交流与合作。通过对外援助和经济合作，促进双边友好关系发展，营造良好外贸发展环境。

（五）优化外贸国内区域布局。在巩固东部沿海地区外贸发展的同时，加快中西部地区外贸发展。综合考虑自然资源、劳动力资源、工业基础、交通区位等因素，重点支持部分中西部省（市、区），逐步提高中西部地区在全国外贸中的比重。支持中西部地区积极发展优势特色产业，承接国际和沿海地区的出口产业转移。加快重点边境口岸、边境经济合作区和跨境经济合作区建设，扩大与周边地区的经贸往来。

（六）加快外贸转型基地建设。根据国家产业政策和规划布局，依托产业集聚区，加快培育一批农产品、轻工、纺织服装、医药、五金建材、新型材料、专业化工、摩托车、机床、工程机械、铁路机车、电力装备、电信设备、软件等重点行业专业型基地；依托经济技术开发区、高新技术开发区以及海关特殊监管区，培育一批综合型基地；依托生产型龙头企业，培育一批企业型基地。继续推进国家科技兴贸创新基地、国家船舶出口基地、国家汽车及零部件出口基地建设。

（七）加快贸易平台和国际营销网络建设。加快构建贸易平台，培育一批国际知名度高、影响力大的国家级会展平台，培育若干个内外贸结合、有一定规模的专业市场平台，培育若干个技术力量强、信誉好的电子商务平台，培育若干个特色功能强、服务优化的进口促进平台。加快建设国际营销网络，鼓励国内企业在境外建设一批品牌推广效果好的展示中心、区域辐射半径大的批发市场，建立一批市场渗透能力强的品牌专卖店等零售网点。

（八）提升出口商品品牌与质量。鼓励出口企业加快品牌建设，推动品牌、技术产品贸易。引导和鼓励企业采用国内外先进技术标准，参与国际标准制定。建立国家出口产品质量风险动态监测体系，运用技术性措施引导和促进出口企业加强质量管理和诚信自律。完善出口商品检验检疫监管制度，深化出口产品分类管理工作和出口商品质量安全示范区建设。鼓励低碳排放、节能环保产品贸易，严格控制“两高一资”产品出口。

（九）提升加工贸易。鼓励加工贸易转型升级，提高科技含量和附加值。有序推动海关特殊监管区域整合，完善相关功能，引导加工贸易增量入区发展。推动我国本土企业进入加工贸易产业链和供应链，并充分利用国内外“两种资源、两个市场”做大做强。推动来料加工企业转型。加快加工贸易转型升级试点、示范工作，培育和建设一批加工贸易梯度转移重点承接地及承接转移示范地，引导加工贸易由东部沿海地区向中西部地区有序转移。严格控制高污染、高耗能行业开展加工贸易。

（十）加快“走出去”带动贸易。推动国内技术成熟的行业到境外开展装配生产，带动零部件和中间产品出口。支持国内企业“走出去”，建立稳定的境外能源资源供应渠道。推进境外经济贸易合作区建设。鼓励国内企业参与国际竞争，开拓国际市场。支持企业开展对外承包工程和劳务合作，带动国内技术、标准“走出去”。采取综合性政策措施，大力支持我国重大技术标准在海外应用。

（十一）发展边境贸易。扩大边境地区对外开放，提升沿边开放水平，实现兴边富民目标。完善有关对边境地区的财政转移支付。加大对边境地区承接产业转移的技术、资金和信贷支持力度。综合利用边境地区的区位优势、资源优势和特殊经济开发区等政策优势，发挥边境经济合作区、海关特殊监管区域作为边境贸易发展的载体功能，促进边境地区产业集聚和结构优化，鼓励边境地区发展有比较优势的特色产业，提升国际竞争力，推动边境贸易平稳较快发展。

（十二）发展服务贸易。推动文化、技术、软件、中医药、动漫等服务贸易。推动成熟产业技术出口，促进技术引进消化吸收再创新。大力发展服务外包，完善服务外包管理方式，提高承接能力和水平。建立和完善促进服务贸易发展的财税体系，支持企业扩大服务出口，扶持统计、促进等类公共服务平台建设，为服务贸易企业开拓市场、防范市场风险提供服务。

（十三）促进贸易平衡。加强和改进进口工作，利用进口信贷、进口担保，为企业扩大进口提供融资便利。推动先进技术引进消化吸收再创新。拓宽进口渠道，提升大宗商品的国际市场定价权，完善战略资源储备体系。规范对网购、代购等新型贸易方式项下个人直接从境外购买消费品的管理。利用关税优惠等政策手段，鼓励先进技术、关键设备及零部件、能源和原材料以及与人民群众生活密切相关的生活用品进口。继续落实对来自最不发达国家部分产品的进口零关税待遇。做好进口公共信息服务，培育若干国家进口贸易促进创新示范区。

（十四）提高贸易便利化水平。继续推进“大通关”建设，强化电子口岸建设，积极推进海关国际合作，不断完善海关企业分类管理办法和进出口商品检验监管模式，提高通关效率和检验检疫能力，完善检验检疫收费政策。加强进出口环节的收费监管，严格执行收费公示制度，严肃查处乱收费、乱罚款及各种摊派行为。清理并逐步取消进口环节不合理限制，进一步简化进口管理程序，调减自动进口许可商品管理目录。进一步简化商务人员出入境审批程序。

四、政策措施

（十五）完善财税政策。完善财政对外贸支持的稳定机制，推动外贸和相关产业结构调整及转型升级。保持出口退税的连续性和稳定性，完善出口退税机制，准确、及时退税。发挥关税的宏观调控作用，进一步优化进口关税结构，增强进口对宏观经济平衡和结构调整的作用。

（十六）加强金融服务。建立和完善与贸易发展水平相适应的全方位金融支持体系。鼓励国内商业银行按照风险可控、商业可持续原则，开展进出口信贷业务，提升服务水平。充分发挥中国进出口银行对外贸发展的支持作用。支持融资性担保机构扩大中小企业进出口融资担保业务，加大对中小企业进出口信贷的支持力度。充分发挥出口信用保险的政策导向作用，支持符合国家经济结构调整方向的货物、技术和服务的出口。进一步推进人民币汇率形成机制改革，增强人民币汇率弹性。扩大人民币在跨境贸易和投资中的使用。积极推进贸易收付汇管理制度改革。鼓励外商投资企业将结算中心、成本和利润核算中心设在境内。

（十七）完善贸易及配套政策。制定宽严适度的原产地规则。完善原产地认证管理体系，稳步推进与原产地相关的贸易便利化进程。改进许可证管理，加强贸易统计监测功能。加强政策协调和衔接，促进贸易与利用外资、“走出去”协同发展。提升利用外资质量和水平，优化外资产业结构和区域布局。加快完善境外投资促进体系和服务保障体系，鼓励企业开展境外投资合作。支持有实力的再生能源企业增强境外再生能源获取能力。积极参与全球经济治理，加快实施自贸区战略，深化多双边及区域经贸合作，营造良好的外部发展环境。加强知识产权保护，扩大多双边知识产权领域的交流与合作。

五、体制机制保障

（十八）改革管理体制。适应世贸组织规则要求，加快管理手段创新，建立公开透明、统一规范的外贸管理体系，寓管理于服务之中，促进企业公平竞争和守法经营。完善外贸法律体系，包括与贸易有关的对外投资合作、知识产权、环境与气候、贸易救济等相关法律法规体系。运用资质、信用、技术、节能、环保、社会福利、劳动安全标准等准入手段，加强对敏感商品的管理。推动商（协）会立法进程，充分发挥商（协）会等行业中介组织作用，加强行业自律和协调。整顿和规范外贸经营秩序，建立健全外贸信用体系。

（十九）完善贸易摩擦应对机制。按照应对有效的要求，统筹运用各种有效手段及世贸组织争端解决机制，健全政府、行业和企业“三位一体”的贸易摩擦应对机制，提高贸易摩擦应对能力。加强贸易摩擦预警机制建设，完善全口径进出口监测预警体系。强化产业损害预警机制，完善产业安全数据库，运用贸易救济措施，依法维护国内产业安全和企业合法权益。利用多双边贸易磋商机制，推动与主要贸易伙伴的政府和行业间对话与磋商，有效化解贸易摩擦和争端，积极应对国外技术性贸易措施和“碳关税”等绿色贸易措施。合理利用反垄断手段，消除境外垄断影响，支持企业防范和应对海外反垄断诉讼与调查。

（二十）健全工作机制。加快政府信息服务体系建设，提高政府信息服务水平，建立信息定期发布机制，逐步完善商务、海关、质检、税务、外汇、银监、保监、统计等部门间及其与省市间的信息共享机制。加强各部门的协调配合，建立健全横向协作、纵向联动、高效协调的协作机制，充分调动地方和中央各部门的积极性、创造性，形成促进外贸发展的合力。

各地方、各有关部门要进一步统一思想，增强大局意识、责任意识，加强领导，密切配合，扩大宣传，并结合实际研究制定配套实施办法，确保各项工作落到实处、抓出实效，努力开创我国外贸发展新局面。

二〇一二年二月十七日

商务部等部门关于开展 2012 年“诚信兴商宣传月”活动的通知

商秩函［2012］470 号

各省、自治区、直辖市、计划单列市及新疆生产建设兵团整规办、商务主管部门、党委宣传部、发展改革委、物价局、工业和信息化主管部门、卫生厅（局）、国家税务局、地方税务局、工商局、质量技术监督局、各直属检验检疫局、深圳市市场监督管理局、广电局、旅游局、食品药品监管局、外汇局、海关总署广东分署、各直属海关、贸促会、企业联合会、消费者协会（委员会）：

“诚信兴商宣传月”活动（以下简称宣传月活动）开展七年来，各地区、各单位高度重视、密切配合、精心组织，开展了丰富多彩的宣传教育活动，取得了切实的成效，营造了良好的社会氛围。为深入推动诚信宣传教育工作，提高全社会守法诚信意识，经研究，决定 2012 年继续开展宣传月活动。现将有关事项通知如下：

一、活动主题

倡导诚信兴商，共建和谐社会

二、宣传重点

（一）党中央、国务院关于信用体系建设的方针政策。

（二）有关市场监管和规范市场经济秩序的法律法规。

（三）社会信用体系建设的重要性和迫切性。

（四）2011 年有关部门开展诚信建设工作的进展情况、取得的成果和经验。

（五）信用基本知识和企业信用风险管理知识。

（六）企业通过诚信经营扩大销售、提高效益、赢得竞争优势的经验。

（七）2011 年重大违法违规、商业欺诈典型案例。

三、组织协调

宣传月活动由商务部、中宣部、发展改革委、工业和信息化部、卫生部、海关总署、税务总局、工商总局、质检总局、广电总局、旅游局、食品药品监管局、外汇局以及贸促会、企业联合会、消费者协会共同组织，并在各自系统内部署并开展相关工作（见附件 1）。有关统筹协调工作由商务部信用工作办公室承担。

四、工作要求

（一）各地要结合实际，落实工作责任，创造性地开展宣传月活动。各地商务主管部门（整规办）要充分发挥组织协调作用，整合宣传资源，扩大宣传声势，树立宣传月活动品牌。

（二）各地要充分发挥商会协会的行业自律和服务作用，在行业内大力开展诚信宣传教育，强化行业信用制度建设，引导企业建立风险防范机制，不断提高信用管理水平。

（三）组织中央及地方新闻媒体积极开展诚信主题宣传活动，全面报道各地方、各单位的诚信建设工作情况；中国市场秩序网（中国反商业欺诈网，http：//www.12312.gov.cn/）要开辟宣传月活动专栏，发布相关新闻和工作信息。

（四）宣传月活动期间开展的各类活动，要统一使用“诚信兴商宣传月”活动标识（可在中国市场秩序网下载）。

（五）宣传月活动结束后，各地要认真总结。各地商务主管部门（整规办）要在 2012 年 10 月 31 日前将活动书面总结和《2012 年“诚信兴商宣传月”活动统计表》（见附件 2），一并报送商务部信用工作办公室。

附件：1. 2012 年“诚信兴商宣传月”主办单位开展的主要活动（内容详见光盘）
2. 2012 年“诚信兴商宣传月”活动统计表（内容详见光盘）

二〇一二年七月十一日

商务部等十四部门关于促进中医药服务贸易发展的若干意见

商服贸发［2012］64号

各省、自治区、直辖市、计划单列市及新疆生产建设兵团商务、外交、教育、科技、财政、文化、卫生、海关、税务、质检、林业、知识产权、中医药、外汇主管部门：

党中央、国务院高度重视中医药事业发展，2009年3月，《中共中央国务院关于深化医药卫生体制改革的意见》（中发［2009］6号）提出要充分发挥中医药作用，扶持和促进中医药事业发展。2009年4月，《国务院关于扶持和促进中医药事业发展的若干意见》（国发［2009］22号）明确了新时期发展中医药事业的主要任务和政策措施，强调要完善相关政策，积极拓展中医药服务贸易。为加快中医药服务贸易发展，发挥中医药在推动我国服务贸易中的独特作用，现提出以下意见：

一、发展中医药服务贸易的指导思想、原则和目标

（一）指导思想。以邓小平理论和“三个代表”重要思想为指导，深入贯彻落实科学发展观，以国际市场需求为导向，以健全中医药服务产业体系为保障，以建立并完善中医药服务促进体系为支撑，坚持政府引导与市场调节相结合，创新体制机制，鼓励社会参与，实施企业化运作，构建适合中医药特点的国际营销体系，积极、稳妥、有序地发展中医药服务贸易，不断提高中医药服务的国际影响力，为日益增长的国际医疗保健需求提供服务，有

效发挥服务出口对我国中医药事业发展的拉动作用，创造良好的经济效益和社会效益。

（二）基本原则。

1. 加强政府指导，发挥市场机制作用。政府制订总体发展规划，加强对中医药服务贸易的组织、引导、规范。遵循市场经济规律，企业自主和政府支持相结合，鼓励社会参与，促进有序竞争机制的形成。充分协调和发挥政府、企业、科研机构、中介组织和行业协会等各方面的积极性和创造性，为扩大中医药服务出口创造良好环境。

2. 发挥特色优势，实施品牌战略。中医药服务贸易要以品牌树形象，扶持发展一批新兴品牌。同时，挖掘中医药服务的特色和优势，继续发挥传统老字号的品牌效应，并不断赋予新的内涵。

3. 有效整合资源，规范有序推进。整合国内中医药行业医、教、研、产等各种资源，对中医药服务贸易企业加强分类指导和宏观调控，促进形成中医药事业与中医药服务贸易良性互动的格局。加快中医药行业相关标准建设，推进中医药服务体系国际化，促进国际标准的建立。加强宣传，树立资源保护与可持续发展理念。整合市场资源，针对不同国家或地区需求，整体推进与重点突破相结合，努力扩大我国中医药服务出口。

（三）总体目标。用 5 年左右的时间，建立完善的中医药服务贸易管理体制，基本建立起以国际市场需求为导向的中医药服务贸易促进体系和国际营销体系。制订促进中医药服务贸易的政策法规，完善技术性贸易措施，建立中医药服务标准，并力争取得国际共识。积极开展中医药服务贸易人才相关法律法规政策和业务培训，培养壮大中医药服务贸易人才队伍。建设境内外中医药服务贸易示范机构，加强中医药服务贸易的宣传和推广。通过重点扶持、分类指导，打造一批具有国际影响力的知名品牌，培育一批中医药服务贸易骨干企业，扶持大型中医药服务贸易企业，为组建集团打好基础。统筹规划国际市场布局，大力推动中医药服务贸易企业“走出去”，不断提高中医药服务出口的质量、档次和附加值，促进中医药服务出口的全面增长。

二、发展中医药服务贸易的重点任务

（四）实施中医药服务贸易多元化战略。构建梯次推进的中医药国际市场格局，巩固传统的亚洲市场，进一步开拓欧美市场，积极拓展中东、拉美市场，稳步扩大非洲市场。根据不同市场特点，逐步建立全方位、多层次的市场推进模式：在传统市场，可多渠道全面推进，构建涵盖科研、培训、医疗、康复和养生的中医药服务产业链；在新兴市场，可根据基础条件分步实施，逐步打开局面、扩大影响。

（五）建设一批中医药服务贸易示范机构。统筹国际市场开拓行动，予以政策支持，鼓励有条件的中医药服务机构或企业集团，根据区域规划布局，在一些条件较好的国家或地区，以合资合作方式建设一批境外中医药服务贸易示范机构，力争到2015年建成10家，涵盖东南亚、欧洲、北美、中东等主要市场，并结合驻外中国文化中心开展会展、培训、医疗、科研、养生保健、技术推广、药品器械营销、文化及濒危物种保护与可持续发展理念传播等活动，推广中医药文化。支持建设一批国内中医药服务贸易示范机构，完善服务功能，吸引更多的境外消费者。

（六）支持建设中医药物流配送中心和经济联盟。加快建立以国际市场需求为基础的中药供应保障体系，规范中药生产流通，发展中药现代物流和连锁经营，促进中药生产、流通企业的整合，支持在中医药基础条件较好的国家或地区建立若干物流配送中心，重点保障该地区的中医药服务贸易机构，做好中药、中药保健品、中医医疗和保健器材以及中医药图书音像制品等配送，逐步树立品牌。支持境内外企业建立战略协作关系，组建中医药经济联盟，加强管理与协调，形成内外信息互联、质量保证有效、品牌标识统一的物流服务体系。

（七）加强技术性贸易措施体系建设。加强中医药标准化和中西医结合标准化建设，健全中医药服务标准体系，强化中医药科研成果向标准转化，重点围绕中医药基础通用标准、中医药临床诊疗、中药资源等领域，加快标准制修订。逐步建立中医药服务认证体系，制订统一的服务认证标准和认证规则，由具备资质的认证机构和人员开展统一的中医药服务认证。开展多渠道、多层次、全方位的国际合作与交流，争取与部分重点国家或地区在中医药服务认证和相关中医药检测等方面达成互认协议。加强中药产品技术性贸易措施体系的建设，尽快完善中药相关原材料种植、产品质量和标准，促进中药产品出口。加强对境外中医服务及中药产品相关技术壁垒的交涉，确保中医药服务贸易的顺利发展。

（八）加快培养中医药服务贸易专业人才。根据国际市场需求，加快培养外向型中医药服务人才，提高中医药服务人才的外语水平，培养壮大中医药人才队伍。鼓励涉医高等学校和中等职业学校加强中医药专业外语教育教学，创新人才培养模式，提高人才培养质量，有针对性地加强中医药服务贸易经营管理人才的培养。支持国内中医医疗机构或科研院所，结合中医药特种行业职业技能工作开展形式多样的医疗、养生、保健等中医药对外教学与培训，加快形成我国中医药国际服务从业人员职业技能鉴定体系。

（九）发挥科技创新在推进中医药服务贸易中的作用。要加强中医药服务贸易的科技扶持，将中医药科技创新列入国家科技发展的重点领域，组织开展中医药防治疑难疾病的联合攻关，在中医和中西医结合研究、高技术研究等方面力求新的突破。加强技术创新和新产品开发，在中药出口方面，逐步扭转以资源或原料为主的产品出口方式。进一步提高企业自主创新能力，加大中医药科研投入，整合优势中医药科研资源，以多种形式促进医、教、研、产合作，鼓励科研教育机构参与中医药服务贸易，采取多种方式加快中医药科技成果转化，提高整体科技含量，进而提高中医药服务贸易的质量和附加值。相关部门加强协作，促进科技信息资源的共享与利用，使中医药科技开发创新水平的提升与服务贸易的做大做强形成相互促进、相互支持的良性格局。

（十）建设中医药服务贸易信息平台。加强中医药服务贸易公共信息平台建设，依托行业商协会等中介组织，建设中医药服务网站等中英文的信息服务平台，逐步实现政府机构、中介组织和咨询公司涉及中医药领域的信息互联互通，资源共享。充分发挥驻外经济商务机构的优势，收集、整理、完善国外中医药服务和传统医疗业的市场需求、市场准入、政策法规、人员交流等方面信息，为企业提供技术、人才、市场、投资及政策等咨询服务，同时向国外宣传、推广中医药知识和成果。

（十一）建立和完善中医药服务贸易统计体系。针对中医药服务贸易特点，研究制定适用的统计方式和统计体系，细化统计口径，确定统计标准。加强对统计数据的系统分析，建立部门间数据信息交流制度，为管理和决策提供数据支持。定期发布中医药服务贸易统计分析数据，提供相关信息服务。

三、促进中医药服务贸易发展的政策措施

（十二）鼓励中医药服务贸易企业“走出去”。鼓励中医药服务贸易企业以新设、参股控股、并购、租赁等方式到海外开办中医药服务机构，建立和完善境外营销网络，符合条件的企业，享受国家“走出去”相关政策。制定中医药服务贸易出口骨干企业认定标准，逐渐培养一批国际市场开拓能力强的中医药服务企业或企业集团。

（十三）以对外援助方式促进中医药服务贸易出口。根据受援国需求，视情加大在受援国注册的中国品牌的中医药产品和服务的援助力度，开展中医药援外培训，在援外医疗队内增派中医医师。探索利用援外资金支持在具备条件的发展中国家合作开展中医药教育、合作办医院，提高国外对中医药的认知度。

（十四）完善促进中医药服务贸易发展的财税优惠政策。通过现有资金渠道，加大对中医药服务贸易的资金投入，并根据发展情况逐年增加。充分利用中央财政有关扶持政策，对于企业参加境外展览会、国际认证、国际市场宣传推介、开拓新兴市场、境外投资等方面，在符合中小企业国际市场开拓资金和对外经济技术合作专项资金等办法规定的条件下，予以资金支持。对中医药骨干企业符合高新技术企业条件并认定为高新技术企业的，可按税收法律法规规定减按15%的税率征收企业所得税；对企业中药材的种植、牧畜、家禽的饲养等项目所得，可按税收法律法规规定减免企业所得税。

（十五）为中医药服务贸易提供有效金融支持。鼓励国家政策性银行为中医药服务出口项目提供信贷支持，并针对中医药服务企业特点给予扶持。鼓励中国出口信用保险公司为企业提供出口收汇保障、商账追收服务。帮助重点企业以抵押、质押和定金等多种担保方式获得出口信贷。便利中医药服务贸易企业办理外汇收支。

（十六）继续鼓励外商投资中医药领域。逐步放宽中医药领域对外商投资的限制。结合国民经济产业结构优化调整，适时修订《外商投资产业指导目录》。

（十七）规范中医药服务及相关产品出口管理程序。商务、银行、保险、海关、质检、外汇、税务等部门加强合作，完善对中医药服务及相关产

品出口的优惠措施，进一步加大综合支持力度，为企业发展提供便利。野生动植物行政主管部门按照相关法律法规政策和公约的规定，进一步完善并逐步推行野生动植物经营专用标识制度，为含野生动植物成份药品的贸易流通提供高效便捷的服务。

（十八）为中医药服务人员出入境提供便利。对于从事中医药服务贸易的人员因公出国，有关部门根据人员隶属关系按规定审批，简化程序，提高效率，依法为参与中医药服务贸易领域重大国际交流合作活动的中医药专业人员提供进出境通关便利。

四、营造良好的中医药服务贸易发展环境

（十九）加强对中医药服务贸易发展的组织与管理。充分发挥国务院中医药工作部际联席会议和行业管理部门的作用，加强部门间的沟通，协调解决中医药服务贸易中的重大问题，督促有关政策措施的落实。中医药局作为行业主管部门配合商务部做好中医药服务贸易的规划和管理工作。地方政府要切实加强对中医药服务贸易的领导，及时研究解决中医药服务贸易中的问题。

（二十）通过政府多双边谈判创造良好外部环境。结合不同市场特点，与条件较好的重点国家或地区在多、双边联（混）委会机制下成立中医药服务贸易工作组，推动我国中医药服务进入当地市场。将扩大中医药服务贸易列入我国多双边自贸区谈判议题，利用多双边合作机制扩大国外对中医药服务贸易的准入范围及降低其准入门槛，争取国外对中医药服务贸易开放市场。推动认可中医医师、中药的合法地位及将中医中药纳入当地医疗保障体系，扩大在境外提供中医药服务的范围。优先推动内地与香港、澳门地区《关于建立更紧密经贸关系的安排（CEPA）》项下中医药服务贸易合作。充分发挥港澳开展国际服务贸易成熟的商业、物流、金融、保险、会展、旅游等方面的优势，拓宽中医药对外服务渠道，推动不同体制的衔接，积极开展与特区政府、商会、中医药机构的合作，实现优势互补、资源及成果共享，共同开发中医药服务贸易国际市场。

（二十一）发挥中介机构和行业协会作用，营造规范、自律的市场环境。按照市场经济要求，加快培育社会化、市场化、专业化的中介组织和行

业协会；支持中介组织和行业协会整合行业资源，加强对外宣传，提升行业整体形象；深入开展行业调查研究，参与相关法律法规和产业政策的研究、制定，参与制订、修订行业标准和行业发展规划、行业准入条件；围绕规范市场秩序，健全各项自律性管理制度，制定并组织实施行业职业道德准则，推进行业诚信建设，建立完善行业自律性管理约束机制，维护公平竞争的市场环境。

（二十二）加强中国传统医药领域的知识产权创造、运用、保护和管理。深入研究境外相关领域知识产权保护法律法规，结合我国传统医药产业发展实际，积极参与相关领域的国际谈判，加强对我国传统医药的知识产权保护，不断创新保护措施和手段。积极探索国际合作中的惠益分享机制，建立健全传统医药生物遗传资源和传统知识的知识产权保护制度。提高创新层次，促进核心专利的创造，支持在境外申请和运用专利，做好专利国际申请的资助。积极支持服务商标注册，努力创建具有中医药特色的医疗、教育、科研、养生等中医药服务贸易品牌，加强商标注册监测工作，制定统一的行业标志和等级标志，通过各种方式向国际推出，形成具有完整体系、体现国家权威性的中医药服务贸易品牌标识，以确保中医药海外品牌战略顺利实施。

（二十三）促进中医药文化的国际宣传和普及。挖掘中医药的文化内涵，开发中医药文化资源，推进中医药及相关领域音像、出版、演出等行业的发展，支持翻译出版中医古籍。相关媒体要开展中医药文化的公益性宣传。支持在境外组织中医药文化等宣传、培训活动，在海外中国文化中心及孔子学院传播中医药知识。支持相关广告、会展业的发展，扶持有一定规模的中医药国际展览，逐步形成国际知名展会。积极支持国家级非物质文化遗产名录传统医药类项目在国外传播中医药文化。要将中医药服务贸易与中医药文化传播相结合，形成良性互动的格局。

二〇一二年三月五日

对国家外汇管理局关于提请解释《外汇管理条例》法律责任有关条款的复函

国法函［2012］219号

国家外汇管理局：

你局《关于请就执行〈外汇管理条例〉法律责任有关条款进行解释的函》（汇函［2012］7号）收悉。经研究，现函复如下：

同意你局对《外汇管理条例》第三十九条规定的“等逃汇行为”包括违反规定擅自将外汇存放境外的行为，第四十条规定的“等非法套汇行为”包括违反规定以人民币收付应当以外汇收付款项的行为的理解。

国务院法制办公室

二〇一二年十月四日

第二章　人民币汇率与外汇市场

第一节　外汇市场与结售汇业务管理

国家外汇管理局关于银行贵金属业务汇率敞口外汇管理有关问题的通知

汇发［2012］8号

国家外汇管理局各省、自治区、直辖市分局、外汇管理部，深圳、大连、青岛、厦门、宁波市分局；各中资外汇指定银行：

为规范贵金属业务外汇管理，便利银行为客户提供贵金属投资服务，现就银行贵金属业务汇率敞口外汇管理有关问题通知如下：

一、本通知所称贵金属业务汇率敞口，是指银行在境内办理以人民币计价的即期贵金属（包括但不限于黄金、白银、铂金）买卖业务后，在境外市场平盘贵金属交易敞口而形成的本外币错配的一种汇率敞口。

其中，即期贵金属买卖业务包括在上海黄金交易所从事的黄金现货延期交收业务，但不包括其他贵金属的现货延期交收业务。

二、银行对贵金属业务汇率敞口进行平盘，应区分贵金属的种类，在首次平盘前20个工作日内，由总行（或主报告行）以书面和电子邮件方式向国家外汇管理局备案。备案材料包括：

（一）贵金属业务开办情况；

（二）贵金属业务操作规程；

（三）贵金属汇率敞口管理制度；

（四）相关监管部门颁发的开办该种贵金属业务的许可文件；

（五）向中国人民银行备案黄金现货延期交收业务的证明文件（申请对黄金延期交收业务汇率敞口进行平盘时提供）；

（六）国家外汇管理局要求的其他文件。

三、对于备案后的贵金属业务汇率敞口，银行可视同自身结售汇交易进行平盘。

四、银行通过自身结售汇交易平盘贵金属业务汇率敞口，应履行以下统计和报告义务：

（一）在平盘当期的《银行结售汇统计月（旬）报表》和《银行结售汇综合头寸日报表》进行统计。其中，结汇和售汇在《银行结售汇统计月报表》的科目归属为“240 其他投资——银行自身01”和“440 其他投资——银行自身01”，在《银行结售汇统计旬报表》的科目归属为“200 资本与金融项目”和“400 资本与金融项目”。

（二）在每季度末15个工作日内，分别通过传真和电子邮件向国家外汇管理局报送《银行贵金属业务汇率敞口统计报表》（格式见附件）。

五、银行办理黄金进出口等实物贵金属业务的结售汇和收付汇遵照货物贸易外汇管理相关规定执行。

六、银行办理本通知规定以外的贵金属交易品种所涉及的汇率敞口管理，应事前报国家外汇管理局批准。

七、本通知自发布之日起实施。《国家外汇管理局关于银行黄金业务汇率敞口外汇管理有关问题的通知》（汇发［2007］42号）同时废止。

国家外汇管理局各分局、外汇管理部接到本通知后，应即转发辖内各中心支局、支局、城市商业银行、农村商业银行、农村合作金融机构、外资银行。

执行中如遇问题，请与国家外汇管理局国际收支司联系。

电话：010－68402295 传真：010－68402315
电子信箱：yinhangchu@ mail. safe. gov. cn
特此通知。

附件：______年____季度银行贵金属业务汇率敞口统计报表（内容详见光盘）

二〇一二年二月二十七日

国家外汇管理局关于外汇指定银行停止报送挂牌汇价日报表的通知

汇发［2012］9号

国家外汇管理局各省、自治区、直辖市分局、外汇管理部，深圳、大连、青岛、厦门、宁波市分局；各中资外汇指定银行：

为提高管理效率，国家外汇管理局决定自2012年3月12日起，外汇指定银行停止报送挂牌汇价日报表。

各外汇指定银行应建立健全有关挂牌汇价的内部管理制度和风险防范机制。

国家外汇管理局各分局、外汇管理部接到本通知后，应立即转发辖内中心支局、支局和辖内银行。

特此通知。

二〇一二年二月二十七日

国家外汇管理局关于完善银行结售汇综合头寸管理有关问题的通知

汇发［2012］26号

国家外汇管理局各省、自治区、直辖市分局、外汇管理部，深圳、大连、青岛、厦门、宁波市分局；各中资外汇指定银行：

为进一步发展外汇市场，增强银行外汇交易和风险管理的灵活性与主动性，促进人民币汇率的价格发现，根据当前国际收支状况和人民币汇率形成机制改革需要，国家外汇管理局决定完善银行结售汇综合头寸管理，现就有关问题通知如下：

一、对银行结售汇综合头寸实行正负区间管理。在现有结售汇综合头寸上下限管理的基础上，将下限下调至零以下。

二、除全国性银行、银行间外汇市场即期做市商的结售汇综合头寸下限由国家外汇管理局另行通知外，其他银行（含取得结售汇业务经营资格的企业集团财务公司）的结售汇综合头寸下限统一执行以下标准：

（一）2011年度结售汇业务量低于1亿美元，以及新取得结售汇业务经营资格的银行，结售汇综合头寸下限为－300万美元。

（二）2011年度结售汇业务量介于1亿至10亿美元，结售汇综合头寸下限为－500万美元。

（三）2011年度结售汇业务量10亿美元以上，结售汇综合头寸下限为－1 000万美元。

银行申请核定或调整结售汇综合头寸上下限，仍应遵照《国家外汇管理局关于银行结售汇综合头寸管理有关问题的通知》（汇发［2010］56号）

执行。

三、取消对银行收付实现制头寸余额实行的下限管理，《国家外汇管理局关于加强外汇业务管理有关问题的通知》（汇发［2010］59号）第一条、《国家外汇管理局关于进一步加强外汇业务管理有关问题的通知》（汇发［2011］11号）第一条停止执行。

四、本通知自2012年4月16日起实施。

国家外汇管理局各分局、外汇管理部接到本通知后，应立即转发辖内城市和农村商业银行、农村合作金融机构、外资银行、企业集团财务公司，并根据2011年度银行结售汇统计数据计算出辖内各银行的负头寸下限，一并通知各银行执行。

特此通知。

二〇一二年四月十六日

国家外汇管理局关于印发《个人本外币兑换特许业务试点管理办法》的通知

汇发［2012］27号

国家外汇管理局各省、自治区、直辖市分局、外汇管理部，深圳、大连、青岛、厦门、宁波市分局：

自国家外汇管理局2009年11月扩大个人本外币兑换特许业务（以下简称特许业务）试点以来，各项工作进展顺利，达到了预期效果。为进一步深化特许业务试点工作，促进个人本外币兑换市场的发展，国家外汇管理局修订了《个人本外币兑换特许业务试点管理办法》（以下简称《试点办法》，见附件1)，现予以发布，并就有关事项通知如下：

一、本通知发布前已获得特许业务经营资格的境内非金融机构（以下简称特许机构）（含分支机构及网点），应根据《试点办法》第八条或第十八条及第三、四章的规定，完善软硬件设施及管理，并于2012年8月1日前向所在地国家外汇管理局分支局提交本机构符合上述要求（注册资本、申请前业务量及网点家数除外）的报告，申领《个人本外币兑换特许业务经营许可证》。

符合要求的，由所在地国家外汇管理局分局、外汇管理部（以下简称外汇分局）核发《个人本外币兑换特许业务经营许可证》；未能按时提交报告或不符合要求的，所在地外汇分支局应责令其停业整顿。

二、上述具备法人资格的特许机构，注册资本低于《试点办法》第八条或第十八条要求的，应及时增加注册资本，并于2013年5月1日前持变更后的营业执照副本及复印件向所在地外汇分局提交注册资本达标的报告。

未能按时提交达标报告的，外汇分局应责令其停业整顿直至终止其特许业务经营资格。

三、《试点办法》发布前已开展试点工作的外汇分局，可根据《试点办法》及辖区内个人本外币兑换实际需求状况，注意适当把握节奏，自行决定增加辖内试点城市，避免机构和网点的盲目扩张。

四、《试点办法》发布前未开展试点工作的外汇分局应根据辖内个人本外币兑换服务业发展情况及有关机构的申请决定是否申请开展试点。拟开展试点的，应按照附件 2 和附件 3 要求的内容提交申请材料，报国家外汇管理局批准；国家外汇管理局将根据外汇分局的试点准备情况和当地市场的需求情况审核批复。外汇分局开展试点后，辖内其他城市满足附件 2 相关条件的，外汇分局可自行决定是否增加其为试点地区。

五、外汇分局应按照《试点办法》要求开展特许业务试点工作，加强试点工作的宣传解释，监督特许机构执行相关外汇管理规定，及时向国家外汇管理局报告试点情况。

外汇分局接到本通知后应及时转发辖内中心支局及特许机构，执行中如遇问题请与国家外汇管理局联系。

联系电话：010－68402374、68402310

附件：1. 个人本外币兑换特许业务试点管理办法（内容详见光盘）
2. 外汇分局上报试点申请材料的主要内容（内容详见光盘）
3. 申请试点经营机构情况表（内容详见光盘）
4. “个人本外币兑换特许业务经营许可证”管理工作制度（内容详见光盘）

二〇一二年四月二十四日

附：

国家外汇管理局进一步深化个人本外币兑换特许业务试点工作

国家外汇管理局新闻稿 2012年4月24日

自国家外汇管理局2009年11月扩大个人本外币兑换特许业务试点以来，特许业务经营机构（以下简称特许机构）数量稳步增加，兑换服务水平不断提高，试点工作取得了良好效果。为进一步规范试点地区个人本外币兑换特许业务的持续健康发展，日前，国家外汇管理局印发《个人本外币兑换特许业务试点管理办法》（汇发［2012］27号，以下简称《试点办法》），自2012年5月1日起施行。

《试点办法》主要内容包括：一是简化市场准入管理，扩大特许业务经营范围，提高备付金调剂的灵活性，进一步降低特许机构经营成本，提高资金收益。二是鼓励特许机构连锁经营，实现规模效应。同时将特许机构最低注册资本要求按在单一地区内经营和全国范围内经营分别提高至500万元和3 000万元。三是强调风险防控。进一步规范了特许机构柜面业务和备付金管理，建立相关数据、凭证留存备查制度。强化对特许机构资金运行的定期监测制度和经营活动的定期核查制度，督促其合规经营。

《试点办法》的实施，在风险可控的条件下给予特许机构在市场准入、日常经营方面的便利，为其预留未来的发展空间。同时强调事后数据监测，加大事后常规性现场和非现场监管力度，促进特许机构可持续发展。

国家外汇管理局关于调整银行间外汇市场部分业务管理的通知

汇发［2012］30 号

国家外汇管理局各省、自治区、直辖市分局、外汇管理局，深圳、大连、青岛、厦门、宁波市分局；各政策性银行、国有商业银行、股份制商业银行，中国外汇交易中心：

为进一步推动金融服务实体经济，促进外汇市场发展，根据《中国人民银行关于加快发展外汇市场有关问题的通知》（银发［2005］202 号）、《中国人民银行关于在银行间外汇市场开办人民币外汇货币掉期业务有关问题的通知》（银发［2007］287 号）等有关规定，现就调整银行间外汇市场部分业务管理有关事宜通知如下：

一、简化外汇掉期和货币掉期业务的市场准入管理

（一）国家外汇管理局对银行间外汇市场人民币外汇远期、外汇掉期、货币掉期业务实行一次性备案管理。符合《中国人民银行关于加快发展外汇市场有关问题的通知》（银发［2005］202 号）第三条规定条件的境内机构，持规定材料（包括但不限于业务申请、定价与头寸管理、风险内控制度等）通过中国外汇交易中心向国家外汇管理局一并申请备案上述三项业务交易资格。

（二）本通知实施前已备案获得银行间外汇市场远期交易资格的境内机构，可自动获得外汇掉期、货币掉期交易资格，无需再次申请备案。

二、增加货币掉期业务的本金交换形式

境内机构在银行间外汇市场开展人民币外汇货币掉期业务，除现有规定

外，还可以采取在协议生效日和到期日均不实际交换人民币与外币的本金交换形式。

中国外汇交易中心应根据上述规定相应调整交易规则及系统，做好技术支持与服务工作。

三、本通知自2012年6月11日起实施。

国家外汇管理局各分局、外汇管理部应将本通知转发辖内城市和农村商业银行、农村合作银行、城市和农村信用合作社、外资银行、货币经纪公司等相关金融机构。

二〇一二年五月二十一日

国家外汇管理局关于中国银行在34家一级分行辖区内设置自助外币兑换机办理个人外币兑换业务的批复

汇复［2012］52号

中国银行：

你行《关于申请开办自助外币兑换业务的请示》（中银报［2011］355号）收悉。现批复如下：

一、同意你行全辖34家一级分行使用自助外币兑换机（以下简称外币兑换机）办理个人本外币兑换业务。你行34家一级分行是：中国银行北京市分行、天津市分行、河北省分行、辽宁省分行、浙江省分行、宁波市分行、福建省分行、上海市分行、江苏省分行、苏州分行、广西区分行、湖南省分行、湖北省分行、广东省分行、深圳市分行、山东省分行、河南省分行、海南省分行、黑龙江省分行、吉林省分行、内蒙古区分行、山西省分行、江西省分行、安徽省分行、陕西省分行、甘肃省分行、宁夏区分行、青海省分行、新疆区分行、四川省分行、重庆市分行、云南省分行、贵州市分行、西藏区分行。

二、你行上述分行使用外币兑换机办理本外币兑换业务，应事前向所在地外汇分局申请备案。

三、外币兑换机应主要设置在机场、酒店等境外游客出入频繁的场所，以及外币兑换业务量大、确有需要的银行网点内部。

四、你行上述分行办理该项业务应遵守以下管理要求：

（一）外币兑换机应具备个人身份识别功能。外币兑换机应首先采集兑换业务办理个人包含姓名、国别、身份证件号码在内的个人身份信息后，方可为其办理本外币兑换业务。

（二）外币兑换机均应具备“关注名单”拦截功能，禁止“关注名单”内的个人通过外币兑换机办理兑换业务。

（三）外币兑换机仅限于办理个人外币现钞和人民币现钞之间的兑换，不得办理个人持银行卡或存折的兑换业务，并且每笔兑换金额不得超过等值2 500元人民币。

（四）兑换价格应遵守中国人民银行汇价管理的有关规定及相关外汇管理规定。

（五）外币兑换机办理的兑换业务应纳入银行结售汇统计。

（六）你行应采集和汇总个人频繁利用外币兑换机办理兑换业务的数据和情况，并及时上报所在地外汇分局。

（七）外币兑换机设置应符合其他相关管理部门的规定。

五、你行应加强对以下相关情况的统计分析：

（一）及时监测外币兑换机设置的数量和兑换规模，分析兑换业务的笔数、金额、币种等特点。

（二）加强对分支行该项业务的现场指导和定期检查。

（三）执行中如发现异常情况，应及时向所在地外汇局报告。

此复。

二〇一二年三月二十九日

国家外汇管理局关于天津渤海通汇货币兑换有限公司在全国范围内经营个人本外币兑换特许业务的批复

汇复［2012］168号

国家外汇管理局天津市分局：

你分局《关于天津渤海通汇货币兑换有限公司在全国范围内经营个人本外币兑换特许业务的请示》（津汇发［2012］52号）收悉。现批复如下：

一、同意天津渤海通汇货币兑换有限公司（以下简称通汇公司）在全国范围内经营个人本外币兑换特许业务。

二、你分局应按照《国家外汇管理局关于印发〈个人本外币兑换特许业务试点管理办法〉的通知》（汇发［2012］27号），加强对辖内特许机构的监督管理，并做好相关统计报表的报送工作。

此复。

二〇一二年九月十四日

国家外汇管理局关于调整平安银行结售汇综合头寸等相关外汇管理问题的批复

汇复［2012］187号

国家外汇管理局深圳市分局：

你分局《关于调整平安银行结售汇综合头寸限额等国际收支相关合并工作的请示》（深外管［2012］76号）收悉。现批复如下：

一、核定平安银行结售汇综合头寸上限为24亿美元，下限为－8 000万美元，新的结售汇综合头寸限额自批复之日起生效，该银行结售汇综合头寸的日常管理和调整由国家外汇管理局负责。

二、同意平安银行购汇对原平安银行吸收合并日所有者权益亏损进行抵补，购汇金额为8 871 375.65美元。

三、同意平安银行合并报送以下报表：

（一）非居民人民币账户余额月报表。

（二）银行结售汇综合头寸日报表。

（三）银行结售汇统计月（旬）报表。

（四）中资金融机构外汇资产负债统计表（含中资金融机构购买部分欧洲国家债券和衍生金融产品情况表）。

（五）金融机构对境外资产负债及损益申报表。

（六）金融机构直接投资统计申报表。

（七）银行贸易融资业务调查表。

此复。

二〇一二年十月十五日

国家外汇管理局关于中投国际有限责任公司结汇缴纳税款有关问题的批复

汇复［2012］234 号

中投国际有限责任公司：

你公司《关于申请通过结汇方式解决人民币缴税资金来源问题的函》（中投国际函［2012］3 号）收悉。现批复如下：

一、同意你公司凭税务部门出具的相应税收缴款凭证办理结汇手续，结汇所得人民币资金可直接划入国内税务部门的税款账户。

二、结汇业务办理银行应认真审核上述结汇业务的真实性。你公司代所设境内特殊目的公司缴纳税款办理首次结汇业务时，还应提交相关股权关系证明材料。

此复。

二〇一二年十二月二十日

国家外汇管理局综合司关于印发《银行执行外汇管理规定情况考核内容及评分标准（2012年）》的通知

汇综发［2012］47号

国家外汇管理局各省、自治区、直辖市分局、外汇管理部，深圳、大连、青岛、厦门、宁波市分局；各中资外汇指定银行：

根据2011年5月至今外汇管理规定变动和调整情况，国家外汇管理局制定了《银行执行外汇管理规定情况考核内容及评分标准（2012年）》（见附件）。现就有关问题通知如下：

一、2012年度银行执行外汇管理规定情况考核内容及评分标准依照本通知附件执行。

二、国家外汇管理局各分局、外汇管理部接到本通知后，应立即转发辖内中心支局、支局、城市商业银行、农村商业银行、外商独资银行、中外合资银行、外国银行分行以及农村合作金融机构，并依据该修订后的考核内容和评分标准，公平、公正地对辖内银行执行外汇管理规定情况开展考核。

三、各中资外汇指定银行应尽快转发所辖分支机构，依法合规办理各项外汇业务。

执行中如遇问题，请及时向国家外汇管理局相关部门反馈。联系电话：

010－68402129（综合司）

010－68402295（国际收支司）

010－68402156（经常项目司）

010－68402061（资本项目司）

010－68402352（管理检查司）

特此通知。

附件：银行执行外汇管理规定情况考核内容及评分标准（2012 年）（内容详见光盘）

二〇一二年四月十二日

国家外汇管理局综合司关于调整银行结售汇综合头寸统计报表及报送方式的通知

汇综发［2012］129号

国家外汇管理局各省、自治区、直辖市分局、外汇管理部，深圳、大连、青岛、厦门、宁波市分局，各中资外汇指定银行：

为进一步改进银行结售汇综合头寸报表和大额结售汇交易统计工作，现就有关事项通知如下：

一、根据外汇收支监测工作需要，国家外汇管理局决定调整结售汇综合头寸报表格式（附件1、2）。

二、为配合报表调整需要，国家外汇管理局对结售汇综合头寸系统进行了升级。新版结售汇综合头寸系统仍通过国家外汇管理局应用服务平台（简称ASOne）报送。其中，外汇局访问地址为：http：//100.1.48.51：9101/asone/，银行访问地址为：http：//asone.safe：9101/asone/。系统使用方法详见ASOne平台首页“常用下载”栏目“结售汇综合头寸系统用户使用手册”。

三、新版结售汇综合头寸系统上线工作分为两个阶段进行：

（一）2012年8月20日~9月3日，新版结售汇综合头寸系统进行试运行。在此期间，银行仍然通过旧版结售汇综合头寸系统向外汇局报送正式数据。银行应同时在新版结售汇综合头寸系统中报送不少于2个交易日的数据，以确保可以通过新版系统正常报送数据，但相关数据只作为测试数据管理。

（二）自2012年9月4日（报送9月3日的结售汇综合头寸数据）起，新版结售汇综合头寸系统正式运行，旧版结售汇综合头寸系统停用，银行必须通过新版结售汇综合头寸系统向外汇局报送数据。新版结售汇综合头寸系统启用后，银行不再通过传真方式报送“结售汇综合头寸日报表”。

四、银行结售汇综合头寸和大额结售汇交易的其他制度性要求，仍按照《国家外汇管理局关于银行结售汇综合头寸管理有关问题的通知》（汇发［2010］56号）执行。

五、各分局、外汇管理部接到本通知后，应立即转发辖内中心支局、支局和城市商业银行、农村商业银行、农村合作金融机构、外资银行。

执行中如遇问题，请及时与国家外汇管理局联系。

业务支持联系电话：010－68402271、68402313

技术支持联系电话：010－68402220

附件：1.（________银行）结售汇综合头寸日报表（内容详见光盘）

2.（________银行）大额结售汇交易统计（内容详见光盘）

二〇一二年八月十日

国家外汇管理局综合司关于调整银行结售汇统计报表及报送方式的通知

汇综发［2012］152号

国家外汇管理局各省、自治区、直辖市分局、外汇管理部，深圳、大连、青岛、厦门、宁波市分局，各中资外汇指定银行：

为进一步适应银行结售汇业务发展需要，提高银行结售汇统计数据质量，现就有关事项通知如下：

一、根据外汇收支监测工作需要，国家外汇管理局决定调整银行结售汇统计中涉及人民币与外币衍生产品业务的报表。

（一）《国家外汇管理局关于印发〈银行结售汇统计制度〉的通知》（汇发［2006］42号）中《银行结售汇统计制度》附件1的表9～表14调整为本通知附件中的报表，新报表自2013年1月启用。

《国家外汇管理局关于人民币对外汇期权交易有关问题的通知》（汇发［2011］8号）的第九条第（三）款、附件同时废止；《国家外汇管理局关于银行办理人民币对外汇期权组合业务有关问题的通知》（汇发［2011］43号）的附件同时废止。

（二）附件中的报表实行总行报送制度，银行总行或外资银行主报告行应汇总境内各分行统计数据后，经所在地外汇局报国家外汇管理局。国家外汇管理局各分支局需根据辖内银行总行或外资银行主报告行开办远期结售汇、人民币与外币掉期、人民币与外币期权的情况确定其需要报送的报表类型。

（三）对于附件表1～3，国家外汇管理局各分支局可根据业务监管需要，另行要求辖内的银行分支行通过银行结售汇统计系统报送。

二、为配合报表调整需要，国家外汇管理局对银行结售汇统计系统进行了升级。新版银行结售汇统计系统仍通过国家外汇管理局应用服务平台（简称 ASOne）报送。其中，外汇局访问地址为：http：//100.1.48.51：9101/asone/，银行访问地址（外部机构接入网）为：http：//asone.safe：9101/asone/。系统使用方法详见 ASOne 平台首页“常用下载”栏目“银行结售汇统计系统用户使用手册”。

三、新版银行结售汇统计系统上线工作分为两个阶段进行：

（一）2012 年 12 月 21 日 ~12 月 27 日，新版银行结售汇统计系统进行试运行。在此期间，银行应通过旧版银行结售汇统计系统向外汇局报送 12 月中旬的正式数据。同时，应在新版银行结售汇统计系统中报送 12 月中旬的数据，以确保可以通过新版系统正常报送数据，但该数据只作为测试数据管理。

2012 年 12 月的月报数据通过旧版银行结售汇统计系统报送。

（二）自 2013 年 1 月 11 日报送 1 月上旬数据起，新版银行结售汇统计系统正式运行，旧版银行结售汇统计系统停用，银行须通过新版银行结售汇统计系统向外汇局报送数据。

四、在新版银行结售汇统计系统上线工作中，国家外汇管理局各分支局应积极指导辖内银行完成第三条所述工作，确保即期结售汇数据、人民币与外币衍生产品业务数据正常上报。

五、为方便银行数据报送，国家外汇管理局在新版银行结售汇统计系统中提供了 EXCEL 数据模板，各银行可结合自身情况编写程序生成报送数据，然后导入系统。EXCEL 数据模板参见 ASOne 平台首页“常用下载”栏目“银行结售汇统计系统数据模板下载”。汇发［2006］42 号文所附“银行结售汇统计系统报表数据接口规范”同时废止。

六、银行结售汇统计的其他制度性要求，仍按照汇发［2006］42 号文执行。

各分局、外汇管理部接到本通知后，应立即转发辖内中心支局、支局和中外资银行。

执行中如遇问题，请及时与国家外汇管理局联系。

业务支持联系电话：010－68402521、68402313

技术支持联系电话：010－68402220

附件：人民币与外币衍生产品业务报表及填报说明（内容详见光盘）

二〇一二年十二月十三日

国家外汇管理局综合司关于中国邮政储蓄银行股份有限公司承继结售汇业务经营资格的批复

汇综复［2012］55号

中国邮政储蓄银行股份有限公司：

《中国邮政储蓄银行关于承继结售汇业务经营资格的请示》（邮银请［2012］19号）收悉。现批复如下：

一、同意自中国银行业监督管理委员会（以下简称银监会）核发中国邮政储蓄银行股份有限公司"金融许可证"的载明批准成立日期起，由中国邮政储蓄银行股份有限公司承继原中国邮政储蓄银行有限责任公司的各项结售汇业务（即期结售汇业务、远期结售汇业务）资格。

二、中国邮政储蓄银行股份有限公司正式成立后承继即期结售汇业务资格的各分支机构，应依据《国家外汇管理局关于调整银行即期结售汇业务市场准入和退出管理方式的通知》（汇发［2007］20号）的规定，向所在地国家外汇管理局分支局办理机构信息变更登记备案手续。

三、中国邮政储蓄银行股份有限公司的各分支机构，自取得银监会派出机构核发"金融许可证"的载明批准成立日期起，可自行承继原中国邮政储蓄银行有限责任公司各分支机构的远期结售汇业务资格。

四、原中国邮政储蓄银行有限责任公司根据国家外汇管理法律法规所承担的各项权利与义务，由中国邮政储蓄银行股份有限公司承继履行。

此复。

二〇一二年七月十九日

第二节　折算率表

国家外汇管理局关于调整《各种货币对美元折算率表》的通知

汇发［2011］51号

国家外汇管理局各省、自治区、直辖市分局、外汇管理部，深圳、大连、青岛、厦门、宁波市分局：

现将国家外汇管理局制定的《各种货币对美元折算率表》2012年第1期（见附件）发给你们。本表按月公布，供计划、统计使用。

附件：各种货币对美元折算率表（2012年第1期）（内容详见光盘）

二○一一年十二月二十八日

国家外汇管理局关于调整《各种货币对美元折算率表》的通知

汇发［2012］5号

国家外汇管理局各省、自治区、直辖市分局、外汇管理部，深圳、大连、青岛、厦门、宁波市分局：

现将国家外汇管理局制定的《各种货币对美元折算率表》2012年第2期（见附件）发给你们。本表按月公布，供计划、统计使用。

附件：各种货币对美元折算率表（2012年第2期）（内容详见光盘）

二〇一二年一月二十九日

国家外汇管理局关于调整《各种货币对美元折算率表》的通知

汇发［2012］10号

国家外汇管理局各省、自治区、直辖市分局、外汇管理部，深圳、大连、青岛、厦门、宁波市分局：

现将国家外汇管理局制定的《各种货币对美元折算率表》2012年第3期（见附件）发给你们。本表按月公布，供计划、统计使用。

附件：各种货币对美元折算率表（2012年第3期）（内容详见光盘）

二〇一二年二月二十七日

国家外汇管理局关于调整《各种货币对美元折算率表》的通知

汇发［2012］15号

国家外汇管理局各省、自治区、直辖市分局、外汇管理部，深圳、大连、青岛、厦门、宁波市分局：

现将国家外汇管理局制定的《各种货币对美元折算率表》2012年第4期（见附件）发给你们。本表按月公布，供计划、统计使用。

附件：各种货币对美元折算率表（2012年第4期）（内容详见光盘）

二〇一二年三月二十八日

国家外汇管理局关于调整《各种货币对美元折算率表》的通知

汇发［2012］28号

国家外汇管理局各省、自治区、直辖市分局、外汇管理部，深圳、大连、青岛、厦门、宁波市分局：

现将国家外汇管理局制定的《各种货币对美元折算率表》2012年第5期（见附件）发给你们。本表按月公布，供计划、统计使用。

附件：各种货币对美元折算率表（2012年第5期）（内容详见光盘）

二〇一二年四月二十六日

国家外汇管理局关于调整《各种货币对美元折算率表》的通知

汇发［2012］31 号

国家外汇管理局各省、自治区、直辖市分局、外汇管理部，深圳、大连、青岛、厦门、宁波市分局：

现将国家外汇管理局制定的《各种货币对美元折算率表》2012 年第 6 期（见附件）发给你们。本表按月公布，供计划、统计使用。

附件：各种货币对美元折算率表（2012 年第 6 期）（内容详见光盘）

二〇一二年五月三十日

国家外汇管理局关于调整《各种货币对美元折算率表》的通知

汇发［2012］37号

国家外汇管理局各省、自治区、直辖市分局、外汇管理部，深圳、大连、青岛、厦门、宁波市分局：

现将国家外汇管理局制定的《各种货币对美元折算率表》2012年第7期（见附件）发给你们。本表按月公布，供计划、统计使用。

附件：各种货币对美元折算率表（2012年第7期）（内容详见光盘）

二〇一二年六月二十八日

国家外汇管理局关于调整《各种货币对美元折算率表》的通知

汇发［2012］45号

国家外汇管理局各省、自治区、直辖市分局、外汇管理部，深圳、大连、青岛、厦门、宁波市分局：

现将国家外汇管理局制定的《各种货币对美元折算率表》2012年第8期（见附件）发给你们。本表按月公布，供计划、统计使用。

附件：各种货币对美元折算率表（2012年第8期）（内容详见光盘）

二〇一二年七月二十六日

国家外汇管理局关于调整《各种货币对美元折算率表》的通知

汇发［2012］47号

国家外汇管理局各省、自治区、直辖市分局、外汇管理部，深圳、大连、青岛、厦门、宁波市分局：

现将国家外汇管理局制定的《各种货币对美元折算率表》2012年第9期（见附件）发给你们。本表按月公布，供计划、统计使用。

附件：各种货币对美元折算率表（2012年第9期）（内容详见光盘）

二〇一二年八月二十八日

国家外汇管理局关于调整《各种货币对美元折算率表》的通知

汇发［2012］53号

国家外汇管理局各省、自治区、直辖市分局、外汇管理部，深圳、大连、青岛、厦门、宁波市分局：

现将国家外汇管理局制定的《各种货币对美元折算率表》2012年第10期（见附件）发给你们。本表按月公布，供计划、统计使用。

附件：各种货币对美元折算率表（2012年第10期）（内容详见光盘）

二〇一二年九月二十五日

国家外汇管理局关于调整《各种货币对美元折算率表》的通知

汇发［2012］56 号

国家外汇管理局各省、自治区、直辖市分局、外汇管理部，深圳、大连、青岛、厦门、宁波市分局：

现将国家外汇管理局制定的《各种货币对美元折算率表》2012 年第 11 期（见附件）发给你们。本表按月公布，供计划、统计使用。

附件：各种货币对美元折算率表（2012 年第 11 期）（内容详见光盘）

二〇一二年十月二十六日

国家外汇管理局关于调整《各种货币对美元折算率表》的通知

汇发［2012］61号

国家外汇管理局各省、自治区、直辖市分局、外汇管理部，深圳、大连、青岛、厦门、宁波市分局：

现将国家外汇管理局制定的《各种货币对美元折算率表》2012年第12期（见附件）发给你们。本表按月公布，供计划、统计使用。

附件：各种货币对美元折算率表（2012年第12期）（内容详见光盘）

二〇一二年十一月二十七日

国家外汇管理局关于调整《各种货币对美元折算率表》的通知

汇发［2012］63 号

国家外汇管理局各省、自治区、直辖市分局、外汇管理部，深圳、大连、青岛、厦门、宁波市分局：

现将国家外汇管理局制定的《各种货币对美元折算率表》2013 年第 1 期（见附件）发给你们。本表按月公布，供计划、统计使用。

附件：各种货币对美元折算率表（2013 年第 1 期）（内容详见光盘）

二〇一二年十二月二十七日

第三章 国际收支统计

国家外汇管理局关于启用境内银行涉外收付凭证及明确有关数据报送要求的通知

汇发［2012］42 号

国家外汇管理局各省、自治区、直辖市分局、外汇管理部，深圳、大连、青岛、厦门、宁波市分局；各中资外汇指定银行：

为配合货物贸易外汇管理改革全国推广，促进贸易投资便利化及外汇管理方式的转变，根据《国家外汇管理局关于做好调整境内银行涉外收付凭证及相关信息报送准备工作的通知》（汇发［2011］49 号）和《国家外汇管理局综合司关于印发〈国际收支网上申报系统操作规程〉的通知》（汇综发［2010］122 号）有关要求，现将启用境内银行涉外收付凭证及相关数据报送要求通知如下：

一、启用境内银行涉外收付凭证

（一）从 2012 年 8 月 1 日起，境内银行应使用汇发［2011］49 号文规定的新的涉外和境内收付款相关凭证，办理收付款业务和国际收支统计及管理信息申报，并通过新的接口程序向国家外汇管理局报送数据。

（二）对于在 2012 年 8 月 1 日之前发生，但尚未完成全部信息申报和数据报送或需要进行修改操作的业务，也应使用新凭证继续办理收付款业务和国际收支统计及管理信息申报。

（三）国家外汇管理局对已接收的旧格式接口数据文件的最后一次导入时间为2012年8月1日07：00。各银行应充分考虑机器时间差异、网络传输等因素，合理设置新、旧格式的数据报送时间和新、旧接口程序切换时间。

（四）对未通过新版银行接口程序验收和联调或有关准备工作未就绪的银行，应按照汇综发［2010］122号文中应急处理流程和银行接口方式切换流程，于2012年7月20日前向所在地国家外汇管理局分支局（以下简称外汇局）申请切换为手工方式，并按照汇综发［2010］122号文中的相关要求上报切换原因和接口方式恢复时间等内容，同时提前做好人员培训、权限分配以及网络、浏览器设置等准备工作，以便于8月1日起通过访问国际收支网上申报系统银行版进行申报。国家外汇管理局各分局、外汇管理部（以下简称各分局）应审核辖内银行的申请，于7月25日前将汇总后的申请银行名单、切换原因和接口方式恢复时间等内容上报国家外汇管理局国际收支司。

（五）关于汇综发［2010］122号文和更新后的《国际收支网上申报操作手册》，银行可从网点访问国家外汇管理局应用服务平台银行版（http：//asone. safe：9101/asone）"常用下载"中"国际收支网上申报系统"栏目下查询。

二、明确境内居民间外汇同名划转业务数据的报送要求

自新凭证启用之日起，境内同一居民（包括机构和个人）通过境内银行办理的涉及资本项目账户资金收付（定期转活期等外汇存款期限转换业务或外汇局另有规定除外）的行内和跨行外汇同名划转业务，客户可不填写"境内汇款申请书"及"境内收入申报单"，但境内银行应报送相关信息。其中，付款银行应将基础信息和管理信息报送外汇局，交易性质申报在"909010同名账户资金转出"项下；收款银行应报送境内外汇收入基础信息。

三、通过境外账户收支余信息申报子系统报送有关数据

（一）从2012年8月1日起，根据出口收入存放境外管理有关规定已开立境外账户的企业，应登录国家外汇管理局网上服务平台（互联网址为：Http：//asone. safesvc. gov. cn/asone），通过其中的"境外账户收支余信息申报子系统"申报其境外账户的收支和余额信息。有关使用方法见该网站

“常用下载”中“境外账户收支余信息申报子系统”的操作手册。

（二）企业应在月后10个工作日内申报其境外账户的月末余额和当月发生的逐笔收支信息。

四、各分局在接到本通知后，应及时转发至辖内中心支局、支局和辖内银行，并将相关要求以适当方式通知相关企业。执行中如遇问题，请及时向国家外汇管理局反馈。

国家外汇管理局经常项目管理司联系电话：010－68402450

国家外汇管理局资本项目管理司联系电话：010－68402366

国家外汇管理局国际收支司联系电话：010－68402434

国家外汇管理局外汇业务数据监测中心（科技司）联系电话：010－68402047

特此通知。

二〇一二年七月十三日

国家外汇管理局综合司关于2011年度国际收支统计之星先进单位及个人评选情况的通报

汇综发［2012］9号

国家外汇管理局各省、自治区、直辖市分局、外汇管理部，深圳、大连、青岛、厦门、宁波市分局；各中资外汇指定银行：

根据《国家外汇管理局综合司关于印发〈国际收支统计之星评选办法〉的通知》（汇综发［2010］102号）以及《国家外汇管理局国际收支司关于2011年度国际收支统计之星评选有关事项的通知》（汇国发［2011］18号），经国家外汇管理局国际收支司（以下简称“收支司”）、各分局和外汇管理部初评推荐并经国际收支统计之星评选委员会审核和公示，收支司和中国统计学会国际收支统计分会决定授予国家外汇管理局天津市分局等100家单位“2011年度国际收支统计之星先进单位”荣誉称号，授予兰其全等200名同志“2011年度国际收支统计之星先进个人”荣誉称号（见附件，排名不分先后）。

各分局、外汇管理部接到本通报后，应转发辖内中心支局和支局、城市商业银行、农村商业银行、外资银行；各中外资外汇指定银行应转发所辖分支机构。

附件：2011年度国际收支统计之星先进单位及个人名单（内容详见光盘）

二〇一二年二月二十七日

国家外汇管理局综合司关于明确境内银行涉外收付凭证备案工作有关问题的通知

汇综发［2012］12 号

国家外汇管理局各省、自治区、直辖市分局、外汇管理部，深圳、大连、青岛、厦门、宁波市分局；各中资外汇指定银行：

根据《国家外汇管理局关于做好调整境内银行涉外收付凭证及相关信息报送准备工作的通知》（汇发［2011］49 号）有关规定，现将境内银行涉外收付相关凭证备案的具体要求明确如下：

一、凭证备案工作原则上按照《国家外汇管理局关于下发“境内银行涉外收付相关凭证管理规定”的通知》（汇发［2004］45 号）和《国家外汇管理局关于规范境内银行涉外收付相关凭证印制工作的通知》（汇发［2004］65 号）相关规定执行。

二、政策性银行、全国性商业银行应由其总行将涉外收付相关凭证向国家外汇管理局备案，其分支行无需再向所在地国家外汇管理局分支局、外汇管理部（以下简称所在地外汇局）进行涉外收付相关凭证的备案工作。

三、城市商业银行、农村商业银行、农村合作银行、城市信用社、农村信用社、村镇银行等地方性银行以及外资银行（外资商业银行、中外合资商业银行、外国商业银行分行）应由其法人（外国商业银行分行境内牵头行视同法人）向所在地外汇局备案。所在地外汇局负责涉外收付相关凭证的存档，国家外汇管理局各分局、外汇管理部（以下简称各分局）无需再收集后报送至国家外汇管理局。

四、各分局应督促所辖境内银行于 2012 年 3 月 31 日前完成新凭证的备案工作，并于2012年4月10日前汇总辖内报备情况，填写“境内银行总行凭证备案情况表”（见附件），传送至国家外汇管理局国际收支司（邮箱地址：stat@ bop. safe）。自2012年5月起，各分局应于每月后五个工作日内将上月新增境内银行总行凭证备案情况填写“境内银行总行凭证备案情况表”，并传送至国家外汇管理局国际收支司（无新增情况可不报送）。国家外汇管理局国际收支司将在国家外汇管理局信息门户网上公布银行总行凭证备案情况以供各分支局、外汇管理部查询。

五、各分局在接到本通知后，应及时转发辖内中心支局、支局和银行。以前规定与本通知内容不一致的，以本通知为准。

六、在执行中如遇问题，请及时向国家外汇管理局国际收支司反馈。

联系电话：010－68402306

附件：境内银行总行凭证备案情况表（内容详见光盘）

二○一二年二月二十九日

国家外汇管理局综合司关于开展国际收支网上申报系统银行数据接口程序验收和联调工作有关事项的通知

汇综发［2012］14 号

国家外汇管理局各省、自治区、直辖市分局、外汇管理部，深圳、大连、青岛、厦门、宁波市分局；各中资外汇指定银行：

按照《国家外汇管理局关于做好调整境内银行涉外收付凭证及相关信息报送准备工作的通知》（汇发［2011］49 号）和《国家外汇管理局综合司关于印发〈国际收支网上申报系统操作规程〉的通知》（汇综发［2010］122 号）有关要求，现将本次涉外收付相关凭证调整有关的国际收支网上申报系统银行数据接口程序（以下简称银行接口程序）验收和联调工作相关事项通知如下：

一、银行接口程序验收工作的组织和实施

（一）银行接口程序验收工作的组织

验收工作由国家外汇管理局统一组织开展，国家外汇管理局分支局、外汇管理部（以下简称外汇局分支局）负责具体实施。外汇局分支局应成立银行接口程序验收领导小组，安排国际收支、经常项目、资本项目和科技业务人员共同参加验收工作，各外汇指定银行应积极配合完成。

在京政策性银行及全国性商业银行总行接口程序由国家外汇管理局北京外汇管理部负责验收；其他政策性银行及全国性商业银行、城市商业银行、农村商业银行、农村合作银行、城市信用社、农村信用社、村镇银行等地方性银行以及外资银行（外资商业银行、中外合资商业银行、外国商业银行分行境内牵头行）总行（外国商业银行分行境内牵头行视同总行）接口程序由所在地外汇局分支局验收。

（二）验收工作程序和相关要求

各外汇指定银行接到本通知后，应按照《国际收支网上申报系统与银行业务系统接口程序验收要求》（1.2 版）（附件 1）要求，并使用银行接口验收工具（通过应用服务平台“常用下载”栏目下载）对本行自身业务系统修改情况及接口程序进行自查，检查本行接口程序是否满足有关要求。自查结果达到验收工具和附件 1 相关要求的，应向所在地外汇局分支局提交银行接口程序自查报告。外汇局分支局应严格按照汇发［2011］49 号文和附件 1 要求认真审查银行接口程序自查报告，并组织人员对银行接口程序进行验收。

国家外汇管理局分局、外汇管理部（以下简称外汇局分局）应按日汇总辖内银行接口程序验收合格的银行名单，填写“银行接口程序验收情况统计表”（附件 2），并及时传送国家外汇管理局国际收支司（邮箱地址：stat@ bop. safe）。国家外汇管理局国际收支司将及时在国家外汇管理局信息门户网上公布银行接口程序验收情况，供各外汇局分支局查询。

对 2012 年 3 月 31 日前无法完成接口程序验收的银行，外汇局分局应上报具体情况说明。

二、接口联调工作的组织和实施

接口程序已验收合格的银行，应按照汇综发［2010］122 号文要求向所在地外汇局分支局传送《银行联调计划表》电子邮件，各外汇局分局应当日及时转报国家外汇管理局国际收支司（邮箱地址：stat@ bop. safe）。

国家外汇管理局将从 3 月 19 日起根据“银行联调计划表”汇总情况，分期分批组织银行开展联调工作，具体要求详见《国际收支网上申报系统与银行业务系统接口程序联调方案》（1.2 版）（通过应用服务平台“常用下载”栏目下载）。

三、外汇分支局应在日常工作中通过现场和非现场核查，加强核查银行报送数据的范围是否符合国际收支统计间接申报及汇发［2011］49 号文相关规定。

四、外汇账户内结售汇部分银行接口程序的验收和联调工作将另行通知。

五、外汇局分局在接到本通知后，应及时转发辖内中心支局、支局和银行。

六、在执行中如遇问题，请及时向国家外汇管理局反馈。

国家外汇管理局国际收支司联系电话：010－68402306

国家外汇管理局经常项目管理司联系电话：010－68402450

国家外汇管理局资本项目管理司联系电话：010－68402366

国家外汇管理局外汇业务数据监测中心（科技司）联系电话：010－68402047

附件：1. 国际收支网上申报系统与银行业务系统接口程序验收要求（1.2 版）（内容详见光盘）

2. 银行接口程序验收情况统计表（内容详见光盘）

二〇一二年三月五日

国家外汇管理局综合司关于调整中资金融机构外汇资产负债等报表报送方式的通知

汇综发［2012］136号

国家外汇管理局各省、自治区、直辖市分局、外汇管理部，深圳、大连、青岛、厦门、宁波市分局，各外汇指定银行，中国人民财产保险股份有限公司，中油财务有限责任公司，全国社会保障基金理事会，中国投资有限责任公司：

为进一步改进国际收支统计工作，国家外汇管理局决定调整“中资金融机构外汇资产负债统计报表”（以下简称中资报表）、“银行非居民人民币账户统计报表”（以下简称非居民人民币报表）以及“欧洲国家债券和衍生金融产品情况表”（以下简称欧债报表）的报送方式，同时配套使用新版报表系统。现就有关事项通知如下：

一、关于新版报表系统访问方式

新版报表系统通过国家外汇管理局应用服务平台登录。外汇局访问地址为：http：//100.1.48.51：9101/asone/，相关报送机构访问地址为：http：//asone.safe：9101/asone/。系统操作说明及用户授权见该平台首页“常用下载”栏目《中资报表、非居民人民币报表及欧债报表系统使用手册》。

二、关于新版报表系统上线流程

新版报表系统上线分为试运行和正式运行两个阶段。

（一）试运行阶段

2012 年 9 月 7 日 ~30 日期间，新版中资报表和非居民人民币报表系统进行试运行。在此期间，相关报送机构应同时通过现有系统和新版报表系统报送 2012 年 8 月末中资报表及非居民人民币报表，新旧系统登录用户一致。

2012 年 10 月 1 日 ~31 日期间，欧债报表系统试运行。在此期间，相关报送机构应同时通过手工方式和欧债报表系统报送 2012 年三季度末欧债报表。登录欧债报表系统前，相关报送机构应首先按照《中资报表、非居民人民币报表及欧债报表系统使用手册》创建用户。

（二）正式运行阶段

自 2012 年 10 月起，新版中资报表和非居民人民币报表系统正式运行，各报送机构应通过新系统报送 2012 年 9 月末及以后的相关数据，旧版系统将同时停用。

自 2013 年 1 月起，欧债报表系统正式运行，各报送机构应通过该系统报送 2012 年四季度末及以后的相关数据，同时停止原手工报送方式。

三、中资报表、非居民人民币报表以及欧债报表的报送主体范围、报送频率等制度性要求，仍分别按照《国家外汇管理局关于中资金融机构报送外汇资产负债统计报表的通知》（汇发［2009］6 号）、《国家外汇管理局综合司关于境内银行报送非居民人民币账户数据的通知》（汇综发［2008］51 号）以及《国家外汇管理局综合司关于中资金融机构补充报送外汇资产负债统计报表的通知》（汇综发［2012］3 号）执行。

国家外汇管理局各分局、外汇管理部收到本通知后，应尽快转发辖内相关银行。执行中如遇问题，请及时向国家外汇管理局反馈。

业务联系电话：010－68402209、010－68402377

技术联系电话：010－68402220、010－68402536

二〇一二年九月六日

国家外汇管理局综合司关于加强金融机构对外资产负债和损益申报及升级报送系统的通知

汇综发［2012］145号

国家外汇管理局各省、自治区、直辖市分局、外汇管理部，深圳、大连、青岛、厦门、宁波市分局；各中资外汇指定银行，全国社会保障基金理事会、中国投资有限责任公司：

为加强金融机构对外资产负债及损益申报，国家外汇管理局拟对金融机构直接申报制度进行修订。在新制度下发之前，为改进申报方式，方便数据报送，国家外汇管理局对自1996年至2008年发布的金融机构对境外资产负债及损益统计、境内金融机构涉外直接投资统计、境内银行非居民人民币账户统计等相关文件进行了梳理，并整合为“金融机构对外资产负债及损益申报表”（见附件，以下简称申报表）。现将有关事项通知如下：

一、申报内容

申报内容包括：申报主体涉外（与非居民间，以下同）直接投资的交易与余额情况，证券投资与其他投资的余额情况，以及损益的交易情况。

本通知所称“非居民”与国际收支概念中的“非居民”一致，指除中国居民以外的机构和个人。

中国居民包括：在中国境内连续居住一年或以上的自然人，但外国和中国香港、澳门、台湾地区在境内的留学人员、就医人员，外国驻华使领馆外方工作人员及其家属除外；在中国境外连续居留时间不足一年的中国短期出国人员；在境外留学人员、就医人员及中国驻外使领馆中方工作人员及家属；在中国境内依法成立的法人和非法人机构，但外国驻华使领馆、国际组织驻华机构除外；中国驻外使领馆。

二、申报主体

申报主体包括：对非居民拥有金融资产或负债，或当期与非居民发生过国际收支交易的境内金融机构，以及全国社会保障基金理事会与中国投资有限责任公司。

本通知所称“境内金融机构”是指在境内从事货币信用活动的中介组织，包括银行类金融机构、证券类金融机构、保险类金融机构、其他金融机构。

三、申报原则

（一）应遵循权责发生制原则申报数据，以实际交易金额记录交易情况，以期末的市场价格记录对外金融资产及负债的存量情况。

（二）以美元为货币填报单位。涉及币种间折算时，存量数据根据期末汇率折算，交易数据根据交易发生时的即期汇率折算，无法获取交易发生时即期汇率的，可根据当期平均汇率折算。申报主体可根据上述原则自行确定折算汇率。

（三）实行总部报送原则。境内金融机构总部应汇总境内分支机构数据后申报。境外金融机构在境内拥有多家分支机构的，由境内牵头分支机构申报。

四、申报方式及时限要求

申报主体应于季度后 20 日内，使用新数据报送系统报送申报表。外汇局用户访问新数据报送系统的地址为：http：//100. 1. 48. 51：9101/asone/（内部业务网）；金融机构用户访问地址为：http//asone. safe：9101/asone/（外部机构接入网）；尚未接入外部机构接入网的金融机构经当地外汇局批准后，可通过 http：//asone. safesvc. gov. cn/asone（互联网）访问本系统。相关机构访问本系统前，应按照应用服务平台首页“常用下载”栏目下的《金融机构对外资产负债及损益系统使用手册》进行相关访问设置和信息填报。

申报主体应于 2012 年 12 月 20 日前首次报送 2012 年三季度数据。2012 年三季度金融机构对外资产负债及损益数据、金融机构直接投资数据及截至 2012 年 12 月末的非居民人民币账户数据按照原规定并行报送。新数据报送系统自2012年11月30日启用；旧报送系统及渠道自2013年起停用。

五、申报主体应严格按照《国际收支统计申报办法》和申报表的有关要求，及时、准确、完整地填报数据。国家外汇管理局及其分支局根据《中华人民共和国外汇管理条例》的有关规定，对违反规定的申报主体进行处罚。

六、国家外汇管理局负责对总部在京的全国性银行、全国社会保障基金理事会与中国投资有限责任公司的报送数据进行审核；国家外汇管理局各分局、外汇管理部（以下简称分局）负责对辖内其他申报主体的报送数据进行审核。

七、本通知自下发之日起执行，以下文件自2013年1月1日起废止。

（一）关于下发《金融机构对境外资产负债及损益申报业务操作规程》的通知（［1996］汇国发字第13号）。

（二）关于金融机构对境外资产负债及损益申报业务有关事项的通知（［1997］汇国函字第075号）。

（三）关于上海分局《关于增加中资银行上海分行报送〈金融机构对境外资产负债及损益申报表〉的请示》的复函（［1998］汇国支字第14号）。

（四）关于明确金融机构对境外资产负债及损益申报业务计算机软件推广使用中具体要求的通知（汇国函［1999］31号）。

（五）关于推广使用金融机构对境外资产负债及损益统计申报和汇兑统计申报两项业务软件的通知（汇发［1999］246号）。

（六）关于上报金融机构对境外资产负债及损益申报业务数据相关问题的通知（汇国函［2000］8号）。

（七）国家外汇管理局综合司关于金融机构对境外资产负债及损益申报有关事项的通知（汇综发［2005］112号）。

（八）国家外汇管理局综合司关于中国投资有限责任公司按照有关规定进行国际收支申报的函（汇综函［2008］17号）。

（九）国家外汇管理局综合司关于境内金融机构补充申报直接投资数据有关事项的通知（汇综发［2008］24号）。

（十）国家外汇管理局综合司关于境内银行报送非居民人民币账户数据的通知（汇综发［2008］51号）。

八、请各分局收到本通知后立即转发辖内相关金融机构。

执行中如遇问题，请与国家外汇管理局国际收支司联系。

联系电话：010－68402593，010－68402373

传真电话：010－68402316

附件：金融机构对外资产负债及损益申报表（内容详见光盘）

二〇一二年十一月十四日

国家外汇管理局综合司关于修订《国际收支统计之星评选办法》的通知

汇综发［2012］153号

国家外汇管理局各省、自治区、直辖市分局、外汇管理部，深圳、大连、青岛、厦门、宁波市分局：

为进一步推进国际收支统计工作，表扬和鼓励国家外汇管理局各分支机构及金融机构优秀的国际收支统计工作人员，国家外汇管理局国际收支司和中国统计学会国际收支统计分会，结合近年国际收支统计之星评选经验和国际收支统计工作的发展，对《国际收支统计之星评选办法》进行了修订（见附件，以下简称《办法》）。现就有关修改内容通知如下：

一、第一条与第二条之间增加一条："国家外汇管理局国际收支司根据对各分局国际收支业务的考核评价、各外汇指定银行执行外汇管理规定考核情况，按年度进行国际收支统计之星评选。国际收支统计之星评选面向基层和工作一线，不收取任何费用"。

二、第三条修改为："评选内容包括国际收支统计申报、银行结售汇统计、外汇形势分析和专题调研、抽样和问卷调查等国际收支工作相关内容"。

三、第七条修改为："金融机构及其分支机构先进单位评选标准包括：

（一）认真贯彻执行国际收支统计工作相关规章制度，建立健全并严格执行国际收支统计相关内控制度。

（二）高度重视国际收支统计工作，在部门设置、人员配备等方面与承担的国际收支统计工作任务相适应。

（三）能够认真完成国际收支统计工作，数据变动率和差错率较低，并积极配合外汇局国际收支统计工作。

（四）认真开展国际收支统计培训和宣传，并积极开展数据自查和整改工作。

（五）开展国际收支相关工作满 2 年。

（六）在银行执行外汇管理规定情况考核中，国际收支工作成绩优秀，且近 2 年内未出现重大、恶意违规行为。如有国际收支重大、恶意违规行为并被处罚的，自当年起 2 年内不得参加评选。”

四、第八条、第九条合并修改为：“国际收支统计之星先进个人评选标准应包括：

（一）爱岗敬业，尽职尽责，有较强的事业心和责任感。

（二）认真履行国际收支统计工作职责，自觉遵守国际收支统计有关制度和操作规范，在国际收支统计工作相关岗位上连续工作 2 年（含）以上。

（三）熟练掌握国际收支统计工作的各项法规、政策和操作规程，具有较高的业务素质和较强的业务操作能力，并根据业务需要不断学习提高。

（四）能够深入开展国际收支和银行结售汇数据分析，及时发现数据异常情况，并及时反馈异常数据。

（五）国家外汇管理局各分支局先进个人，应能及时、准确、全面地完成各项国际收支统计工作任务，耐心细致地解答相关人员的问题，具备较强的服务意识和业务创新意识；金融机构总部（总行）及其分支机构先进个人，应能够认真完成国际收支统计工作，并积极配合外汇局国际收支统计工作”。

五、第十条修改为：“年度先进单位的名额为 100 名，先进个人的名额为 200 名，各分局负责辖内候选名单的推选上报工作。

（一）评委会根据在评选周期内对各分局考核及各项工作的综合情况，确定 36 家分局的分类情况和各类分局可推荐的先进单位和个人的候选名额，以及可推荐自身为候选单位的分局名单。

第一步，评委会公布 36 家分局的分类情况：第一类分局中包含 6 家分局；第二类分局中包含 15 家分局；第三类分局中包含 15 家分局。

第二步，各分局按分类确定报送候选名单：第一类分局可推选 4 家候选单位以及 8 位候选个人；第二类分局可推选 3 家候选单位以及 6 位候选个人；第三类分局可推选2家候选单位以及4位候选个人。其中，各分局推荐上报的名单中外汇局、金融机构的大致比例为50:50（单位及个人名额分别计算，分局可视辖内实际情况微调）。

第一类6家分局以及第二、三类中进步最快的前三名分局可以推荐分局自身为候选单位。其他分局连续2年内同时达到以下标准的，评委会择优推荐其为候选单位：1. 国际收支统计直接申报或银行结售汇统计数据未发生迟报、漏报；2. 国际收支统计间接申报数据差错率低于全国各分局平均差错率；3. 贸易信贷抽样调查企业家数不低于规定数量，且未发生迟报和错报；4. 报送外汇形势分析月报未发生迟报、漏报。

（二）收支司负责推荐1家直接向总局报送数据的银行总行作为候选单位，以及2位直接向总局报送数据的银行总行工作人员作为候选个人。

（三）评选工作与国家外汇管理局年度考核相结合，如发现有任何单位或个人弄虚作假，立即取消本年度评选资格。”

六、第十三条修改为：“公示结束后，国家外汇管理局国际收支司和分会对先进单位和个人进行通报表扬，分别授予‘国际收支统计之星—单位’和‘国际收支统计之星—个人’的荣誉称号”。

七、第十七条修改为：“本办法自2012年度起施行”。

《国际收支统计之星评选办法》根据上述内容作相应修改并对条款顺序作相应调整后重新公布。本通知自下发之日起，《国家外汇管理局综合司关于印发〈国际收支统计之星评选办法〉的通知》（汇综发［2010］102号）废止。2012年统计之星评选工作按本《办法》执行。各分局、外汇管理部可推荐名额及具体评选进度安排将由2012年度国际收支统计之星评选委员会另行通知。

联系人：洪敏

联系电话：010－68402549

传真：010－68519211

电子邮箱：stat@ bop. safe

附件：国际收支统计之星评选办法（内容详见光盘）

二〇一二年十二月十四日

国家外汇管理局综合司关于中信银行广州分行个人跨境人民币汇款业务国际收支统计申报有关问题的批复

汇综复［2012］109 号

国家外汇管理局广东省分局：

《国家外汇管理局广东省分局关于中信银行广州分行办理“中信—银联—西联”个人跨境人民币汇款业务国际收支统计申报问题的请示》（粤汇报［2012］23 号）收悉。现批复如下：

一、同意中信银行集中办理个人跨境人民币汇款业务的国际收支统计间接申报，具体申报参照《国家外汇管理局关于中信银行广州分行跨境汇款业务国际收支统计申报有关问题的批复》（汇复［2007］105 号）中对“中信—银联—西联”跨境汇入款业务逐笔进行国际收支统计间接申报的有关要求执行。同时，你分局应加强对该业务的监测分析，及时报告异常资金流动情况。

二、我局将根据人民银行有关人民币支付结算系统的发展情况，适时调整国际收支统计间接申报的有关要求，届时中信银行的该类业务应同步调整。

此复。

二〇一二年十二月六日

第四章　经常项目外汇管理

国家外汇管理局关于印发货物贸易外汇管理法规有关问题的通知

汇发［2012］38号

国家外汇管理局各省、自治区、直辖市分局、外汇管理部，深圳、大连、青岛、厦门、宁波市分局；各中资外汇指定银行：

为进一步深化外汇管理体制改革，促进贸易便利化，国家外汇管理局、海关总署和国家税务总局决定自2012年8月1日起在全国实施货物贸易外汇管理制度改革。为此，国家外汇管理局制定了《货物贸易外汇管理指引》、《货物贸易外汇管理指引实施细则》、《货物贸易外汇管理指引操作规程（银行企业版）》、《货物贸易外汇收支信息申报管理规定》（以下统称货物贸易外汇管理法规，分别见附件1、2、3、4）。现将货物贸易外汇管理法规印发你们，并就有关事项通知如下：

一、货物贸易外汇管理法规自2012年8月1日起施行。

二、自2012年8月1日起，全国上线运行货物贸易外汇监测系统（以下简称监测系统），停止使用贸易收付汇核查系统、贸易信贷登记管理系统、出口收结汇联网核查系统以及中国电子口岸—出口收汇系统。

外汇指定银行（以下简称银行）和企业用户通过国家外汇管理局应用服务平台（以下简称应用服务平台）访问监测系统，具体访问渠道为：

用户类型	网络连接方式	访问地址
银行	外部机构接入网	http：//asone. safe：9101/asone
企业	互联网	http：//asone. safesvc. gov. cn/asone

三、各银行总行应当按照以下要求，组织分支机构做好监测系统（银行版）的上线准备和系统接入工作：

（一）各银行总行应于2012年7月1日至7月20日期间组织完成分支机构的网络连通、客户端环境设置、用户管理、权限分配和访问测试等工作，确保办理货物贸易外汇业务的银行网点能够通过应用服务平台访问监测系统（银行版）。银行网络连通和系统访问设置的具体操作说明，详见《货物贸易外汇监测系统（银行版）访问设置手册》（见附件5）。

（二）截至2012年7月1日已办理金融机构标识码赋码的银行网点，未在应用服务平台开户的，自2012年7月1日起在应用服务平台自动开户并开通“货物贸易外汇网上业务”，此类银行网点应向其总行或通过其总行向国家外汇管理局获取业务管理员用户（ba）的初始密码；已在应用服务平台开户的，自2012年7月1日起自动开通“货物贸易外汇网上业务”，其业务管理员和业务操作员密码不变，其中已具有贸易收付汇核查系统（银行版）访问权限的业务操作员自动获得监测系统（银行版）访问权限。

（三）2012年7月1日以后办理金融机构标识码赋码的银行网点，如需办理货物贸易外汇业务，应向所在地外汇局申请开通“货物贸易外汇网上业务”，并向其总行或通过其总行向国家外汇管理局获取业务管理员用户（ba）的初始密码。

各中资外汇指定银行收到本通知后，应及时转发下属分支机构。各分局、外汇管理部收到本通知后，应及时转发辖内中心支局（支局）、地方性商业银行及外资银行。在政策执行和监测系统推广过程中如遇问题，请及时向国家外汇管理局反馈。

业务咨询电话：010－68402546

技术咨询电话：010－68402214

特此通知。

附件：1. 货物贸易外汇管理指引

2. 货物贸易外汇管理指引实施细则
3. 货物贸易外汇管理指引操作规程（银行企业版）（内容详见光盘）
4. 货物贸易外汇收支信息申报管理规定（内容详见光盘）
5. 货物贸易外汇监测系统（银行版）访问设置手册（内容详见光盘）

二〇一二年六月二十七日

附件 1：

货物贸易外汇管理指引

第一章 总 则

第一条 为完善货物贸易（以下简称贸易）外汇管理，推进贸易便利化，促进涉外经济发展，根据《中华人民共和国外汇管理条例》，制定本指引。

第二条 国家对贸易项下国际支付不予限制。

出口收入可按规定调回境内或存放境外。

第三条 境内机构（以下简称企业）的贸易外汇收支应当具有真实、合法的交易背景，与货物进出口一致。

第四条 经营结汇、售汇业务的金融机构（以下简称金融机构）应当对企业提交的贸易进出口交易单证的真实性及其与贸易外汇收支的一致性进行合理审查。

第五条 国家外汇管理局及其分支机构（以下简称外汇局）依法对本指引第二条、第三条、第四条规定的事项进行监督检查。

第六条 外汇局建立进出口货物流与收付汇资金流匹配的核查机制，对企业贸易外汇收支进行非现场总量核查和监测，对存在异常或可疑情况的企业进行现场核实调查（以下简称现场核查），对金融机构办理贸易外汇收支业务的合规性与报送相关信息的及时性、完整性和准确性实施非现场和现场核查。

第七条 外汇局根据非现场或现场核查结果，结合企业遵守外汇管理规定等情况，对企业进行分类管理。

第八条 外汇局对企业贸易信贷进行总量监测，对企业贸易信贷规模实施比例管理。

企业应当按规定向外汇局报告贸易信贷信息。

第九条　国际收支出现或者可能出现严重失衡时，国家可以依法对贸易外汇收支采取必要的保障、控制等措施。

第二章　企业名录管理

第十条　外汇局实行“贸易外汇收支企业名录”（以下简称名录）登记管理，统一向金融机构发布名录。金融机构不得为不在名录的企业直接办理贸易外汇收支业务。

第十一条　企业依法取得对外贸易经营权后，应当持有关材料到外汇局办理名录登记手续。名录企业登记信息发生变更的，应当到外汇局办理变更登记手续。企业终止经营或被取消对外贸易经营权的，应当到外汇局办理注销登记手续。

外汇局可根据企业的贸易外汇收支业务状况及其合规情况注销企业名录。

第十二条　企业办理贸易外汇收支，应当签署“货物贸易外汇收支业务办理确认书”，承诺遵守国家外汇管理规定。

外汇局对新办名录登记的企业实行辅导期管理。

第三章　贸易外汇收支管理

第十三条　本指引所称的企业贸易外汇收支包括：

（一）从境外、境内保税监管区域收回的出口货款，向境外、境内保税监管区域支付的进口货款；

（二）从离岸账户、境外机构境内账户收回的出口货款，向离岸账户、境外机构境内账户支付的进口货款；

（三）深加工结转项下境内收付款；

（四）转口贸易项下收付款；

（五）其他与贸易相关的收付款。

第十四条　企业应当按照“谁出口谁收汇、谁进口谁付汇”原则办理贸易外汇收支业务，捐赠项下进出口业务等外汇局另有规定的情况除外。

代理进口、出口业务应当由代理方付汇、收汇。代理进口业务项下，委托方可凭委托代理协议将外汇划转给代理方，也可由代理方购汇。代理出口业务项下，代理方收汇后可凭委托代理协议将外汇划转给委托方，也可结汇将人民币划转给委托方。

第十五条 企业应当根据贸易方式、结算方式以及资金来源或流向，凭相关单证在金融机构办理贸易外汇收支，并按规定进行贸易外汇收支信息申报。

金融机构应当查询企业名录和分类状态，按规定进行合理审查，并向外汇局报送前款所称贸易外汇收支信息。

第十六条 对于下列影响贸易外汇收支与货物进出口一致性匹配的信息，企业应当在规定期限内向外汇局报告：

（一）超过规定期限的预收货款、预付货款、延期收款以及延期付款；

（二）其他应当报告的事项。

企业可主动向外汇局报告除本条前款规定以外的其他贸易外汇收支信息。

第十七条 外汇局对企业出口收入存放境外业务实行登记管理。企业应当向外汇局定期报告境外账户收支等情况。

第四章 非现场核查

第十八条 外汇局定期或不定期对企业一定期限内的进出口数据和贸易外汇收支数据进行总量比对，核查企业贸易外汇收支的真实性及其与货物进出口的一致性。

第十九条 外汇局对贸易信贷、转口贸易等特定业务，以及保税监管区域企业等特定主体实施专项监测。

第二十条 外汇局对下列企业实施重点监测：

（一）贸易外汇收支与货物进出口一致性匹配情况超过一定范围的；

（二）贸易信贷余额或中长期贸易信贷发生额超过一定比例的；

（三）经专项监测发现其他异常或可疑的；

（四）其他需要重点监测的。

第五章 现场核查

第二十一条 外汇局可对企业非现场核查中发现的异常或可疑的贸易外汇收支业务实施现场核查。

外汇局可对金融机构办理贸易外汇收支业务的合规性与报送信息的及时

性、完整性和准确性实施现场核查。

第二十二条 外汇局实施现场核查可采取下列方式：

（一）要求被核查企业、经办金融机构提交相关书面材料；

（二）约见被核查企业法定代表人或其授权人、经办金融机构负责人或其授权人；

（三）现场查阅、复制被核查企业、经办金融机构的相关资料；

（四）其他必要的现场核查方式。

被核查单位应当配合外汇局进行现场核查，如实说明情况，并提供有关文件、资料，不得拒绝、阻碍和隐瞒。

第二十三条 外汇局按照本指引第二十二条第一款第（三）项规定的方式进行现场核查，现场核查人员不得少于2人，并出示证件。现场核查人员少于2人或者未出示证件的，被核查单位有权拒绝。

第六章 分类管理

第二十四条 外汇局根据非现场或现场核查结果，结合企业遵守外汇管理规定等情况，将企业分成A、B、C三类。

第二十五条 外汇局发布B、C类企业名单前，应当将分类结果告知相关企业。企业可在收到外汇局分类结论告知书之日起7个工作日内向外汇局提出异议。外汇局应当对提出异议企业的分类情况进行复核。

第二十六条 对在规定期限内未提出异议或提出异议后经外汇局复核确定分类结果的企业，外汇局将向金融机构发布企业分类管理信息。

外汇局可将企业分类管理信息向相关管理部门通报，必要时可向社会公开披露。

第二十七条 外汇局对分类结果进行动态调整，并对B、C类企业设立分类管理有效期。

第二十八条 在分类管理有效期内，对A类企业贸易外汇收支，适用便利化的管理措施。对B、C类企业的贸易外汇收支，在单证审核、业务类型及办理程序、结算方式等方面实施审慎监管。

第二十九条 外汇局建立贸易外汇收支电子数据核查机制，对B类企业贸易外汇收支实施电子数据核查管理。

第三十条 对C类企业贸易外汇收支业务以及外汇局认定的其他业务，

由外汇局实行事前逐笔登记管理，金融机构凭外汇局出具的登记证明为企业办理相关手续。

第七章 附 则

第三十一条 企业和金融机构违反本指引以及其他外汇管理相关规定的，由外汇局依据《中华人民共和国外汇管理条例》等相关法规予以处罚。

第三十二条 外汇局可根据国际收支形势和外汇管理需要，对贸易信贷管理、报告及登记管理、出口收入存放境外管理、非现场核查以及分类管理的具体内容进行调整。

第三十三条 保税监管区域企业的非保税贸易外汇收支原则上适用本指引；保税监管区域企业的保税贸易外汇收支参照适用本指引，保税监管区域外汇管理政策另有规定的，从其规定。

第三十四条 个人对外贸易经营者的贸易外汇收支适用本指引。

第三十五条 国家外汇管理局根据本指引制定相应实施细则。

第三十六条 本指引由国家外汇管理局负责解释。

第三十七条 本指引自2012年8月1日起施行。以前法规与本指引相抵触的，按照本指引执行。

附件2：

货物贸易外汇管理指引实施细则

第一条 依据《货物贸易外汇管理指引》及有关规定，制定本细则。

第二条 境内机构（以下简称企业）出口后应当按合同约定及时、足额收回货款或按规定存放境外；进口后应当按合同约定及时、足额支付货款。

企业收取货款后应当按合同约定及时、足额出口货物；支付货款后应当按合同约定及时、足额进口货物。

第一章 企业名录管理

第三条 企业依法取得对外贸易经营权后，需持“货物贸易外汇收支企业名录登记申请书”（见附1）、法定代表人签字并加盖企业公章的“货物贸易外汇收支业务办理确认书”（以下简称“确认书”，见附2）及下列资料有效原件及加盖企业公章的复印件，到所在地外汇局办理“贸易外汇收支企业名录”（以下简称名录）登记手续：

（一）“企业法人营业执照”或“企业营业执照”副本；

（二）“中华人民共和国组织机构代码证”；

（三）“对外贸易经营者备案登记表”，依法不需要办理备案登记的可提交“中华人民共和国外商投资企业批准证书”或“中华人民共和国台、港、澳投资企业批准证书”等；

（四）外汇局要求提供的其他资料。

外汇局审核有关资料无误后为其办理名录登记手续。

无对外贸易经营权的企业，确有客观需要开展贸易外汇收支业务的，办理名录登记时可免于提交本条第一款第（三）项规定的资料。

第四条 从事对外贸易的保税监管区域企业（以下简称区内企业）按

照保税监管区域外汇管理有关规定办理外汇登记手续时，应当签署“确认书”。区内企业在取得相关外汇登记证明并签署“确认书”后自动列入名录。

第五条 外汇局对于本细则实施后新列入名录的企业实施辅导期管理。在其发生首笔贸易外汇收支业务之日起90天内，外汇局进行政策法规、系统操作等辅导。

企业应当在辅导期结束后10个工作日内，持书面材料到外汇局报告辅导期内发生的货物进出口与贸易外汇收支的逐笔对应情况。

第六条 名录内企业的企业名称、注册地址、法定代表人、注册资本、公司类型、经营范围或联系方式发生变更的，应当在变更事项发生之日起30天内，持相应变更文件或证明的原件及加盖企业公章的复印件到所在地外汇局办理名录变更手续。

第七条 名录内企业发生下列情况之一，应当在30天内主动到所在地外汇局办理名录注销手续：

（一）终止经营或不再从事对外贸易；

（二）被工商管理部门注销或吊销营业执照；

（三）被商务主管部门取消对外贸易经营权。

第八条 名录内企业发生下列情况之一，外汇局可将其从名录中注销：

（一）发生本细则第七条规定情况；

（二）区内企业已办理保税监管区域外汇登记注销手续；

（三）连续两年未发生贸易外汇收支业务；

（四）外汇局对企业实施现场核查时，通过企业名录登记信息所列联系方式无法与其取得联系；

（五）外汇局认定的其他情况。

第九条 外汇局通过“货物贸易外汇监测系统”（以下简称“监测系统”）向金融机构发布全国企业名录。金融机构不得为不在名录的企业直接办理贸易外汇收支业务。不在名录的企业应当到外汇局办理名录登记手续。

第二章 贸易外汇收支业务审核

第十条 本细则所称的企业贸易外汇收支包括：

（一）从境外、境内保税监管区域收回的出口货款，向境外、境内保税监管区域支付的进口货款；

（二）从离岸账户、境外机构境内账户收回的出口货款，向离岸账户、境外机构境内账户支付的进口货款；

（三）深加工结转项下境内收付款；

（四）转口贸易项下收付款；

（五）其他与贸易相关的收付款。

第十一条 企业应当按国际收支申报和贸易外汇收支信息申报规定办理贸易外汇收支信息申报，并根据贸易外汇收支流向填写下列申报单证：

（一）向境外付款（包括向离岸账户、境外机构境内账户付款）的，填写“境外汇款申请书”或“对外付款/承兑通知书”；

（二）向境内付款的，填写“境内汇款申请书”或“境内付款/承兑通知书”；

（三）从境外收款（包括从离岸账户、境外机构境内账户收款）的，填写“涉外收入申报单”；

（四）从境内收款的，填写“境内收入申报单”。

第十二条 金融机构为企业办理贸易外汇收支业务时，应当通过监测系统查询企业名录状态与分类状态，按本细则规定对其贸易进出口交易单证的真实性及其与贸易外汇收支的一致性进行合理审查。

金融机构应当按照国际收支申报和贸易外汇收支信息申报规定审核企业填写的申报单证，及时向外汇局报送信息。

第十三条 企业贸易外汇收入应当先进入出口收入待核查账户（以下简称待核查账户）。待核查账户的收入范围限于贸易外汇收入（含转口贸易外汇收入，不含出口贸易融资项下境内金融机构放款及境外回款）；支出范围包括结汇或划入企业经常项目外汇账户，以及经外汇局登记的其他外汇支出。待核查账户之间资金不得相互划转，账户资金按活期存款计息。

第十四条 企业可以根据其真实合法的进口付汇需求提前购汇存入其经常项目外汇账户。金融机构为企业办理付汇手续时，应当审核企业填写的申报单证，并按以下规定审核相应有效凭证和商业单据：

（一）以信用证、托收方式结算的，按国际结算惯例审核有关商业单据；

（二）以货到付款方式结算的，审核对应的进口货物报关单或进口合同或发票；

（三）以预付货款方式结算的，审核进口合同或发票。

因合同变更等原因导致企业提前购汇后未能对外支付的进口货款，企业可自主决定结汇或保留在其经常项目外汇账户中。

第十五条 企业应当按照“谁出口谁收汇、谁进口谁付汇”原则办理贸易外汇收支业务，捐赠项下进出口业务等外汇局另有规定的情况除外。

代理进口、出口业务应当由代理方付汇、收汇。代理进口业务项下，委托方可凭委托代理协议将外汇划转给代理方，也可由代理方购汇。代理出口业务项下，代理方收汇后可凭委托代理协议将外汇划转给委托方，也可结汇后将人民币划转给委托方。

第十六条 进口项下退汇的境外付款人应当为原收款人、境内收款人应当为原付款人。出口项下退汇的境内付款人应当为原收款人、境外收款人应当为原付款人。

金融机构为企业办理贸易收汇的退汇支付时，对于因错误汇入产生的退汇，应当审核原收汇凭证；对于其他原因产生的退汇，应当审核原收入申报单证、原出口合同。

金融机构为企业办理贸易付汇的退汇结汇或划转时，对于因错误汇出产生的退汇，应当审核原支出申报单证；对于其他原因产生的退汇，应当审核原支出申报单证、原进口合同。

对于退汇日期与原收、付款日期间隔在180天（不含）以上或由于特殊情况无法按照本条规定办理退汇的，企业应当先到外汇局办理贸易外汇业务登记手续。

第十七条 企业的进出口贸易应当通过金融机构办理结算。因汇路不畅需要使用外币现钞结算的，外币现钞结汇时，金融机构应当审核企业提交的出口合同、出口货物报关单等单证。结汇现钞金额达到规定入境申报金额的，金融机构还应当审核企业提交的经海关签章的携带外币现钞入境申报单正本。

第十八条 本细则规定需办理外汇局登记的贸易外汇收支业务，金融机构应当凭外汇局签发的“货物贸易外汇业务登记表”（以下简称“登记表”，见附3）办理，并通过监测系统签注“登记表”使用情况。

第十九条 金融机构按规定审核相关单证后，应当在单证正本上签注收付汇金额、日期并加盖业务印章，并留存相关单证正本或复印件备查。

第二十条　金融机构在办理贸易外汇收支业务过程中，发现企业存在异常或可疑贸易外汇收支行为的，应当及时向外汇局报告。

第三章　出口收入存放境外管理

第二十一条　企业可将具有真实、合法交易背景的出口收入存放境外。

第二十二条　企业将出口收入存放境外应当具备下列条件：

（一）具有出口收入来源，且在境外有符合本细则规定的支付需求；

（二）近两年无违反外汇管理规定行为；

（三）有完善的出口收入存放境外内控制度；

（四）外汇局规定的其他条件。

第二十三条　符合本细则第二十二条规定的企业集团，可由集团总部或指定一家参与出口收入存放境外业务的境内成员公司作为主办企业，负责对所有参与出口收入存放境外业务的其他境内成员公司的存放境外出口收入实行集中收付。

第二十四条　企业开立用于存放出口收入的境外账户（以下简称境外账户）前，应当选定境外开户行，与其签订“账户收支信息报送协议”（以下简称“协议”，见附4），并到外汇局办理开户登记手续。

企业集团实行集中收付的，应由主办企业到所在地外汇局办理开户登记手续。主办企业与成员公司属不同外汇局管辖的，成员公司应先到所在地外汇局办理资格登记手续。

第二十五条　企业应持下列材料到外汇局办理开户登记，并通过监测系统向外汇局报送相关信息：

（一）法定代表人或其授权人签字并加盖企业公章的书面申请；首次登记时，书面申请中应当说明企业根据实际需要确定的年度累计出口收入存放境外规模。

（二）“出口收入存放境外登记表”（见附5）。

（三）企业与境外开户行签订的“协议”。

（四）企业实施出口收入存放境外运作的内控制度（首次登记时提交）。

（五）企业集团实行集中收付的，首次登记时还需提交成员公司情况说明（含关联关系）、成员公司债权债务及相应会计记账管理办法或规章；成员公司与主办企业属不同外汇局管辖的，还需提供成员公司所在地外汇局出具的“出口收入存放境外资格登记表”（见附6）。

（六）外汇局要求的其他材料。

第二十六条 企业开立境外账户后，应在规定期限内将账号和账户币种报外汇局备案；境外账户信息发生变更的，应在获知相关信息之日起10个工作日内将变更信息报外汇局备案。

第二十七条 企业年度累计存放境外资金不得超出已登记的出口收入存放境外规模。需提高存放境外规模的，企业应向外汇局进行变更登记。

第二十八条 境外账户的收支应当具有真实、合法的交易基础，符合中国及开户行所在国家（或地区）相关法律规定。

第二十九条 境外账户的收入范围包括出口收入，账户资金孳息，以及经外汇局批准的其他收入；支出范围包括贸易项下支出，境外承包工程、佣金、运保费项下费用支出，与境外账户相关的境外银行费用支出，经外汇局核准或登记的资本项目支出，调回境内，以及符合外汇局规定的其他支出。

第三十条 境外账户发生收支业务的，企业应当在发生收支当月结束之日起10个工作日内通过监测系统如实向外汇局报告出口收入存放境外收支情况。

存放境外资金运用出现重大损失的，企业应及时报告外汇局。

第三十一条 企业应要求境外开户行按照“协议”约定，按月向外汇局邮寄境外账户对账单。

第三十二条 外汇局根据企业报告的相关信息和境外开户行对账单信息，对企业境外账户收支的真实性和存放境外规模情况进行非现场核查，对存在异常情况的企业实施现场核查。

第三十三条 企业可根据自身经营需要确定出口收入存放境外期限，或将存放境外资金调回境内。

企业关闭境外账户的，应当在规定期限内持境外开户行的销户通知书向外汇局备案。

第三十四条 企业存在违规行为的，外汇局可责令其限期关闭境外账户，并调回账户资金余额。

第三十五条 企业集团实行集中收付的，应当做好成员公司债权债务的管理及相应的会计记账工作，清晰区分各成员公司的债权债务关系及金额。

企业集团存放境外的出口收入调回境内的，应按照资金归属情况相应划入成员公司的境内经常项目外汇账户。

第三十六条　国家外汇管理局可根据国际收支形势和外汇管理需要对出口收入存放境外的资格条件、存放规模、期限或调回要求等进行调整。

第四章　企业报告和登记管理

第三十七条　符合下列情况之一的业务，企业应当在货物进出口或收付汇业务实际发生之日起30天内，通过监测系统向所在地外汇局报送对应的预计收付汇或进出口日期等信息：

（一）30天以上（不含）的预收货款、预付货款；

（二）90天以上（不含）的延期收款、延期付款；

（三）90天以上（不含）的远期信用证（含展期）、海外代付等进口贸易融资；

（四）B、C类企业在分类监管有效期内发生的预收货款、预付货款，以及30天以上（不含）的延期收款、延期付款；

（五）同一合同项下转口贸易收支日期间隔超过90天（不含）且先收后支项下收汇金额或先支后收项下付汇金额超过等值50万美元（不含）的业务；

（六）其他应当报告的事项。

对于第（一）、（二）、（四）项，企业还需报送关联企业交易信息。

对已报告且未到预计进出口或收付汇日期的上述业务，企业可根据实际情况调整相关报告内容。

第三十八条　对于符合规定的收付汇单位与进出口单位不一致的情况，收汇或进口企业可向所在地外汇局报告，并办理收汇或进口数据的主体变更手续。

第三十九条　对于除本细则第三十七条至第三十八条规定以外的其他影响贸易外汇收支与进出口一致性匹配的情况，企业可根据实际业务情况自主决定是否向所在地外汇局报送相关信息。

第四十条　企业办理下列贸易外汇收支业务，应当在付汇、开证、出口贸易融资放款或待核查账户资金结汇或划出前，持书面申请和相关证明材料到外汇局登记：

（一）C类企业贸易外汇收支；

（二）B类企业超可收、付汇额度的贸易外汇收支；

（三）B类企业同一合同项下转口贸易收入金额超过相应支出金额20%

（不含）的贸易外汇收支；

（四）退汇日期与原收、付款日期间隔在 180 天（不含）以上或由于特殊情况无法按照本细则第十六条规定办理的退汇；

（五）外汇局认定其他需要登记的业务。

外汇局审核企业提交的资料后，出具加盖"货物贸易外汇业务监管章"的"登记表"。

第五章　非现场核查

第四十一条　外汇局依托监测系统按月对企业的贸易外汇收支进行非现场核查。外汇局可根据国际收支形势和外汇管理需要调整核查频率。

纳入非现场核查的数据包括企业最近 12 个月的相关贸易外汇收支、货物进出口和企业报告数据。

第四十二条　外汇局根据企业进出口和贸易外汇收支数据，结合其贸易信贷报告等信息，设定总量差额、总量差额比率、资金货物比率、贸易信贷报告余额比率等总量核查指标，衡量企业一定期间内资金流与货物流的偏离和贸易信贷余额变化等情况，将总量核查指标超过一定范围的企业列入重点监测范围。

外汇局根据实际情况设定并调整总量核查指标。

第四十三条　外汇局对企业的贸易信贷、出口收入存放境外、来料加工、转口贸易、境外承包工程、进出口退汇等业务，以及区内企业、辅导期企业等主体实施专项监测，将资金流与货物流的规模与结构等存在异常或可疑情况的企业列入重点监测范围。

第四十四条　外汇局对 B、C 类企业以及经总量核查与专项监测后纳入重点监测范围的企业进行持续、动态监测。对于指标出现较大偏离、连续偏离或相关指标反映情况相互背离的企业，可实施现场核查；对于指标恢复正常的企业，解除重点监测。

第四十五条　外汇局依托监测系统对贸易外汇收支情况进行宏观统计和监测分析。

第六章　现场核查

第四十六条　对核查期内存在下列情况之一的企业，外汇局可实施现场核查：

（一）任一总量核查指标与本地区指标阈值偏离程度50%以上；

（二）任一总量核查指标连续四个核查期超过本地区指标阈值；

（三）预收货款、预付货款、延期收款或延期付款各项贸易信贷余额比率大于25%；

（四）一年期以上的预收货款、预付货款、延期收款或延期付款各项贸易信贷发生额比率大于10%；

（五）来料加工缴费率大于30%；

（六）转口贸易收支差额占支出比率大于20%；

（七）单笔退汇金额超过等值50万美元且退汇笔数大于12次；

（八）外汇局认定的需要现场核查的其他情况。

外汇局可根据非现场核查情况，参考地区、行业、经济类型等特点对上述比例、金额或频次进行调整。

第四十七条　外汇局对需现场核查的企业，应制发“现场核查通知书”（见附7），并可采取下列一种或多种方式实施现场核查：

（一）要求被核查企业提交相关书面材料；

（二）约见被核查企业法定代表人或其授权人；

（三）现场查阅、复制被核查企业的相关资料；

（四）外汇局认为必要的其他现场核查方式。

第四十八条　企业应当按下列规定如实提供相关资料，主动配合外汇局开展现场核查工作：

（一）外汇局要求企业提交相关书面材料的，企业应当在收到“现场核查通知书”之日起10个工作日内，向外汇局提交由法定代表人或其授权人签字并加盖单位公章的书面报告及相关证明资料。书面报告内容应当包括但不限于企业生产经营情况、进出口及收付汇情况、资金流入或流出异常产生的原因；

（二）外汇局约见企业法定代表人或其授权人的，企业法定代表人或其授权人应当在收到“现场核查通知书”之日起10个工作日内到外汇局说明相关情况；

（三）外汇局现场查阅、复制被核查企业相关资料的，企业应当在收到“现场核查通知书”之日起10个工作日内准备好相关资料，配合外汇局现场核查人员工作；

（四）外汇局采取其他现场核查方式的，企业应当按外汇局要求做好相关准备工作。

第四十九条 外汇局根据现场核查情况，确定企业现场核查结果。

第五十条 在非现场核查或对企业进行现场核查的过程中，发现经办金融机构存在涉嫌不按规定办理贸易外汇收支业务或报送相关信息行为的，外汇局可采取下列一种或多种方式，对相关金融机构实施现场核查：

（一）要求被核查金融机构提交相关书面材料；

（二）约见被核查金融机构负责人或其授权人；

（三）现场查阅、复制被核查金融机构的相关资料；

（四）外汇局认为必要的其他现场核查方式。

被核查金融机构应当按外汇局要求如实说明情况，提供有关文件、资料。

第五十一条 需现场查阅、复制被核查企业或金融机构相关资料的，外汇局现场核查人员不得少于2人，并出示证件。现场核查人员少于2人或者未出示证件的，被核查企业和金融机构有权拒绝。

第七章 分类管理

第五十二条 核查期内企业遵守外汇管理相关规定，且贸易外汇收支经外汇局非现场或现场核查情况正常的，可被列为A类企业。

第五十三条 存在下列情况之一的企业，外汇局可将其列为B类企业：

（一）存在本细则第四十六条规定情况之一且经现场核查企业无合理解释；

（二）未按规定履行报告义务；

（三）未按规定办理贸易外汇业务登记；

（四）外汇局实施现场核查时，未按规定的时间和方式向外汇局报告或提供资料；

（五）应国家相关主管部门要求实施联合监管的；

（六）外汇局认定的其他情况。

第五十四条 存在下列情况之一的企业，外汇局可将其列为C类企业：

（一）最近12个月内因严重违反外汇管理规定受到外汇局处罚或被司法

机关立案调查；

（二）阻挠或拒不接受外汇局现场核查，或向外汇局提供虚假资料；

（三）B类企业在分类监管有效期届满经外汇局综合评估，相关情况仍符合列入B类企业标准；

（四）因存在与外汇管理相关的严重违规行为被国家相关主管部门处罚；

（五）外汇局认定的其他情况。

第五十五条　国际收支出现或可能出现严重失衡时，外汇局可直接将资金流与货物流规模与结构等存在异常或可疑情况的重点监测企业列为B类或C类企业。

第五十六条　外汇局在确定B类企业和C类企业前，将“分类结论告知书”（见附8）通知相关企业。如有异议，企业可自收到通知之日起7个工作日内向外汇局提交书面情况说明及相关证明材料进行申述。

企业在规定时间内提出异议的，外汇局应当对其分类情况进行复核，并根据复核情况确定其分类结果。

第五十七条　外汇局向金融机构发布企业分类信息，并可将企业分类信息向相关管理部门通报，必要时可向社会公开披露。

第五十八条　B、C类企业的分类监管有效期为一年。

第五十九条　B、C类企业分类监管有效期届满时，外汇局应当对其在监管有效期内遵守相关外汇管理规定情况进行综合评估，根据其资金流与货物流偏离的程度、变化以及是否发生违规行为等调整分类结果。

在分类监管有效期内指标情况好转且没有发生违规行为的B类企业，自列入B类之日起6个月后，可经外汇局登记办理本细则第六十条第（五）、（六）项所限制的业务。

外汇局在日常管理中发现企业存在本细则第五十三条、第五十四条规定行为的，可随时降低其分类等级，将A类企业列入B类或C类，或将B类企业列入C类。

第六十条　B类企业在分类监管有效期内的贸易外汇收支业务应当按照以下规定办理：

（一）对于以汇款方式结算的（预付货款、预收货款除外），金融机构应当审核相应的进、出口货物报关单和进、出口合同；对于以信用证、托收方式结算的，除按国际结算惯例审核有关商业单据外，还应当审核相应的进、出口合同；对于以预付货款、预收货款结算的，应当审核进、出口合同和发票；

（二）金融机构应当对其贸易外汇收支进行电子数据核查；超过可收、付汇额度的贸易外汇收支业务，金融机构应当凭“登记表”办理；

（三）对于转口贸易外汇收支，金融机构应当审核买卖合同、支出申报凭证及相关货权凭证；同一合同项下转口贸易收入金额超过相应支出金额20%（不含）的贸易外汇收支业务，金融机构应当凭“登记表”办理；

（四）对于预收货款、预付货款以及30天以上（不含）的延期收款、延期付款，企业须按照本细则规定向所在地外汇局报送信息；

（五）企业不得办理90天以上（不含）的延期付款业务、不得签订包含90天以上（不含）收汇条款的出口合同；

（六）企业不得办理收支日期间隔超过90天（不含）的转口贸易外汇收支业务；

（七）其他贸易外汇收支业务，按照本细则第二章有关规定办理；

（八）外汇局规定的其他管理措施。

第六十一条 C类企业在分类监管有效期内的贸易外汇收支业务应当按照以下规定办理：

（一）逐笔到所在地外汇局办理登记手续。

外汇局办理登记手续时，对于企业以汇款方式结算的（预付货款、预收货款除外），审核相应的进、出口货物报关单和进、出口合同；以信用证、托收方式结算的，审核进、出口合同；以预付、预收货款方式结算的，审核进、出口合同和发票；对于单笔预付货款金额超过等值5万美元的，还须审核经金融机构核对密押的外方金融机构出具的预付货款保函；

（二）对于预收货款、预付货款以及30天以上（不含）的延期收款、延期付款，企业须按本细则规定向所在地外汇局报送信息；

（三）企业不得办理90天以上（不含）的远期信用证（含展期）、海外代付等进口贸易融资业务；不得办理90天以上（不含）的延期付款、托收业务；不得签订包含90天以上（不含）收汇条款的出口合同；

（四）企业不得办理转口贸易外汇收支；

（五）企业为跨国集团集中收付汇成员公司的，该企业不得继续办理集中收付汇业务；企业为跨国集团集中收付汇主办企业的，停止整个集团的集中收付汇业务；

（六）外汇局规定的其他管理措施。

第六十二条　已开办出口收入存放境外业务的企业被列为B类的，在分类监管有效期内，企业出口收入不得存放境外账户，不得使用境外账户对外支付。外汇局可要求其调回境外账户资金余额。

被列为C类的，企业应当于列入之日起30日内关闭境外账户并调回境外账户资金余额。

第八章　电子数据核查

第六十三条　外汇局建立贸易外汇收支电子数据核查机制，对B类企业贸易外汇收支实施电子数据核查管理。外汇局根据企业贸易进出口的实际情况确定其可收、付汇额度。

B类企业应当在其可收付汇额度内办理贸易外汇收支。

第六十四条　外汇局按下列方式确定B类企业的可收付汇额度：

（一）外汇局根据企业实际发生的进出口贸易类别，结合非现场核查和现场核查情况，确定相应的收付汇比率。企业贸易进出口可收、付汇额度，按对应收付汇日期在分类监管有效期内的进出口货物报关单成交总价与相应收付汇比率的乘积累加之和确定；

（二）预收货款可收汇额度和预付货款可付汇额度，由外汇局根据非现场核查和现场核查情况，结合企业的业务特点确定。

第六十五条　金融机构在办理B类企业付汇、开证、出口贸易融资放款或待核查账户资金结汇或划出手续时，应当进行电子数据核查，通过监测系统扣减其对应的可收付汇额度。

第六十六条　B类企业超过可收付汇额度的贸易外汇收支业务，应当到外汇局办理贸易外汇业务登记手续。

第六十七条　B类企业代理其他企业进出口对应的外汇收支纳入电子数据核查范围。

第九章　罚　　则

第六十八条　企业和金融机构应当按照本细则及其他相关规定办理贸易外汇收支业务，对违反规定的，由外汇局依据《中华人民共和国外汇管理条例》（以下简称《条例》）等相关规定处罚。

第六十九条 企业有下列行为之一的，依据《条例》第四十三条规定，由外汇局给予警告，处违法金额30%以下的罚款：

（一）办理贸易外汇收支违反外债管理规定；

（二）代理进口业务，代理方未付汇，且违反外债管理规定。

第七十条 金融机构有下列行为之一的，依据《条例》第四十七条规定，由外汇局责令限期改正，没收违法所得，并处20万元以上100万元以下的罚款；情节严重或逾期不改的，由外汇局责令停止经营相关业务：

（一）未按照本细则及相关规定审核贸易进出口交易单证的真实性及其与外汇收支的一致性，办理贸易外汇收支业务；

（二）未按照本细则及相关规定，办理结汇、售汇业务。

第七十一条 有下列行为之一的，依据《条例》第四十八条规定，由外汇局责令改正，给予警告，处30万元以下的罚款：

（一）未按照本细则及相关规定进行国际收支统计申报和贸易外汇收支信息申报；

（二）未按照本细则及相关规定提交有效单证、资料或者提交的单证、资料不真实；

（三）未按本细则及相关规定将贸易外汇收入纳入待核查账户，待核查账户收支超范围、待核查账户之间资金相互划转等违反外汇账户管理规定；

（四）未按照本细则及相关规定办理贸易外汇业务登记（含报告）手续；

（五）拒绝、阻碍外汇管理机关依法进行检查或核查；

（六）未按照本细则及相关规定留存相关资料或留存不全。

第十章 附 则

第七十二条 本细则所列核查指标含义如下：

（一）总量差额是指企业最近12个月内被外汇局纳入核查的贸易收支累计差额与货物进出口累计差额之间的偏差；

（二）总量差额比率是指总量差额与该企业同期被外汇局纳入核查的进出口和贸易外汇收支累计规模之间的比率；

（三）资金货物比率是指企业最近12个月内被外汇局纳入核查的贸易外

汇收支累计规模与同期进出口累计规模之间的比率；

（四）贸易信贷报告余额比率是指企业根据本细则第三十七条第一款第（一）项、第（二）项规定进行贸易信贷报告的月末余额合计与企业最近12个月内进出口和贸易外汇收支累计规模之间的比率；

（五）一年期贸易信贷发生额比率是指企业根据本细则第三十七条第一款第（一）项、第（二）项规定进行的一年期以上预收货款、预付货款、延期收款、延期付款各项贸易信贷报告发生额与企业最近12个月内相应的收汇、付汇、出口及进口规模之间的比率。

第七十三条　本细则所称离岸账户，是指境外机构按规定在依法取得离岸银行业务经营资格的境内银行离岸业务部开立的境外机构OSA账户。

依法取得离岸银行业务经营资格的境内银行离岸业务部适用于本细则第三章中境外银行的管理内容。离岸银行业务部按照本细则规定办理的企业出口收入，纳入外债统计，不纳入规模管理；非居民离岸账户与境内居民账户之间资金往来，应按规定进行国际收支统计申报。

第七十四条　本细则所称关联企业交易是指存在直接或间接控制关系或重大影响关系的企业间贸易行为。关联关系主要包括以下类型：

（一）母子公司关系；

（二）直接或间接同为第三方所控制或同时控制第三方；

（三）一方对另一方财务或经营决策过程具有参与权利并可施加一定影响。

第七十五条　本细则涉及的纸质文件资料，包括商业单据、有效凭证、证明材料的原件或复印件，以及申请书、登记表、协议、出口收入存放境外登记表、出口收入存放境外资格登记表、分类结论告知书以及现场核查通知书的原件，均应作为重要业务档案留存备查。企业、金融机构以及外汇局应当妥善保管相关业务档案，留存5年备查。

第七十六条　本细则规定的比率、金额、期限均含本值，明确规定不含本值的除外。

本细则规定的日期均为自然日，明确规定为工作日的除外。

第七十七条　本细则由国家外汇管理局负责解释，自2012年8月1日起施行。

附 1：货物贸易外汇收支企业名录登记申请书
附 2：货物贸易外汇收支业务办理确认书
附 3：货物贸易外汇业务登记表
附 4：账户收支信息报送协议
附 5：出口收入存放境外登记表
附 6：出口收入存放境外资格登记表
附 7：国家外汇管理局××分（支）局现场核查通知书
附 8：国家外汇管理局××分（支）局分类结论告知书

附 1：

货物贸易外汇收支企业名录登记申请书

国家外汇管理局××分（支）局：

本公司因业务需要，申请加入“货物贸易外汇收支企业名录”。现根据《货物贸易外汇管理指引》及实施细则要求填写相关信息并提交以下资料，请予以登记。本公司保证所提供的信息和资料真实无讹。

□企业法人营业执照或企业营业执照副本

□中华人民共和国组织机构代码证

□对外贸易经营者备案登记表/中华人民共和国外商投资企业批准证书/中华人民共和国台、港、澳投资企业批准证书

（注：以上资料均需提供原件及加盖企业公章的复印件。）

企业代码		企业名称	
经济类型代码及名称		行业类型代码及名称	
是否保税监管区域企业	是　　否	保税监管区域类型	
法定代表人姓名		法定代表人身份证/护照号码	
海关注册号		工商注册号	
外币注册币种		外币注册资金	
人民币注册资金		最初设立日期	
经营范围			
企业地址			
邮编		电话	
传真		电子邮箱	
企业联系人		联系人移动电话	

法定代表人签字：　　　　　　　　　　单位公章：

申请日期：　　　年　　月　　日

注意事项及填表说明：

请认真阅读以下填表说明，按要求填写相关事项，因填写不准确造成的后果自行承担：

1. 企业代码：应为“组织机构代码证”的代码，共9位；

2. 经济类型代码及名称：按照“经济类型代码及名称表”内容选择其中一项填写（可现场对照填写）；

3. 行业类型代码及名称：按照“行业类型代码及名称表”内容选择其中一项填写（可现场对照填写）；

4. 是否保税监管区域企业：是否为“保税区”、“出口加工区”、“保税物流园区”、“保税港区”、“综合保税区”企业，填写是或否；

5. 海关注册号：应为“海关进出口货物收发货人报关注册登记证书”中“海关注册登记编号”，共10位；

6. 工商注册号：应为营业执照中的“注册号”，共15位；

7. 最初设立日期：应为营业执照中的“成立日期”；

8. 经营范围：应为营业执照中的经营范围。

附 2：

货物贸易外汇收支业务办理确认书

本企业已知晓、理解《中华人民共和国外汇管理条例》以及货物贸易外汇管理法规规定，并已仔细阅读、知晓、理解本确认书告知和提示的外汇局监管职责。

一、依法从事对外贸易。对于本企业具有真实、合法交易基础的货物贸易外汇收支，在按规定提交有关真实有效单证的前提下，享有根据外汇管理法规规定便利办理货物贸易外汇收支的权利。

二、对外汇局的具体行政行为包括行政处罚等，享有依法进行申诉、提起行政复议和行政诉讼等法定权利。

三、接受并配合外汇局对本企业货物贸易外汇收支进行监督检查，及时、如实说明情况并提供相关单证资料；按规定进行相关的业务登记与报告；按照外汇局分类管理要求办理货物贸易外汇收支业务。

四、若违反外汇管理法规规定，接受外汇局依法实施的包括罚款、列入负面信息名单、限制贸易信贷规模和结构、限制结算方式、对外公布相关处罚决定等在内的处理措施。

五、知晓并确认本确认书适用于货物贸易外汇收支。本企业资本项目、服务贸易等其他项目外汇收支按照相关项目的外汇管理法规规定依法办理。本确认书未尽事项，按照有关外汇管理法规规定执行；相关外汇管理法规规定发生变化的，以新的外汇管理法规规定为准。

六、本确认书自本企业签署时生效。本企业将认真学习并遵守货物贸易外汇管理法规规定，积极支持配合外汇局对货物贸易外汇收支业务的管理。

企业（公章）：

法定代表人（签字）：

年　　月　　日

为进一步促进贸易便利化，更好地为企业服务，全面实施国家依法行政纲要，推进政府职能转变，外汇局根据《中华人民共和国外汇管理条例》及货物贸易外汇管理法规规定等，制定本确认书，提示企业相关外汇管理法规规定和依法享有的权利。企业签署本确认书并认真执行，享有依法便利办理货物贸易外汇收支业务的权利。

外汇局依据《中华人民共和国外汇管理条例》等法规规定，在货物贸易外汇收支具有真实、合法交易基础，满足有关单证真实性及其与外汇收支一致性审核要求的前提下，对货物贸易外汇收支不予限制。

外汇局根据国际收支形势等具体情况，制定、调整货物贸易外汇管理法规规定，并依法通过文告、外汇局政府网站等适当的公开、透明的方式予以公布。

外汇局依法对企业货物贸易外汇收支进行监督检查。对企业未能遵守货物贸易外汇管理法规规定的行为，按照《中华人民共和国外汇管理条例》等法规规定进行行政处罚。

附 3：

货物贸易外汇业务登记表

编号：

所属外汇局代码			所属外汇局名称		
企业名称			企业代码		
联系人			联系电话		
登记类别	□B 类企业超额度 □C 类企业 □其他				
业务类别	□收汇 □结汇 □付汇 □售汇 □其他				
结算方式	□信用证 □托收 □汇款 □其他				
金融机构标识码					
金融机构名称					
币种		小写		大写	
外汇局登记情况	国家外汇管理局 分（支）局 年 月 日				
金融机构办理情况	币种： 金额： 申报号码： 经办人 年 月 日 币种： 金额： 申报号码： 经办人 年 月 日				

（本登记表截至______年____月____日有效）

附 4：

账户收支信息报送协议

协议编号：________________

本协议由下列双方签署：

甲方：[______（境外开户行）______]，一家根据 [__________________] 法律正式成立并有效存续的银行，其注册地址为 [__________]，银行代码（指 SWIFT CODE 或金融机构标识码）为 [__________]；

乙方：[______（境内企业全名）______]，组织机构代码 [__________]，一家根据中华人民共和国法律正式成立并有效存续的公司，其注册地址为 [__________]，注册所在地国家外汇管理局分支机构（以下简称所在地外汇局）为 [____________]。

鉴于：

乙方要求按照中华人民共和国国家外汇管理局于 [日期] 颁布的 [《货物贸易外汇管理指引实施细则》（以下简称《实施细则》）] 在甲方开立 [出口收入存放境外专用] 账户（以下简称专用账户），根据《实施细则》相关规定，乙方须在与甲方签订协议以授权甲方定期向乙方指定的地址报送其专用账户收支信息后，方可在甲方开立此类专用账户。

1. 授权

乙方同意并授权甲方按照《实施细则》和本协议要求的内容和方式向乙方指定的地址报送乙方在甲方开立的专用账户的所有相关信息。甲方特此同意按乙方授权报送信息。

2. 开户

2.1 乙方根据《实施细则》及甲方所在国家或地区相关法律规定，在甲方开立专用账户，此账户经乙方在所在地外汇局办理境外开户登记后生效。

2.2 乙方拟在甲方开户户名为：__________________________

3. 账户信息报送

甲方应于每月结束后10个工作日内将乙方专用账户对账单邮寄给乙方所在地外汇局［收件人名称＿＿＿＿＿＿＿＿＿＿＿＿＿＿＿＿＿＿，地址＿＿＿＿＿＿＿＿＿＿＿＿＿＿＿＿＿＿＿＿＿＿＿＿，邮政编码＿＿＿＿＿＿＿］。

4. 有效期

4.1　本协议由甲方负责人或其授权签字人签署并加盖业务专用章、乙方法定代表人或其授权签字人签署并加盖公章，并自签署之日起生效。

4.2　若甲方未按照本协议约定邮寄乙方专用账户对账单，乙方有权主动停止在甲方专用账户的所有交易活动并关闭账户，甲方应承担乙方因此蒙受的相应损失。乙方关闭本协议约定的所有专用账户时，本协议终止。

4.3　由于不可抗力或乙方原因导致甲方无法履行本协议的，免除甲方相应责任。甲方应于影响履约事件发生之日起10个工作日内通知乙方。

4.4　本协议生效后，若乙方未经所在地外汇局登记开立专用账户，本协议终止。

5. 管辖法律和争议解决

由甲、乙双方协商确定。

6. 其他

本协议是甲方与乙方所达成的有关乙方在甲方所开立专用账户的条款和条件的组成部分。就本协议所述事项，若本协议与任何其他条款或条件出现任何不一致，应以本协议为准。

甲方：	乙方：
盖章	盖章
负责人	负责人
（授权签字人）	（授权签字人）
姓名：	姓名：
职务：	
日期：	日期：

> 注：甲、乙双方可在本协议模板基础上丰富协议内容，所增条款不得与模板中“1. 授权”和“3. 账户信息报送”内容相抵触，其余条款供参考。

附 5：

出口收入存放境外登记表

<table>
<tr><td>企业名称
（加盖企业公章）</td><td></td><td>组织机构代码</td><td></td></tr>
<tr><td colspan="4">拟开户情况（企业填写）</td></tr>
<tr><td>境外开户银行名称
（中文或英文）</td><td colspan="3"></td></tr>
<tr><td>境外开户银行代码
（SWIFT CODE 或
金融机构标识码）</td><td colspan="3"></td></tr>
<tr><td>境外开户户名
（中文或英文）</td><td colspan="3"></td></tr>
<tr><td>境外开户
国别或地区</td><td colspan="3"></td></tr>
<tr><td>境外开户银行地址
（中文或英文）</td><td colspan="3"></td></tr>
<tr><td>账户收支信息报送协议
或其补充协议编号</td><td colspan="3"></td></tr>
<tr><td colspan="4">外汇局登记情况</td></tr>
<tr><td colspan="4">□年度累计出口收入存放境外规模为________________________________。
□成员公司组织机构代码：________________________________
____。
□同意企业在上述银行开立出口收入存放境外账户。
□其他：____________________________。

外汇局（盖章）
经办人：　　　　　复核人：
联系电话：
年　　月　　日</td></tr>
</table>

（一式两联　第一联：企业留存联　第二联：外汇局留存联）

附 6：

出口收入存放境外资格登记表

企业名称 （加盖企业公章）		组织机构代码	
地 址			
联 系 人		联 系 电 话	
情况说明（企业填写）			
外汇局审核情况			
□近两年无违反外汇管理规定行为。 □同意该企业出口收入存放境外。 □其他：________________。 外汇局（盖章） 外汇局代码： 经办人：　　复核人： 联系电话： 年　月　日			

（一式三联　第一联：企业留存联

第二联：主办企业所在地外汇局留存联　第三联：签发外汇局留存联）

附 7：

国家外汇管理局××分（支）局
现场核查通知书

编号：________________

________________________：（企业名称）

根据《货物贸易外汇管理指引》及相关规定，因__________________（原因），现对你单位______年____月____日至______年____月____日期间发生的业务进行现场核查，核查方式为：

☐企业报告

☐约见企业法定代表人或其授权人

☐现场调查

☐其他________

收到本通知后，请将回执联反馈外汇局，并于______个工作日内准备好相关资料，接受外汇局的核查。

特此通知。

国家外汇管理局××分（支）局

年　月　日

现场核查通知书回执联

国家外汇管理局××分（支）局：

____________________________（企业名称）已收到编号为______________________的现场核查通知书。

法人代表或其授权人签字：

企业公章：

年　月　日

附 8：

国家外汇管理局××分（支）局
分类结论告知书

编号：________________

________________：（企业名称）

根据《货物贸易外汇管理指引》及相关规定，依据对你单位____年____月____日至____年____月____日期间业务进行现场核查的结果，以及你单位遵守外汇管理等相关规定的情况，拟作出如下分类结论：

□将你单位分类结果定为：□A 类 □B 类 □C 类，B/C 类管理期限自分类结论发布之日起一年。

□注销名录。

收到本通知后，请将回执联反馈外汇局。如对分类结论有异议，请于____个工作日内向外汇局申诉。

特此通知。

国家外汇管理局××分（支）局

年 月 日

分类结论告知书回执联

国家外汇管理局××分（支）局：

________________（企业名称）已收到编号为________________的分类结论告知书。

法人代表或其授权人签字：

企业公章：

年 月 日

国家外汇管理局综合司关于商业银行办理黄金进出口收付汇有关问题的通知

汇综发［2012］85号

国家外汇管理局各省、自治区、直辖市分局、外汇管理部，深圳、大连、青岛、厦门、宁波市分局；各中资外汇指定银行：

为进一步规范商业银行办理黄金进出口业务，便利商业银行的黄金进出口收付汇，现就有关问题通知如下：

一、商业银行按照以下规定凭相关单证对外付汇：

（一）对于已持有进口货物报关单正本的，商业银行应凭进口货物报关单正本和中国人民银行出具的黄金进出口凭证（银行付汇专用联），按货到汇款结算方式办理黄金进口项下的付汇。

（二）对于暂无进口货物报关单正本的，商业银行应凭进口货物报关单复印件、中国人民银行出具的黄金进出口凭证（银行付汇专用联）、黄金交易确认凭证办理黄金进口项下的付汇。《境外汇款申请书》中“请选择：预付货款　货到付款　退款　其他”栏目下应勾选“其他”，交易附言应注明“黄金进口付汇”。

二、商业银行在办理黄金进口付汇时，如因价格变动造成实际付汇额与进口货物报关单成交总价存在差额的，应按交易确认凭证上的实际黄金成交总价，凭第一条规定的有效商业单证及差额情况说明函办理付汇业务。

三、商业银行办理黄金出口业务，应凭“口岸电子执法系统”企业操作员IC卡办理出口收汇核销单申领手续；凭黄金进出口凭证（银行付汇专用联）、出口货物报关单正本、出口收汇核销单、出口合同或协议、收汇人为商业银行的出口收汇核销专用联办理出口收汇核销手续。

货物贸易外汇管理制度改革全国推广实施后，商业银行办理黄金出口业务时，将无需申领出口收汇核销单和办理出口收汇核销手续。

四、商业银行办理黄金进出口收付汇业务中的其他问题，按照货物贸易外汇收支有关规定办理。

五、商业银行办理黄金进出口业务涉及结售汇的，应按照《国家外汇管理局关于印发〈银行结售汇统计制度〉的通知》（汇发［2006］42号）、《国家外汇管理局关于银行结售汇综合头寸管理有关问题的通知》（汇发［2010］56号）及《国家外汇管理局关于完善银行自身结售汇业务管理有关问题的通知》（汇发［2011］23号）要求，将有关交易信息在当期的《银行结售汇统计月（旬）报表》和《银行结售汇综合头寸日报表》进行统计。

六、商业银行在办理黄金进出口收付汇业务时，应将自身视为银行客户，并根据《国际收支统计申报办法》、《国际收支统计申报办法实施细则》及《国家外汇管理局关于印发〈通过金融机构进行国际收支统计申报业务操作规程〉的通知》（汇发［2012］22号）的有关规定进行国际收支统计申报。

七、境内银行从境外借入的实物和账户黄金，暂不纳入外债指标管理，但应进行外债登记。境内银行应当参照“非居民存款”的外债登记方法，登录银行版外债统计检测系统，按月报送其境外借入黄金数据，具体债务类型应填写为“其他”，并在备注中填写“黄金拆借”。

本通知自发布之日起实施。《国家外汇管理局关于商业银行办理黄金进出口收付汇及核销业务有关问题的通知》（汇发［2003］93号）、《国家外汇管理局关于商业银行办理黄金进出口及核销业务有关问题的补充通知》（汇发［2004］79号）以及《国家外汇管理局关于境外黄金借贷和衍生产品交易业务外汇管理问题的批复》（汇复［2005］253号）第一条第五款同时废止。执行中如遇到问题，请向国家外汇管理局反馈。

特此通知。

二〇一二年五月三日

国家外汇管理局综合司关于表彰货物贸易外汇管理制度改革工作先进集体和先进个人的通报

汇综发［2012］154号

国家外汇管理局各省、自治区、直辖市分局、外汇管理部，深圳、大连、青岛、厦门、宁波市分局：

货物贸易外汇管理制度改革2012年8月1日在全国范围实施以来，各项工作平稳有序，社会反应良好。在改革试点和推广过程中，各分局、外汇管理部讲大局、讲奉献、讲拼搏，以高度的责任心和使命感，认真履职，周到细致、稳妥有序开展工作，在新制度框架下的业务流程再造、机构岗位调整、内控制度建设、监管人员转型、监测系统运用等方面积极探索、总结规律，取得了改革工作阶段性成果。在改革推进过程中，总局核销改革办公室多次以封闭攻关形式，组织对法规和系统建设有关问题进行论证和写作，得到了有关分局的大力支持和全面配合。一方面，各分局努力克服困难，踊跃向总局改革办公室输送人才；另一方面，各分局主动承担繁重工作，给予总局封闭攻关工作以有力支持，并积极献言献策，为改革的顺利推进做出了巨大贡献。

在改革试点和推广工作中也涌现出了一大批爱岗敬业、忠于职守的先进个人，他们认真负责、吃苦耐劳，并能创造性地开展工作，表现出高度的事业心、责任感以及良好的业务素质和团队精神，为圆满完成货物贸易外汇管理制度改革工作任务做出了突出贡献。

为表彰先进，充分调动各分支局和广大干部职工的积极性，总局评选了

“货物贸易外汇管理制度改革工作先进集体”（名单见附件1）和“货物贸易外汇管理制度改革工作先进个人”（名单见附件2），现予以通报表彰。

希望受到表彰的单位和个人，继续发挥先进典型的示范和带头作用，珍惜荣誉，再接再厉，在外汇管理工作中取得更大的成绩。希望各分支局和广大干部职工以受到表彰的单位和个人为榜样，勇于奉献、扎实工作，继续做好货物贸易外汇管理制度改革工作。

特此通报。

附件：1. 货物贸易外汇管理制度改革工作先进集体（内容详见光盘）
2. 货物贸易外汇管理制度改革工作先进个人（内容详见光盘）

二〇一二年十二月十八日

国家外汇管理局综合司关于做好非贸易非经营性用汇管理工作有关问题的通知

汇综发［2012］156 号

国家外汇管理局各省、自治区、直辖市分局、外汇管理部，深圳、大连、青岛、厦门、宁波市分局：

经国务院批准，财政部下发了《财政部关于非贸易非经营性用汇管理问题的通知》（财预［2012］410 号，以下简称《通知》）。为保证各单位在外汇指定银行顺畅办理非贸易非经营性用汇手续，现将《通知》转发你们，并就有关问题通知如下：

一、适用《通知》办理非贸易非经营性用汇业务的单位（机关、事业单位和社会团体，以下简称用汇单位）应按照国家外事财务制度有关规定，到外汇指定银行办理购付汇、提取外币现钞等手续。

二、用汇单位办理非贸易非经营性用汇项下提取外币现钞业务不需经所在地外汇局核准，直接到外汇指定银行办理。

三、《国家外汇管理局关于转发财政部〈关于进一步加强非贸易非经营性购汇人民币限额管理的通知〉的通知》（汇发［1999］322 号）自 2013 年 1 月 1 日起废止。

请各分局、外汇管理部接到本通知后，尽快向辖内中心支局、支局和中、外资金融机构转发。执行中如遇问题，请及时向国家外汇管理局反馈。

附件：财政部关于非贸易非经营性用汇管理问题的通知

二〇一二年十二月二十七日

附件：

财政部关于非贸易非经营性用汇管理问题的通知

财预［2012］410号

党中央有关部门，国务院各部委、各直属机构，总后勤部，武警总部（指挥部），全国人大常委会办公厅，全国政协办公厅，最高人民法院，最高人民检察院，有关人民团体，各省、自治区、直辖市、计划单列市财政厅（局），新疆生产建设兵团财务局：

经国务院批准，现就非贸易非经营性用汇（即机关、事业单位和社会团体用汇）管理问题通知如下：

一、中央各部门和省级财政部门不再向财政部申请非贸易非经营性购汇人民币限额指标，财政部也不再对中央各部门和省级财政部门批复非贸易非经营性购汇人民币限额指标。

二、中央各部门根据财政部批复的部门预算确定的涉外支出，按照国家外事财务制度有关规定，结合实际购汇需求，自主核定本部门及所属单位购汇数额，通过财政部批准的人民币资金账户，向外汇指定银行购买外汇。

三、省级财政部门根据本级各部门和下级财政部门的申请，自主核定本地区购汇数额，并确定一家外汇指定银行具体办理购汇手续。

四、外汇指定银行根据中央各部门和省级财政部门出具并加盖银行预留印鉴的购汇申请书（外汇指定银行印制）办理售付汇手续。

五、非贸易非经营性用汇范围包括：驻外机构用汇、出国用汇、留学生用汇、外国专家用汇、国际组织会费用汇、救助与捐款用汇、政治业务用汇、对外宣传用汇、股金与基金用汇、援外用汇、境外朝觐用汇及部门预算中确定的其他用汇项目。

六、财政部印发的《关于施行〈非贸易非经营性外汇财务管理暂行规定〉的补充通知》[(94)财外字第431号]、《关于进一步加强非贸易非经营性购汇人民币限额管理的通知》(财外字［1999］439号)、《非贸易非经营性购汇人民币限领预算工作规程》(财预［2002］97号)、《因公临时出国用汇管理办法》(财预［2002］314号)从2013年1月1日起废止。

七、中央各部门和省级财政部门根据上述精神，结合本部门、本地区实际情况，制订相关管理制度和办法。

八、本通知自2013年1月1日起实施。

二〇一二年十月十七日

国家外汇管理局综合司关于上海浦东发展银行开办电子银行个人结售汇业务的批复

汇综复［2012］81号

上海浦东发展银行：

《上海浦东发展银行关于开办电子银行个人结售汇业务的请示》（浦银发［2012］445号）收悉。现批复如下：

一、同意你行将电子银行系统接入个人结售汇管理信息系统（以下简称个人结售汇系统），并通过电子银行系统（目前包括网上银行、电话银行）为境内个人办理年度总额以内经常项目非经营性结售汇业务，以及为境外个人办理年度总额以内经常项目非经营性结汇业务。

二、你行电子银行个人结售汇业务的办理主体包括境内个人和境外个人，境内个人应持有中华人民共和国居民身份证，境外个人应持有外国护照或港澳居民来往内地通行证或台湾居民来往大陆通行证。你行应严格区分各种身份证件类型，审核证件的有效性。除上述情况以外的个人结售汇业务应按规定通过银行柜台办理。

三、你行电子银行个人结售汇业务应由客户通过本人名下的本外币储蓄账户办理。

四、你行电子银行个人结售汇业务应实时录入个人结售汇系统，并保证个人结售汇系统的运行安全和稳定。

五、你行应严格按照上报的有关业务方案、业务运营操作规程等材料，开办电子银行个人结售汇业务，每日核对电子银行个人结售汇业务数据，保证数据准确、及时、完整地上报我局，并留存相关业务办理清单5年备查。

六、你行可同时在全国范围开办电子银行个人结售汇业务，并应指导分支机构按规定及时向相关国家外汇管理局各分局、外汇管理部备案。

七、你行应严格按照《国家外汇管理局关于银行开办电子渠道个人结售汇业务试行个人分拆结售汇“关注名单”管理的通知》（汇发［2011］41号）、《国家外汇管理局关于进一步完善个人结售汇业务管理的通知》（汇发［2009］56号）的有关规定，做好个人分拆结售汇“关注名单”的筛查、管理和上报等相关工作。

八、你行电子银行个人结售汇业务应严格遵守相关外汇管理规定。

九、你行扩大电子银行个人结售汇业务渠道，以及修改相关操作规程及业务和技术实现方案均应事先向我局报备。你行升级业务系统或更新系统版本，可能影响电子银行个人结售汇业务的，还应事先与个人结售汇系统测试环境进行联调测试。

十、你行应积极总结开办电子银行个人结售汇业务的经验，及时向我局反馈本批复执行情况，并配合我局及有关分支局做好相关调研和报告工作。

此复。

二〇一二年九月二十五日

国家外汇管理局综合司关于中国建设银行股份有限公司开办电子银行个人结售汇业务的批复

汇综复［2012］83号

中国建设银行股份有限公司：

《中国建设银行关于开办网银结售汇业务的请示》（建总函［2012］648号）收悉。现批复如下：

一、同意你行将电子银行系统接入个人结售汇管理信息系统（以下简称个人结售汇系统），并通过电子银行系统（目前仅包括网上银行）为境内个人办理结售汇业务。

二、你行电子银行个人结售汇业务应限于持有中华人民共和国居民身份证的境内个人办理本人年度总额以内经常项下非经营性结售汇业务。除上述情况以外的个人结售汇业务应按规定通过银行柜台办理。

三、你行电子银行个人结售汇业务应由客户通过本人名下的本外币储蓄账户办理。

四、你行电子银行个人结售汇业务应实时录入个人结售汇系统，并保证个人结售汇系统的运行安全和稳定。

五、你行应严格按照上报我局的业务运营方案、操作规程等材料开办电子银行个人结售汇业务，每日核对电子银行个人结售汇业务数据，保证业务数据准确、及时和完整，并留存相关业务办理清单5年备查。

六、你行可同时在全国范围开办电子银行个人结售汇业务，并指导分支机构按规定及时向国家外汇管理局各分局、外汇管理部备案。

七、你行应严格按照《国家外汇管理局关于银行开办电子渠道个人结售汇业务试行个人分拆结售汇“关注名单”管理的通知》（汇发［2011］41号）、《国家外汇管理局关于进一步完善个人结售汇业务管理的通知》（汇发［2009］56号）的有关规定，做好个人分拆结售汇“关注名单”的筛查、管理和上报等相关工作。

八、你行电子银行个人结售汇业务应严格遵守相关外汇管理规定。

九、你行扩大电子银行个人结售汇业务渠道、办理主体，以及修改相关操作规程及业务和技术实现方案均应事先向我局报备。你行升级业务系统或更新系统版本，可能影响电子银行个人结售汇业务的，还应事先与个人结售汇系统测试环境进行联调测试。

十、你行应认真总结开办电子银行个人结售汇业务的经验，及时向我局反馈本批复执行情况，并配合我局及有关分支局做好相关调研和报告工作。

此复。

二〇一二年九月二十六日

国家外汇管理局综合司关于北京银行开办电子银行个人结售汇业务的批复

汇综复［2012］84号

北京银行：

《北京银行关于开办电子银行个人结售汇业务的申请》收悉。现批复如下：

一、同意你行将电子银行系统接入个人结售汇管理信息系统（以下简称个人结售汇系统），并通过电子银行系统（目前仅包括网上银行）为境内个人办理结售汇业务。

二、你行电子银行个人结售汇业务应限于具有中华人民共和国居民身份证的境内个人办理本人年度总额以内经常项下非经营性结售汇业务。除上述情况以外的个人结售汇业务应按规定通过银行柜台办理。

三、你行电子银行个人结售汇业务应由客户通过本人名下的本外币储蓄账户办理。

四、你行电子银行个人结售汇业务应实时录入个人结售汇系统，并保证个人结售汇系统的运行安全和稳定。

五、你行应严格按照上报我局的业务运营方案、操作规程等，开办电子银行个人结售汇业务，每日核对电子银行个人结售汇业务数据，按我局有关要求及时、准确报送数据，并留存相关业务办理清单5年备查。

六、你行可同时在全国范围开办电子银行个人结售汇业务，并应指导分支机构按规定及时向国家外汇管理局各分局备案。

七、你行应严格按照《国家外汇管理局关于银行开办电子渠道个人结售汇业务试行个人分拆结售汇“关注名单”管理的通知》（汇发［2011］41号）、《国家外汇管理局关于进一步完善个人结售汇业务管理的通知》（汇发［2009］56号）的有关规定，做好个人分拆结售汇“关注名单”的筛查、管理和上报等相关工作。

八、你行电子银行个人结售汇业务应严格遵守相关外汇管理规定。

九、你行应积极总结开办电子银行个人结售汇业务的经验，及时向我局反馈本批复执行情况，并配合我局及有关分支局做好相关调研和报告工作。

十、你行扩大电子银行个人结售汇业务渠道、办理主体，以及修改相关操作规程及业务和技术实现方案均应事先向我局报备。你行升级业务系统或更新系统版本，可能影响电子银行个人结售汇业务的，还应事先与个人结售汇系统测试环境进行联调测试。

此复。

二〇一二年十月十日

第五章　资本项目外汇管理

第一节　综合管理

国家外汇管理局关于规范境内银行资本项目数据报送的通知

汇发［2012］36号

国家外汇管理局各省、自治区、直辖市分局、外汇管理部，深圳、大连、青岛、厦门、宁波市分局；各中资外汇指定银行：

为促进贸易投资便利化，加强跨境资金流动监测，国家外汇管理局决定进一步规范境内银行报送资本项目有关数据和账户数据的范围、内容、方式和频率。现就有关事项通知如下：

一、资本项目有关数据

境内银行应按照资本项目管理相关规定和《银行资本项目数据采集规范（1.0版）》（见附件1）的要求，向国家外汇管理局报送银行自身资本项目业务数据和部分银行资本项目代客业务数据。

银行自身资本项目业务数据的范围包括：境内银行作为债务人借入的外

债、境内银行提供的对外担保、境内银行发放的国内外汇贷款、境内银行向境内机构发放的附有境外机构担保的贷款（外保内贷）、境内银行接受境内企业提供的外汇质押向债务人发放的人民币贷款（外汇质押人民币贷款）、境内银行的人民币结构性存款产品、银行外汇资产负债数据等业务的信息。

银行资本项目代客业务数据的范围包括：境内银行作为托管人报送的合格境外机构投资者（QFII）境内证券投资信息、境内银行作为托管人报送的人民币合格境外机构投资者（RQFII）境内证券投资信息、境内银行作为托管人报送的合格境内机构投资者（QDII）境外证券投资信息、境内银行作为开户行报送的境内个人参与境外上市公司股权激励计划信息等。

二、账户信息

境内银行应按照外汇账户管理相关规定和《外汇账户数据采集规范（1.0版）》（见附件2）的要求，向国家外汇管理局报送账户信息。

账户信息包括：境内非银行机构、境外机构及境外个人在境内银行开立的外汇账户；境内个人开立的个人外汇结算账户和个人资本项目外汇账户；外汇局规定需要报送的人民币账户等三类账户的开、关户信息和每日的收、支、余信息。境内银行为境内个人客户开立的外汇储蓄账户信息暂不报送。

三、上述数据报送的内容、方式、范围和频率及其所涉数据采集规范的具体要求详见相关数据采集规范。

境内法人银行总行及境外银行境内牵头行（以下简称银行总行）应按照上述规范和有关规定修改接口程序和自身业务系统。其中，银行总行应在2012年10月31日前完成有关的接口程序和自身业务系统的修改工作，并做好与国家外汇管理局联调测试等准备工作。

四、上述数据开始报送的具体时间另文通知。

五、国家外汇管理局各分局、外汇管理部在接到本通知后，应及时转发至辖内中心支局、支局和辖内银行。执行中如遇问题，请及时向国家外汇管理局反馈。

国家外汇管理局资本项目管理司联系电话：010－68402366

国家外汇管理局外汇业务数据监测中心联系电话：010－68402047

特此通知。

附件：1. 银行资本项目数据采集规范（1.0 版）（内容详见光盘）

　　　2. 外汇账户数据采集规范（1.0 版）（内容详见光盘）

二〇一二年六月十九日

国家外汇管理局关于中国工商银行参加资本项目信息系统试点工作的通知

汇发［2012］43 号

中国工商银行：

资本项目信息系统是根据《中华人民共和国国民经济和社会发展第十二个五年规划纲要》中关于“逐步实现人民币资本项目可兑换”的要求和国家外汇管理局《外汇管理“十二五”信息化发展规划纲要》，由国家外汇管理局建设的重要电子政务系统。

国家外汇管理局通过对你行资本项目业务品种、业务规模、执行资本项目外汇管理政策的情况以及技术水平等方面的综合评价，确定你行作为资本项目信息系统试点银行，参与资本项目信息系统试点工作。为确保资本项目信息系统顺利上线，现就有关问题通知如下：

一、试点的业务范围包括《国家外汇管理局关于规范境内银行资本项目数据报送的通知》（汇发［2012］36 号）确定的数据报送内容以及你行为客户办理的各类资本项目业务。

二、请你行按照汇发［2012］36 号文件的要求，在 2012 年 10 月 31 日前完成接口程序的开发，并做好与国家外汇管理局联调测试等准备工作。

三、请你行成立专门的试点工作组，负责协调试点工作，并于 2012 年 7 月 27 日前将试点工作组的成员名单、职务和联系方式报国家外汇管理局资本项目管理司（传真：010－68402208）。试点工作组人员应保持相对固定。

四、详细试点方案和试点时间将另文通知。

五、在试点准备工作中，如遇问题，请与国家外汇管理局联系。

联系电话：68402366（业务）、68402025/68402047（技术）

特此通知。

二○一二年七月十六日

国家外汇管理局关于财务公司账户数据接口规范的通知

汇发［2012］55 号

国家外汇管理局各省、自治区、直辖市分局、外汇管理部，深圳、大连、青岛、厦门、宁波市分局，各中资外汇指定银行：

为配合资本项目外汇管理系统整合工作，请企业集团财务公司（以下简称财务公司）做好账户数据报送准备工作。

一、企业集团成员公司不以自身名义在银行开立账户，而是通过财务公司在银行的账户集中收付汇的，财务公司应按照《国家外汇管理局关于规范境内银行资本项目数据报送的通知》（汇发［2012］36 号），于 2012 年 11 月 30 日前自行开发完成接口程序，并做好与国家外汇管理局联调测试等准备工作，以便报送财务公司及其成员公司在财务公司开立的账户信息。境内银行和财务公司应确保财务公司及其成员公司涉外收付、境内收付和账户内结售汇信息的申报主体与所涉账户的开户主体一致。

二、账户信息开始报送的具体时间将另文通知。国家外汇管理局各分局、外汇管理部接到本通知后，应及时转发至辖内中心支局、支局、辖内银行和财务公司。执行中如遇问题，请及时向外汇局反馈。

国家外汇管理局资本项目管理司联系电话：010－68402366

国家外汇管理局外汇业务数据监测中心联系电话：010－68402047

特此通知。

二〇一二年十月十二日

国家外汇管理局关于资本项目信息系统试点及相关数据报送工作的通知

汇发［2012］60号

国家外汇管理局各省、自治区、直辖市分局、外汇管理部，深圳、大连、青岛、厦门、宁波市分局，各中资外汇指定银行：

资本项目信息系统是根据《中华人民共和国国民经济和社会发展第十二个五年规划纲要》中关于“逐步实现人民币资本项目可兑换”的要求和国家外汇管理局《外汇管理“十二五”信息化发展规划纲要》，由国家外汇管理局建设的重要电子政务系统，是进一步推动资本项目便利化、加强跨境资本流动统计监测和风险防控的重要手段。为做好资本项目信息系统推广准备工作，国家外汇管理局决定自2012年12月3日起进行资本项目信息系统试点工作。现就有关事宜通知如下：

一、外汇账户内结售汇、账户信息和银行资本项目数据报送安排

（一）中国工商银行自2012年12月3日开始，按照《国家外汇管理局关于做好调整境内银行涉外收付凭证及相关信息报送准备工作的通知》（汇发［2011］49号）和《国家外汇管理局关于规范境内银行资本项目数据报送的通知》（汇发［2012］36号）的要求，进行外汇账户内结售汇、账户信息和银行资本项目数据（不含双边贷款、对外担保履约、QFII、RQFII、QDII、股权激励计划等银行代客业务和银行月度资产负债信息）报送试点。

自2013年1月14日开始，中国工商银行增加双边贷款、对外担保履约、QFII、RQFII、QDII、股权激励计划等银行代客业务和银行月度资产负债信息的报送。

（二）其他境内银行自2013年1月14日开始向国家外汇管理局报送外汇账户内结售汇、账户信息和银行资本项目数据（含QFII、RQFII、QDII、股权激励计划等银行代客业务和银行月度资产负债信息）。

完成外汇账户内结售汇、账户信息和银行资本项目数据接口验收和联调工作的银行，应尽快启动数据报送，并在启动数据报送前的五个工作日内将启动日期报所在地外汇局，由国家外汇管理局各分局、外汇管理部（以下简称各分局）汇总后报国家外汇管理局资本项目管理司。国家外汇管理局将根据银行在接口联调时上报的接口方式对生产环境进行设置。

未能在2013年1月14日开始报送外汇账户内结售汇和账户信息的银行，由于信息缺失原因，暂无法为辽宁省、陕西省、浙江省（不含宁波市，以下均同）、大连市等参加资本项目信息系统业务试点的地区企业办理资本项目业务。

未能在2013年1月14日前完成银行资本项目数据接口程序验收和联调工作的银行，可向所在地外汇局申请适当延后报送数据，但报送数据的时间不得晚于2013年3月31日。

（三）首次数据报送要求。境内银行应按照《首次报送数据范围》（见附件1）做好各类业务数据的准备和首次报送工作。延后报送数据的境内银行也应按照《首次报送数据范围》进行补报。

（四）各分局自2013年4月1日起，对本分局辖区内报送数据和相关的纸质报表进行数据质量评估，确保上述数据的完整性、准确性和一致性。对数据质量存在问题的银行，各分局应及时与银行沟通，解决数据质量问题。各分局应在2013年4月20日前将数据质量评估报告报国家外汇管理局资本项目管理司。

（五）按照《国家外汇管理局关于财务公司账户数据接口规范的通知》（汇发［2012］55号）要求开发了账户信息接口的企业集团财务公司，报送账户信息的时间要求参照其他境内银行执行。

（六）国家外汇管理局将《国家外汇管理局关于规范境内银行资本项目数据报送的通知》（汇发［2012］36号）中《银行资本项目数据采集规范

(1.0版)》和《外汇账户数据采集规范（1.0版)》修订为《银行资本项目数据采集规范（1.1版)》(见附件3)、《外汇账户数据采集规范（1.1版)》(见附件4)。

二、资本项目信息系统业务试点安排

（一）试点内容

自2013年1月14日起，在辽宁、浙江（不含宁波)、陕西、大连等四个地区（以下简称试点地区）进行资本项目信息系统业务试点。试点内容包括上述试点地区外汇局（以下简称试点分局）为辖内主体办理的各类资本项目业务以及境内银行为在全国范围内为试点地区主体办理的各类资本项目业务。

（二）试点要求

1. 试点工作由国家外汇管理局统一安排。试点分局应高度重视此项工作，成立专门的试点领导小组和工作小组，组织协调试点工作。试点分局应于2012年11月30日前将领导小组和工作小组成员名单和联系方式报国家外汇管理局资本项目管理司，领导小组组长由分管副局长担任，小组成员应包括资本项目管理部门、国际收支部门和科技部门的人员。在试点期间，参与试点的人员应保持相对固定。

2. 试点分局应按《资本项目信息系统试点方案》(见附件2）要求组织开展辖内试点工作。

3. 试点分局应建立简报制度，及时反映试点情况。

4. 试点分局应于2013年4月30日之前对系统试点进行评估和总结，就资本项目信息系统和《资本项目信息系统操作手册》提出改进建议并上报国家外汇管理局。

5. 试点期间的相关工作安排，将通过外汇局内部邮箱发送给试点分局，试点分局应及时关注邮箱中发布的信息，并严格按照工作计划完成相关工作。

各分局收到本通知后，应及时转发给辖内中心支局、支局、外资银行和财务公司，组织相关培训，并加强对试点工作的组织和协调。各中资外汇指定银行应尽快将本通知转发至各自分支机构。

在试点工作中，如遇问题需要咨询，请与国家外汇管理局资本项目信息系统试点推广办公室联系。

联系电话：68402125（业务）、68402519（技术）

传真电话：68402208

外汇局内网邮箱：safecfa@ mail. safe。

附件：1. 首次报送数据范围

2. 资本项目信息系统试点方案

3. 银行资本项目数据采集规范（1.1 版）（内容详见光盘）

4. 外汇账户数据采集规范（1.1 版）（内容详见光盘）

二〇一二年十一月二十二日

附件1：

首次报送数据范围

数据内容	首次报送数据范围	
	中国工商银行	其他境内银行
外汇账户内结售汇	自2012年12月1日以来发生的逐笔外汇账户内结售汇数据	自2013年1月1日以来发生的逐笔外汇账户内结售汇数据
账户	截至2012年11月30日尚未关户账户的开户信息及其每日收支余信息。其中：11月30日的日末余额大于零的账户，应将日末余额报送为当日收入，支出为零；11月30日的日末余额小于零的账户，应将日末余额报送为当日支出，收入为零	截至2012年12月31日尚未关户账户的开户信息及其每日收支余信息。其中：12月31日的日末余额大于零的账户，应将日末余额报送为当日收入，支出为零；12月31日的日末余额小于零的账户，应将日末余额报送为当日支出，收入为零
外债	截至2012年11月30日余额大于零的外债的签约信息及其变动信息/余额信息。其中，需要报送变动信息的外债，应报送签约信息及其自签约以来发生的逐笔变动信息；需要报送余额信息的外债，除非居民个人存款外，应报送签约信息及其自签约以来的每日余额信息；非居民个人存款应报送签约信息及其自2012年11月30日以来的每日余额	截至2012年12月31日余额大于零的外债的签约信息及其变动信息/余额信息。其中，需要报送变动信息的外债，应报送签约信息及其自签约以来发生的逐笔变动信息；需要报送余额信息的外债，除非居民个人存款外，应报送签约信息及其自签约以来的每日余额信息；非居民个人存款应报送签约信息及其自2012年12月31日以来的每日余额
对外担保	截至2012年11月30日担保责任余额大于零的对外担保签约信息及其自签约以来发生的变动信息和责任余额信息	截至2012年12月31日担保责任余额大于零的对外担保签约信息及其自签约以来发生的变动信息和责任余额信息
国内外汇贷款	截至2012年11月30日余额大于零的国内外汇贷款签约信息及其自签约以来发生的变动信息	截至2012年12月31日余额大于零的国内外汇贷款签约信息及其自签约以来发生的变动信息

续表

数据内容	首次报送数据范围	
	中国工商银行	其他境内银行
境外担保项下境内贷款	截至2012年11月30日余额大于零的外保内贷签约信息及其自签约以来发生的变动及履约信息	截至2012年12月31日余额大于零的外保内贷签约信息及其自签约以来发生的变动及履约信息
外汇质押人民币贷款	截至2012年11月30日余额大于零的外汇质押人民币贷款签约信息及其自签约以来发生的变动信息	截至2012年12月31日余额大于零的外汇质押人民币贷款签约信息及其自签约以来发生的变动信息
人民币结构性存款	截至2012年11月30日仍未终止的人民币结构性存款签约信息及其自签约以来发生的利息给付信息、资金流出入和结购汇信息	截至2012年12月31日仍未终止的人民币结构性存款签约信息及其自签约以来发生的利息给付信息、资金流出入和结购汇信息
银行资产负债数据	2012年12月末银行资产负债数据	2012年12月末银行资产负债数据
QFII	2012年12月 QFII 数据	2012年12月 QFII 数据
RQFII	2012年12月 RQFII 数据	2012年12月 RQFII 数据
QDII	2012年12月 QDII 数据	2012年12月 QDII 数据
股权激励计划	2012年12月股权激励计划数据	2012年12月股权激励计划数据

附件 2：

资本项目信息系统试点方案

一、试点内容

试点分局通过资本项目信息系统为辖内主体办理各类资本项目业务。

境内银行通过资本项目信息系统为试点地区的主体办理各类资本项目业务。

二、试点安排和计划

试点工作在国家外汇管理局的统一安排下，采用新旧系统并行方式，分三个阶段进行：

（一）试点准备阶段（2012 年 12 月 3 日至 2013 年 1 月 13 日）。此期间，试点分局仍通过直接投资外汇管理信息系统、外债统计监测系统、账户系统为辖内主体办理各类资本项目业务，同时试点分局、境内银行和试点分局辖内主体应完成以下准备工作：

1. 试点分局和境内银行应按照《资本项目信息系统有关设置说明》（详见应用服务平台登录界面的公告栏目）的要求，做好网络、消息传输系统（MTS）、域名和浏览器设置。资本项目信息系统部署在国家外汇管理局应用服务平台（以下简称应用服务平台），试点分局、境内银行和试点分局辖内主体应通过应用服务平台访问资本项目信息系统。其中，试点分局访问的应用服务平台地址为：http：//100.1.48.51：9101/asone/，境内银行访问的应用服务平台地址为：http：//asone.safe：9101/asone/，试点分局辖内主体访问地址为：http：//asone.safe.gov.cn。

2. 创建外汇局用户。外汇局资本项目信息系统的业务管理员（一般由业务负责人担任，用户代码 zbxmba，初始密码将另行通知）登录应用服务平台，根据《资本项目信息系统外汇局角色说明及用户添加简明手册》（外汇局版)(详见应用服务平台“公告”栏)为本外汇局业务人员创建业务操作员用户并分配角色(即功能权限)。如果业务人员在应用服务平台已有业务操作员用户,则应直接分配角色。

3. 创建银行用户。应用服务平台按金融机构标识码为首次业务开通后的银行创建业务管理员(ba)。如果银行已通过应用服务平台办理过外汇业务(如直接投资外汇管理信息系统),则该机构的业务管理员已经存在。否则,银行应向所在地外汇局申请开通资本项目信息系统,应用服务平台将根据资本项目信息系统业务开通情况为该机构自动生成业务管理员(ba)。

对于首次在应用服务平台办理业务的银行,业务管理员的初始密码应向其总行或通过其总行向国家外汇管理局获取。

银行业务管理员(ba)登录应用服务平台,根据《资本项目信息系统操作手册》(银行版)(详见应用服务平台登录界面的公告栏目)为本机构创建业务操作员用户并分配角色。如果业务人员在应用服务平台已有业务操作员用户,则应直接分配角色。

4. 创建企业用户

应用服务平台按组织机构代码为各类非银行主体(以下统称企业)创建业务管理员(ba)。每个企业在应用服务平台上仅有一个业务管理员,企业应指定专人负责。如果企业已通过应用服务平台办理过其他外汇业务,则该企业的业务管理员已经存在;否则,企业应到所属外汇局申请开通,外汇局业务人员通过部署在资本项目信息系统中的“企业网上业务开通/关闭”功能为申请开通的企业办理业务开通并出具开通通知书,应用服务平台将自动为开通后的企业生成业务管理员(ba)。开通通知书包含访问地址、初始密码等信息。

企业的业务管理员(ba)登录应用服务平台,根据《资本项目信息系统操作手册》(企业版)(详见应用服务平台的“公告”栏)为本机构创建业务操作员用户并分配角色。如果业务人员在应用服务平台已有业务操作员用户,则应直接分配角色。

(二)试点阶段(2013 年 1 月 14 日至 2013 年 4 月 30 日)。该阶段,资本项目业务办理实行新旧系统并行。

1. 试点分局应通过资本项目信息系统为辖内主体办理各类资本项目业务,同时在直接投资外汇管理信息系统、外债统计监测系统、账户系统进行相应操作。

(1) 对于需要核准的资本项目业务，资本项目信息系统开立的核准件是银行办理业务的有效凭证。试点分局同时在资本项目信息系统和直接投资外汇管理信息系统/账户系统中开立核准件。

(2) 对于需要登记或备案但不需要核准的资本项目业务，试点分局同时在资本项目信息系统和直接投资外汇管理信息系统/外债统计监测系统中进行相应的登记或备案。

2. 境内银行为各类主体办理资本项目业务时，应首先确认该主体是否为试点地区辖内主体。如果为试点地区辖内主体，应按照以下要求办理：

(1) 对于需要核准的资本项目业务，银行同时依据资本项目信息系统核准件和直接投资外汇管理信息系统/账户系统核准件为被核准主体办理业务。银行应在资本项目信息系统中核注该核准件。

(2) 对于需要登记或备案但不需要核准的资本项目业务，银行同时依据资本项目信息系统的业务凭证和电子信息以及直接投资外汇管理信息系统/外债统计监测系统的业务凭证和电子信息为主体办理业务。

(3) 对于不需要核准、登记或备案而可以在银行直接办理的资本项目业务，银行可依据相关法规直接办理。

(4) 与直接投资有关的各类业务，银行还应按照《资本项目直接投资外汇业务操作指引（银行版）》(《国家外汇管理局关于进一步改进和调整直接投资外汇管理政策的通知》附件2（汇发［2012］59号）的要求，及时在直接投资外汇管理信息系统中进行相应反馈。

(5) 试点分局应当将境外上市、股权激励计划、中央企业境外金融衍生业务、国有企业套期保值等资本市场项下仍然存续的业务有关信息在系统中办理补登记手续，并向业务主体出具登记凭证。

3. 试点期间，除直接投资项下账户外，试点分局原则上不应核准辖内主体在试点地区以外的银行开立各类资本项目外汇账户。

4. 境内银行应督促和协助各类主体及时准确申报涉外收付款、境内收付款、账户内结售汇数据，并认真审核，由于上述数据报送错误，导致无法在核准信息/登记信息和交易信息间建立关联的，试点分局应要求该主体及相关银行修正原数据信息（原申报号码不变）并按相关要求及时上报。试点分局可凭修正后的纸质申报单据先行为该主体办理业务，并手工关联该笔交易数据。

5. 试点期间，如遇资本项目信息系统故障导致无法及时为辖内主体办理资本项目业务时，试点分局应及时向总局资本项目管理司和外汇业务数据监测中心（科技司）报告，并先通过直接投资外汇管理信息系统/外债统计监测系统/账户系统为辖内主体办理业务，待总局通知资本项目信息系统恢复后方可补录相关信息。在此情况下，试点分局应在向辖内主体出具的相应登记凭证或核准件的“备注”栏中向银行说明情况。

（三）试点评估阶段（2013年4月15日至2013年4月30日）。境内银行对试点工作进行总结评估，并报告试点分局。试点分局负责全面总结试点情况，并提出推广意见。总结报告应于2013年4月30日前报送总局资本项目管理司。

国家外汇管理局综合司关于境内银行账户信息、账户内结售汇数据和资本项目数据接口验收和联调有关工作的通知

汇综发［2012］139号

国家外汇管理局各省、自治区、直辖市分局、外汇管理部，深圳、大连、青岛、厦门、宁波市分局，各中资外汇指定银行：

按照《国家外汇管理局关于做好调整境内银行涉外收付凭证及相关信息报送准备工作的通知》（汇发［2011］49号）和《国家外汇管理局关于规范境内银行资本项目数据报送的通知》（汇发［2012］36号）有关要求，现将账户内结售汇、账户信息和银行资本项目数据接口程序（上述三项以下简称银行接口程序）验收和联调工作相关事项通知如下：

一、验收和联调的内容及时间计划

此次银行接口程序验收和联调工作具体时间安排如下：

（一）为推进资本项目信息系统试点工作，各银行账户内结售汇、账户信息接口程序的验收和联调工作应从收文之日起开始，于2012年11月30日前完成。

（二）对于银行资本项目数据接口程序，已经开发完成的银行，可与账户内结售汇、账户信息接口程序同步进行验收和联调；没有完成开发工作的银行，应抓紧完成开发工作，其验收和联调工作可适当延后单独进行，于2012年12月20日前完成。

二、银行接口程序验收工作的组织和实施

（一）银行接口程序验收工作的组织

验收工作由国家外汇管理局统一组织开展，国家外汇管理局各分局、外汇管理部（以下简称各分局）负责具体实施。各分局应成立银行接口程序验收领导小组，安排国际收支、经常项目、资本项目和科技部门的人员共同参加验收工作，各外汇指定银行应积极配合完成。

在京政策性银行及全国性商业银行总行接口程序由国家外汇管理局北京外汇管理部负责验收；其他全国性商业银行、城市商业银行、农村商业银行、农村合作银行、城市信用社、农村信用社、村镇银行等地方性银行以及外资银行（外资商业银行、中外合资商业银行、外国商业银行分行境内牵头行）总行（外国商业银行分行境内牵头行视同总行）接口程序由所在地外汇局验收。

（二）验收工作程序和相关要求

各外汇指定银行接到本通知后，应按照《账户信息、账户内结售汇信息和银行资本项目业务信息银行接口程序验收要求》（1.0 版）（附件 1）要求，并使用相应的银行接口验收工具（通过应用服务平台“常用下载”栏目下载）对本行自身业务系统修改情况及接口程序进行自查，检查本行接口程序是否满足有关要求。自查结果达到验收工具和接口规范等相关要求的，应向所在地外汇局提交银行接口程序自查报告。所在地外汇局应严格按照汇发［2011］49 号、汇发［2012］36 号文件相关要求认真审查银行接口程序自查报告，并组织人员对银行接口程序进行验收。

各分局应按日汇总辖内银行接口程序验收合格的银行名单，填写《银行接口程序验收情况统计表》（附件 2），并及时报送国家外汇管理局资本项目管理司（门户网邮箱地址：safecfa@ mail. safe）。国家外汇管理局资本项目管理司将及时在国家外汇管理局信息门户网上公布银行接口程序验收情况，供各分局查询。

对 2012 年 11 月 30 日前无法完成账户信息和账户内结售汇信息接口程序验收的银行，应通过所在地外汇局逐级上报具体情况说明。

三、接口联调工作的组织和实施

接口程序已验收合格的银行，应向所在地外汇局传送《银行联调计划表》（附件 3）电子邮件，各分局应于当日及时转报国家外汇管理局资本项目管理司（门户网邮箱地址：safecfa@ mail. safe）。

国家外汇管理局将根据《银行联调计划表》汇总情况，分期分批组织银行开展联调工作，具体要求详见《账户信息、账户内结售汇信息和银行资本项目业务信息接口程序联调方案（1.0版）》（通过应用服务平台“常用下载”栏目下载）。

四、各分局应在日常工作中通过现场和非现场核查，加强核查银行报送数据的范围是否符合汇发［2011］49号、汇发［2012］36号文件有关规定。

五、各分局在接到本通知后，应及时转发辖内中心支局、支局和银行。

六、执行中如遇问题，请及时向国家外汇管理局反馈。

国家外汇管理局资本项目管理司联系电话：010－68402366 国家外汇管理局外汇业务数据监测中心（科技司）联系电话：010－68402519、010－68402047

附件：1. 账户信息、账户内结售汇信息和银行资本项目业务信息银行接口程序验收要求（1.0版）（内容详见光盘）

2. 银行接口程序验收情况统计表（内容详见光盘）

3. 银行联调计划表（内容详见光盘）

二〇一二年十月十二日

第二节　外债管理

国家外汇管理局关于核定 2012 年度境内机构短期外债余额指标有关问题的通知

汇发［2012］12 号

国家外汇管理局各省、自治区、直辖市分局、外汇管理部，深圳、大连、青岛、厦门、宁波市分局：

为促进国际收支基本平衡，国家外汇管理局决定对 2012 年度境内机构短期外债余额指标总规模基本维持不变。同时，为引导银行配合国家宏观调控政策，支持中西部地区发展，改进小微企业融资环境，适度调减了指标历史基数较大、资金拆入和非居民存款比重较高的银行指标，增加了指标历史基数较小的中小银行指标。现就 2012 年度（2012 年 4 月 1 日至 2013 年 3 月 31 日，下同）境内机构短期外债余额指标（以下简称指标）核定情况和相关管理要求通知如下：

一、核定部分中资银行 2012 年度指标 1 024 800 万美元（详见附表 1）。

核定部分法人制外资银行及对指标实行集中管理的外资银行分行 2012 年度指标 1 436 216 万美元（详见附表 2）。

核定各分局、外汇管理部（以下简称各分局）用于辖区内中、外资法人制银行、未对指标实行集中管理的外资银行分行以及中资企业等机构的地区指标 780 280 万美元（详见附表 3）。

二、2012 年指标调整应重点向服务于小微企业的中小银行倾斜，并适当关注中资企业的对外短期融资需求。各分局在核定指标时，应在符合当年指标管理政策取向的基础上，按照“尊重历史，同增同减”的原则，公平合理地分配指标。

三、银行类金融机构受指标控制的短期外债，每日末余额不得超过外汇局核定的指标。

在外汇局新核定指标生效前，原有指标继续有效。新指标生效后，指标被调减的境内机构，如其受指标控制的短期外债余额超过新核定指标，应在三个月内将受指标控制的短期外债余额调减到新核定指标以内。境内机构在将受指标控制短期外债余额调减到新核定指标以内之前，不得开展新的须占用指标的短期外债业务。

四、除下列情形外，金融机构承担的期限为1年或1年以下的各种形式短期对外负债均应纳入指标管理：

（一）期限在90天（含）以下已承兑未付款远期信用证和90天（含）以下海外代付。开证行开立信用证后续做海外代付的，两者期限合计不超过90天。在期限、金额以及发生时点等方面，海外代付应与货物进口合同存在合理对应关系。

（二）由境外同一自然人在境内同一银行开立的外汇账户，其余额之和不超过等值50万美元（含）的；境内同一法人银行的不同分支机构或实行指标集中管理的外国银行各分行，应对境外同一自然人的不同外汇账户余额进行合并计算；

（三）经外汇局批准以境外机构或个人名义开立的各类外国投资者专用账户余额和合格境外机构投资者专用账户余额；

（四）金融机构因国家政策性项目及特殊经营需要而产生的对境外机构或个人的负债，经国家外汇管理局批准实行“外来外去”业务管理模式的；

（五）国家外汇管理局明确的其他不需要纳入指标管理的情形。

五、期限在1年以上的已承兑未付款远期信用证和海外代付、期限不确定或期限在1年以上的境外机构或个人存款（第四条第二款规定的情形除外），视同短期外债进行规模管理和登记。

六、各分局应加强对辖内金融机构和中资企业的短期外债余额及其变动情况的监测，按季度报送辖内机构短期外债余额指标执行情况。

本通知自2012年4月1日起生效。其他相关规定与本通知内容不一致的，以本通知为准。

附表：1. 2012年度部分中资金融机构短期外债余额指标核定情况表（内容详见光盘）
2. 2012年度部分外资金融机构短期外债余额指标核定情况表（内容详见光盘）
3. 2012年度各地区短期外债余额指标核定情况表（内容详见光盘）

二〇一二年三月十九日

国家外汇管理局关于核定境内银行 2012 年度融资性对外担保余额指标有关问题的通知

汇发［2012］35 号

国家外汇管理局各省、自治区、直辖市分局、外汇管理部，深圳、大连、青岛、厦门、宁波市分局：

为促进贸易投资便利化，根据当前我国外汇收支形势，国家外汇管理局决定在 2011 年度境内银行融资性对外担保余额指标（以下简称指标）规模基础上，适当调增 2012 年度境内银行指标规模。现就 2012 年度境内银行指标核定情况和相关管理要求通知如下：

一、核定部分中资银行 2012 年度指标 7 961 375 万美元（详见附表 1）。

核定部分法人制外资银行及对指标实行集中管理的外国银行分行 2012 年度指标 619 498 万美元（详见附表 2）。

核定各分局、外汇管理部（以下简称各分局）用于辖区内其他中、外资法人制银行以及外国银行分行 2012 年度指标 477 004 万美元（详见附表 3）。

二、各分局可根据辖区内银行申请，按照以下原则自行分配本地区 2012 年度指标：

（一）指标应重点支持境内企业境外投资的融资需求，并综合考虑申请银行的资产规模、业务开展及合规情况等因素，认真审核申请材料的真实性和完整性。

（二）应在符合当年指标管理政策取向的基础上，按照“尊重历史、同增同减”的原则，公平合理地分配指标。

（三）初次申请指标的银行应经中国银行业监督管理委员会批准，具有担保业务经营资格。

三、各银行新核定指标自各分局指标核定文件下发之日起5个工作日后生效。在新核定指标生效前，原有指标继续有效。新指标生效后，指标被调减的境内银行，在将其融资性对外担保余额调减至当年度指标范围之前，不得办理新的融资性对外担保业务。

四、自《国家外汇管理局关于境内机构对外担保管理问题的通知》（汇发［2010］39号，以下简称《通知》）发布后实行指标集中管理的外国银行分行，未经国家外汇管理局批准，不得从主报告行统一申请指标的方式变更为由各分行单独申请的方式。

五、境内非银行金融机构和非金融企业法人申请实行对外担保余额管理、核定或调整指标的，仍按照《通知》有关规定，经所在地国家外汇管理局分支局、外汇管理部报国家外汇管理局批准。

六、各分局应对辖内银行和经国家外汇管理局批准实行对外担保余额管理的非银行金融机构及非金融企业法人的指标执行情况进行监督，对其指标项下提供对外担保的余额及其变动、履约等情况进行定期统计监测，并于每季度结束后十个工作日内向国家外汇管理局资本项目管理司报送《××年××季度末××地区对外担保余额指标执行情况表》（见附表4）。

七、各分局应加强境内机构提供对外担保的事后核查，密切跟踪担保项下资金流向。如发现有违规将担保项下资金直接或间接调回境内等行为的，应当依据有关规定进行处罚。

八、各分局接到本通知后，应尽快转发辖内中心支局和金融机构，并及时做好跟踪反馈工作。

特此通知。

附表：1．2012年度部分中资银行融资性对外担保余额指标核定情况表（国家外汇管理局核定）（内容详见光盘）

2．2012年度部分外资银行融资性对外担保余额指标核定情况表（国家外汇管理局核定）（内容详见光盘）

3. 2012年度各地区银行融资性对外担保余额指标核定情况表（内容详见光盘）

4. ____年____季度末____地区对外担保余额指标执行情况表（内容详见光盘）

二〇一二年六月十八日

国家外汇管理局综合司关于中核财务有限责任公司购汇还贷等外汇业务的批复

汇综复［2012］61号

中核财务有限责任公司：

《关于中核财务有限责任公司开展购汇还贷等外汇业务的申请》（中核财发［2012］41号）收悉。现就购汇偿还国内外汇贷款有关问题批复如下：

一、当国内外汇贷款的债权人为银行或已取得即期结售汇业务资格的境内企业集团财务公司、债务人为境内企业集团成员公司时，成员公司可在所属企业集团财务公司办理购汇偿还国内外汇贷款本息业务。财务公司办理上述业务时，应履行相应的结售汇统计义务。

二、成员公司从所属企业集团财务公司借用国内外汇贷款时，可在该财务公司开立国内外汇贷款专用账户。

三、《国家外汇管理局关于实施国内外汇贷款外汇管理方式改革的通知》（汇发［2002］125号）第四条："一笔外汇贷款只能开立一个专用账户"，其含义为，一笔外汇贷款不能开立多个国内外汇贷款专用账户，但多笔外汇贷款可共用一个国内外汇贷款专用账户。

四、自本批复之日起，《国家外汇管理局关于实施国内外汇贷款外汇管理方式改革的通知》（汇发［2002］125号）第五条第一款："债务人偿还贷款本息时，应先使用自有外汇，不足部分方可购汇"的规定不再执行。

此复。

二〇一二年八月七日

国家外汇管理局综合司关于国内金融租赁公司办理融资租赁收取外币租金问题的批复

汇综复［2012］80号

国家外汇管理局上海市分局：

你分局《关于交银金融租赁有限责任公司SPV境内融资租赁收取外币租金问题的请示》（上海汇发［2012］70号）收悉。现批复如下：

一、经银行监管部门批准成立的金融租赁公司，或金融租赁公司按照《关于金融租赁公司在境内保税地区设立项目公司开展融资租赁业务有关问题的通知》（银监发［2010］2号）设立的融资租赁项目公司，如果其用以购买租赁物的资金50%以上来源于自身的国内外汇贷款或外币外债，可以按规定以外币形式收取租金。

二、金融租赁公司应参照《国家外汇管理局关于实施国内外汇贷款外汇管理方式改革的通知》（汇发［2002］125号）及相关文件办理债权人集中登记。承租人应凭出租人出具的支付外币租金的通知书和其他证明文件，自行到银行办理对出租人的租金支付和购汇手续。

三、金融租赁公司收取的外币租金收入，可以进入自身按规定在银行开立的外汇账户；超出偿还外币债务所需的部分，经外汇局核准后可以办理结汇。

四、融资租赁采用回租结构的，出租人应当以人民币形式向承租人支付租赁设备价款。

五、金融租赁公司或其融资租赁项目公司借用的国内外汇贷款或经批准借用的外债，不得结汇使用。

此复。

二〇一二年九月十九日

第三节　直接投资外汇管理

国家外汇管理局关于鼓励和引导民间投资健康发展有关外汇管理问题的通知

汇发［2012］33号

国家外汇管理局各省、自治区、直辖市分局、外汇管理部，深圳、大连、青岛、厦门、宁波市分局：

为进一步贯彻落实《国务院关于鼓励和引导民间投资健康发展的若干意见》（国发［2010］13号），鼓励和引导民间资本境外投资健康发展，现就完善境外投资促进和保障体系所涉外汇管理有关问题通知如下：

一、简化境外直接投资资金汇回管理

境内企业已汇出投资总额与注册资本差额部分的对外直接投资资金，经所在地外汇局登记后，可以直接汇回境内，无需办理减资、撤资登记手续。

二、简化境外放款外汇管理

放宽境外放款资金来源，允许境内企业使用境内外汇贷款进行境外放款。取消境外放款资金购付汇及汇回入账核准，境内企业开展境外放款业务，经所在地国家外汇管理局分局、外汇管理部核准放款额度并办理相关登记手续后，可直接到外汇指定银行办理境外放款专用账户资金收付。

三、适当放宽个人对外担保管理

为支持企业“走出去”，境内企业为境外投资企业境外融资提供对外担保时，允许境内个人作为共同担保人，以保证、抵押、质押及担保法规允许的其他方式，为同一笔债务提供担保。

境内个人应当委托同时提供担保的境内企业，向境内企业所在地外汇局提出担保申请。若外汇局按规定程序批准境内企业为此笔债务提供对外担保，则可在为企业办理对外担保登记的同时，为境内个人的对外担保办理登记。外汇局不对境内个人的资格条件、对外担保方式和担保财产范围等具体内容进行实质性审核。

外汇局在为境内企业办理对外担保登记时，可在该企业对外担保登记证明中同时注明境内个人为同一笔债务提供对外担保的情况。境内个人办理对外担保履约时，所在地外汇局凭履行债务的相关证明文件办理。

本通知自 2012 年 7 月 1 日起实施。《国家外汇管理局关于境内企业境外放款外汇管理有关问题的通知》（汇发［2009］24 号）、《国家外汇管理局关于发布〈境内机构境外直接投资外汇管理规定〉的通知》（汇发［2009］30 号）中相关规定与本通知不一致的，以本通知为准。

二〇一二年六月十一日

国家外汇管理局关于外商投资合伙企业外汇管理有关问题的通知

汇发［2012］58号

国家外汇管理局各省、自治区、直辖市分局、外汇管理部，深圳、大连、青岛、厦门、宁波市分局，各中资外汇指定银行：

为促进外商直接投资便利化，规范和完善外商投资合伙企业外汇管理，根据《中华人民共和国合伙企业法》、《外国企业或者个人在中国境内设立合伙企业管理办法》、《中华人民共和国外汇管理条例》等法律法规，现就外商投资合伙企业外汇管理有关问题通知如下：

一、本通知所称外商投资合伙企业是指2个以上外国企业或者个人（以下简称外国合伙人）依法在中国境内设立的合伙企业，以及外国合伙人与中国的自然人、法人和其他组织依法在中国境内设立的合伙企业。

二、国家外汇管理局及其分支机构（以下简称外汇局）依法负责对外商投资合伙企业外汇登记、外汇收支及资金汇兑等行为实施监督管理。

三、外商投资合伙企业应在领取企业登记机关颁发的营业执照后30日内，持以下材料向所在地外汇局申请办理外汇登记：

（一）经全体合伙人签署或者执行事务合伙人或指定代表签署的《外商投资合伙企业外汇登记申请表》（见附件）。

（二）营业执照和组织机构代码证（验原件留复印件）。

（三）包括外商投资合伙企业全部登记事项在内的加盖登记机关查询章的企业基本信息单或网络查询结果打印单（以下简称信息单）；

信息单中未显示合伙人出资情况的，还应当提交全体合伙人对各合伙人认缴或者实际缴付出资的确认书（以跨境人民币形式出资的，应注明人民币出资金额）。

（四）外汇局要求的其他材料。

外商投资合伙企业的分支机构不需另行办理外汇登记。

四、外国合伙人新入伙，或者通过受让原合伙人在合伙企业中的部分或者全部财产份额入伙，致使原合伙企业变为外商投资合伙企业的，应参照本通知第三条相关规定办理外汇登记。

五、外商投资合伙企业在企业登记机关的登记事项发生变更的，应自向企业登记机关办理变更登记之日起 30 日内，持以下材料向所在地外汇局申请办理外汇登记变更：

（一）经全体合伙人签署或者执行事务合伙人或指定代表签署的《外商投资合伙企业外汇登记申请表》（见附件）。

（二）涉及营业执照变更的，提交变更后的营业执照（验原件留复印件）。

（三）涉及信息单变更的，提交变更后的信息单。

合伙人增加或者减少对外商投资合伙企业出资且信息单中未显示出资变更情况的，还应当提交全体合伙人签署的或者合伙协议指定的人员签署的对该合伙人认缴或者实际缴付出资的确认书。

（四）外汇局要求的其他材料。

六、外商投资合伙企业解散并清算完毕后，清算人应在办理企业工商登记注销手续后 30 日内，持以下材料向所在地外汇局申请办理外汇登记注销手续：

（一）经全体合伙人签署或者执行事务合伙人或指定代表签署的书面申请及外汇登记凭证。

（二）全体合伙人签署的清算报告。

（三）外汇局要求的其他材料。

七、外国合伙人以外汇认缴出资的，外商投资合伙企业在办理外汇登记后，应持外汇登记凭证在外汇指定银行（以下简称银行）开立一个外商投资合伙企业外汇账户。该账户参照外商投资企业外汇资本金账户管理。

在外商投资合伙企业办理外汇登记前，外国合伙人确有需要汇入外汇出资的，可向外汇局申请开立一个外国投资者前期费用账户。

八、外国合伙人对外商投资合伙企业出资，应由外商投资合伙企业在所在地外汇局办理外方出资确认登记手续，登记所需材料参照外商投资企业外国投资者出资验资询证要求提供。

外商投资合伙企业未完整办理外方出资确认登记的，外国合伙人投入的资金不得在境内划转或结汇使用。

外国合伙人从外商投资合伙企业中因清算、减资、合伙财产份额转让、利润分配等所得，应在外商投资合伙企业完整办理外国合伙人出资确认登记后，才可用于对外付汇及境内再投资。

九、外商投资合伙企业向外国合伙人汇出其所得利润，应持以下材料向银行申请办理：

（一）经全体合伙人签署或者执行事务合伙人或指定代表签署的书面申请。

（二）全体合伙人按照《合伙企业法》规定形式及合伙协议约定的利润分配方式作出的利润分配决议。

（三）外国合伙人所得利润的税务证明。

（四）银行要求的其他材料。

银行在为外商投资合伙企业办理利润汇出前，应确认其已完成相应的外方出资确认登记手续，并查询和审核有关利润情况。

银行应在为外商投资合伙企业办理利润汇出的同时，向外汇局相关业务系统备案相关信息。

十、外国合伙人（含其合法继承人）以从外商投资合伙企业获得的利润或退伙、清算所得资金和转让合伙财产份额所得资金用于中国境内投资（包括增资或再投资）的，应持以下材料到外商投资合伙企业所在地外汇局办理登记：

（一）经全体合伙人签署或者执行事务合伙人或指定代表签署的书面申请。

（二）上述对应所得资金的来源证明材料及相应税务证明。

（三）再投资项目的营业执照、公司章程（或合伙协议书）。

（四）如再投资项目为外商投资企业，还应提供该企业的批文、批准证书、外汇登记凭证。

（五）外汇局要求的其他材料。

十一、外商投资合伙企业的境内合伙人汇出受让外国合伙人财产份额对价款，境内合伙人应在合伙企业所在地外汇局办理登记变更后，凭相应税务证明和外汇登记信息，到境内合伙人所在地银行办理购付汇手续。

十二、外国合伙人受让境内合伙人的出资额入伙的，外商投资合伙企业应在所在地外汇局办理外汇登记变更手续，原境内合伙人根据外汇登记信息直接到银行开立境内资产变现专用外汇账户，用于接收外国合伙人支付的对价。该账户内外汇资金结汇按照现行外汇管理有关规定办理。

十三、外商投资合伙企业向外国合伙人汇出其退伙资金或者清算所得资金，应在所在地外汇局办理相应外汇登记变更或注销后，凭相应税务证明和外汇登记信息，到银行办理购付汇手续。

十四、外汇局为外商投资合伙企业或其合伙人办理外汇管理业务，应当通过外汇局相关业务系统办理。

银行为外商投资合伙企业开立资本项目账户、办理资金入账、结售汇、关闭账户等业务时，应在业务办理当日通过外汇局相关业务系统及时、准确地办理备案或信息反馈。

外国合伙人及外商投资合伙企业的相关涉外收支，应当按照国际收支统计申报的有关规定办理国际收支统计申报。

十五、外商投资合伙企业应参照普通外商投资企业参加外汇年检。

本通知未明确的外商投资合伙企业外汇管理事项，参照普通外商投资企业外汇管理相关规定办理。

十六、外商投资合伙企业、银行未按本通知规定办理外汇业务，外汇局根据《中华人民共和国外汇管理条例》等相关规定予以处罚。

十七、香港特别行政区、澳门特别行政区和台湾地区的企业或者个人在内地设立合伙企业，参照本通知规定执行。

十八、外国合伙人在中国境内设立的以投资为主要业务的外商投资合伙企业的其他外汇管理问题另行规定。

本通知自 2012 年 12 月 17 日起实施。各分局、外汇管理部接到本通知后，应及时转发辖内各中心支局、支局、城市商业银行、农村商业银行、外资银行、农村合作银行；各中资银行应及时转发所辖分支机构。

附件：外商投资合伙企业外汇登记申请表（内容详见光盘）

二〇一二年十一月十九日

附：

完善合伙企业外汇管理　促进外商直接投资便利化

国家外汇管理局新闻稿　2012 年 11 月 21 日

为规范和完善外商投资合伙企业外汇管理，促进外商直接投资便利化，日前，国家外汇管理局发布《国家外汇管理局关于外商投资合伙企业外汇管理有关问题的通知》（汇发［2012］58 号，以下简称《通知》）。《通知》自 2012 年 12 月 17 日起实施。

《通知》在整合近年来外商来华直接投资外汇管理政策的基础上，对外商投资合伙企业外汇管理的相关问题进行了明确和规范，主要包括以下内容：

一是大幅简化管理流程，便利外商投资合伙企业投资。外商投资合伙企业所涉外汇管理以登记为主，外商投资合伙企业完成必要的外汇登记和出资确认手续后，可直接到银行办理外汇账户开立、资金购付汇等相关外汇业务。

二是简化和规范外汇登记和外汇账户管理。将外商投资合伙企业外汇登记事项标准化、格式化，简化相关申请材料，并明确外商投资合伙企业设立、经营所涉外汇账户的管理。

三是规范外国合伙人出资确认登记。外国投资者须在完成出资确认登记手续后，才能办理后续相关外汇业务。

四是提升监管手段，有效防范风险。银行办理相关业务时，要通过外汇局相关业务系统查询登记信息，并及时、准确地向外汇局备案或反馈信息。

《通知》的出台，是国家外汇管理局促进投资便利化和加强风险管理相结合的有益探索，也是转变外汇管理理念与方式的重要内容，在提升风险管理水平的同时，更好地服务于实体经济发展。

国家外汇管理局关于进一步改进和调整直接投资外汇管理政策的通知

汇发［2012］59 号

国家外汇管理局各省、自治区、直辖市分局、外汇管理部，深圳、大连、青岛、厦门、宁波市分局，各中资外汇指定银行：

为深化外汇管理体制改革，简化行政审批程序，促进投资贸易便利化，国家外汇管理局决定改进直接投资外汇管理方式，取消和调整部分直接投资外汇管理行政许可项目。现就有关问题通知如下：

一、取消直接投资项下外汇账户开立及入账核准

（一）取消前期费用外汇账户、外汇资本金账户、资产变现账户、保证金账户的开户核准，由银行根据外汇局相关业务系统登记信息为开户主体办理开户手续。

前期费用外汇账户用于存放外国投资者在境内从事与直接投资活动相关的各类前期费用。取消该账户结汇核准，由银行参照资本金结汇相关规定办理。取消原外国投资者专用外汇账户（收购类、保证类、投资类、费用类）。

保证金账户包括境外汇入保证金专用账户和境内划入保证金专用账户。境内主体确有收取与直接投资相关保证金需求的，可以开立上述账户分别存放从境外汇入的外汇保证金和境内划入的外汇保证金。保证金账户内资金不得结汇。取消原外国投资者竞标土地使用权的保证类专用外汇账户、外国投

资者产权交易专用外汇保证金账户。

资产变现账户包括境内资产变现账户和境外资产变现账户，分别存放境内主体出售境内或境外资产权益所得外汇。

（二）取消资产变现账户、境外放款专用账户入账核准，由银行根据外汇局相关业务系统登记信息为开户主体办理资金入账手续。

（三）取消异地开立外汇资本金账户、资产变现账户的限制。以外商投资企业为主体设定资本金流入限额，取消外汇资本金账户开户数量的限制，取消单个外汇资本金账户的流入限额。

二、取消外国投资者境内合法所得再投资核准

（一）取消外商投资企业以属于外国投资者的资本公积金、盈余公积金、未分配利润等合法所得以及外商投资企业已登记外债（可含利息）转增企业注册资本核准，会计师事务所可根据被投资企业相关外汇登记信息为其办理验资询证手续。

（二）取消外国投资者以境内利润、股权转让、减资、清算、先行回收投资等合法所得再投资核准，会计师事务所可根据被投资企业相关外汇登记信息为其办理验资询证手续。

三、简化外商投资性公司境内再投资外汇管理

（一）取消外商投资性公司境内再投资企业的外汇登记手续。外商投资性公司与外国投资者共同出资的，被投资企业仍需办理外汇登记手续，外商投资性公司视为中方股东登记。

（二）取消外商投资性公司境内投资款划拨核准及外商投资性公司所投资企业将其外汇利润、股息及红利境内划转给外商投资性公司核准，银行按规定审核企业提交的真实性证明材料后，为其办理资金境内划转手续，并在外汇局相关业务系统中及时备案。

（三）取消外商投资性公司境内出资的外汇局验资询证手续。外商投资性公司与外国投资者共同出资的，外国投资者的出资仍需在外汇局办理验资询证手续。

（四）境内企业接收外商投资性公司以及其他境内主体的外汇出资，应到所在地外汇局办理境内机构接收境内再投资外汇信息登记手续，银行根据外汇局登记信息为其开立境内再投资专用账户，账户内资金参照外商投资企业外汇资本金管理。

（五）外商投资创业投资企业、外商投资股权投资企业等以投资为主要业务的外商投资企业上述业务参照外商投资性公司管理。

四、简化外商投资企业验资询证手续

（一）取消会计师事务所向外汇局验资询证时提交纸质材料的要求，调整为通过外汇局相关业务系统报送电子申请材料，会计师事务所可根据外汇局相关业务系统中的确认回函作为验资询证的依据。会计师事务所应就外商投资企业在外汇局登记的各类外国投资者出资全额办理验资询证手续。

（二）取消外商投资企业外国投资者减资验资询证，会计师事务所以外汇局减资外汇登记信息作为出资确认信息。

五、简化外国投资者收购中方股权外资外汇登记手续

外国投资者采取从境外汇入形式支付全部股权转让价款的，银行办理境内资产变现账户资金入账备案后，外汇局通过相关业务系统自动完成外国投资者收购中方股权出资确认登记。

外国投资者采取其他非货币形式支付部分或者全部股权转让对价的，发生股权变更的企业应至所在地外汇局申请办理外国投资者收购中方股权出资确认登记。

六、取消直接投资项下购汇及对外支付核准

（一）取消外商投资企业减资、清算、先行回收投资所得支付给外国投资者的购汇及对外支付核准，银行根据外汇局相关业务系统中的登记信息为外商投资企业办理购汇及对外支付手续。

（二）取消境内机构或个人购买外商投资企业外方股权对外支付股权转

让价款的购汇及对外支付核准，银行根据外汇局相关业务系统中的登记信息为境内机构或个人办理购汇及对外支付手续。

（三）取消境内机构向境外汇出境外投资前期费用核准，银行根据外汇局相关业务系统中的登记信息为境内机构办理境外投资前期费用购汇及对外支付手续。

（四）取消境外机构设立的境内分支、代表机构及境外个人转让境内商品房的外汇局购付汇核准，银行审核相关材料后，可为其办理购汇及对外支付手续。

（五）取消境外放款专用账户资金汇出核准，银行根据外汇局相关业务系统中的登记信息为境内机构办理境外放款购汇及对外支付手续。

（六）取消上述业务的异地购汇及对外支付限制。

七、取消直接投资项下境内外汇划转核准

（一）取消前期费用外汇账户资金因直接投资而发生的境内外汇划转核准；取消直接投资项下境内外汇资金因投资、交易、运作等资本项目交易目的所发生的其他境内外汇划转核准。

（二）发生涉及以下直接投资项下外汇账户境内资金划转的，银行应按本通知附件 2 审核相关材料后办理划转手续。

1. 前期费用外汇账户；

2. 外汇资本金账户；

3. 境内资产变现账户；

4. 境外资产变现账户；

5. 境外汇入保证金专用账户；

6. 境内划入保证金专用账户；

7. 境内再投资专用账户。

八、进一步放宽境外放款管理

（一）扩大境外放款资金来源，允许境内主体以国内外汇贷款对外放款。

（二）放宽境外放款条件限制，允许外商投资企业向其境外母公司放款，放款额度不得超过该外国投资者已分配未汇出利润以及按比例享有的未分配利润之和。

九、改进外商投资企业外汇资本金结汇管理

（一）根据《国家外汇管理局综合司关于完善外商投资企业外汇资本金支付结汇管理有关业务操作问题的补充通知》（汇综发［2011］88 号，以下简称 88 号文）实施资本金结汇发票核查的地区，银行可不再按月上报《提供收据、缴款通知书等相关凭证办理资本金结汇月报表》、《提供税务机关发票真伪鉴别证明材料办理资本金结汇月报表》、《结汇后退货、撤销交易、作废发票等情况月报表》，改由银行通过外汇局相关业务系统逐笔备案。

（二）取消特殊结汇事项的外汇局事前备案手续。外商投资企业存在现行法规未明确规定但符合经营范围内真实、自用原则的支付需求，银行审查后可以为其办理结汇及支付手续，并应通过外汇局相关业务系统逐笔专项备案。

十、提高银行办理直接投资项下外汇业务的合规意识

（一）银行应严格按照本通知及所附操作指引的要求，认真审核相关材料，办理直接投资项下各项业务。

（二）银行应在办理直接投资项下各类外汇账户的开立和关闭、资金的入账、结汇、购付汇、划转等各项业务当日，在外汇局相关业务系统中即时备案。对于未按规定及时、准确在外汇局相关业务系统中备案的银行，外汇局可将其上述业务办理方式由事后备案调整为事前核准。

（三）银行违反本通知及其他外汇管理相关规定的，由外汇局依据《中华人民共和国外汇管理条例》等相关法规予以处罚。

十一、其他事项

（一）取消本通知发布前银行、企业需向所在地外汇局报送以及外汇局各分局需向总局报送的所有直接投资项下各类报表。

（二）本通知实施后，现有直接投资项下各类业务衔接及账户数据迁移等问题应按照附件 4 的原则办理。

（三）《国家外汇管理局综合司关于印发〈资本项目外汇管理业务操作规程（2009 年版）〉的通知》（汇综发［2009］77 号）及《国家外汇管理局关于发布〈国家外汇管理局行政许可项目表〉的通知》（汇发［2010］43 号）中直接投资项下具体业务名称、办理依据、办理期限、实施机关、需提供的申请材料等内容与本通知不一致的，按本通知执行。

本通知自 2012 年 12 月 17 日起实施，以前规定与本通知不符的，以本通知为准。请各分局尽快将本通知转发至辖内中心支局、支局和辖内银行；各中资银行尽快将本通知转发至分支机构。执行中如遇问题，请及时向国家外汇管理局资本项目管理司反馈。

附件：1. 资本项目直接投资外汇业务操作规程（外汇局版）（内容详见光盘）
2. 资本项目直接投资外汇业务操作指引（银行版）（内容详见光盘）
3. 资本项目直接投资外汇业务申请表（内容详见光盘）
4. 历史业务和直接投资系统数据的过渡和迁移方案（内容详见光盘）
5. 废止法规目录（内容详见光盘）

二〇一二年十一月十九日

附 1：

简化直接投资外汇管理　促进贸易投资便利化

国家外汇管理局新闻稿　2012 年 11 月 21 日

为进一步促进贸易投资便利化，日前，国家外汇管理局发布了《国家外汇管理局关于进一步改进和调整直接投资外汇管理政策的通知》（汇发［2012］59 号，以下简称《通知》），简化直接投资外汇管理。《通知》自 2012 年 12 月 17 日起实施。

《通知》主要包括以下三方面内容：

一是取消部分直接投资项下管理环节。取消直接投资相关账户开立、入账、结汇以及购付汇核准；取消直接投资常规业务的境内外汇划转核准；取消外国投资者境内合法所得再投资核准；取消减资验资询证；取消外商投资性公司境内再投资的外汇登记及验资询证。

二是进一步简化现有管理程序。简化直接投资项下外汇账户类型；简化资本金结汇管理程序；简化外商投资企业验资询证及转股收汇外资外汇登记程序；大幅简化审核材料、缩短办理时限。

三是进一步放松直接投资项下资金运用的限制。放宽直接投资项下外汇账户开立个数及异地开户限制；放宽直接投资项下异地购付汇限制；放宽境外放款资金来源及放款主体资格限制，允许境内主体以国内外汇贷款对外放款，允许外商投资企业向其境外母公司放款。

简化直接投资外汇管理，是国家外汇管理局认真贯彻落实国务院深化行政审批制度改革要求、转变外汇管理理念和方式的重要举措。《通知》的发布，共取消了 35 项行政审核，简化合并了 14 项行政审核，大大减少了直接投资项下行政许可事项，有利于降低社会成本，进一步促进贸易投资便利化，服务实体经济发展。

附 2：

国家外汇管理局有关负责人就直接投资外汇管理政策调整相关问题答记者问

国家外汇管理局新闻稿　2012 年 11 月 21 日

2012 年 11 月，国家外汇管理局发布《国家外汇管理局关于进一步改进和调整直接投资外汇管理政策的通知》（汇发［2012］59 号，以下简称《通知》），自 2012 年 12 月 17 日起进一步改进直接投资外汇管理方式，大幅简化事前审批事项，强化事后管理与统计监测工作。日前，国家外汇管理局有关负责人就相关问题接受了记者采访。

问：外汇局进行直接投资外汇管理政策调整的主要考虑是什么？

答：这些年来，外汇局不断深入推进外汇管理领域的行政审批制度改革工作，清理法规，简政放权。目前，在直接投资项下已基本实现了可兑换，直接投资项下绝大部分跨境资金收付与汇兑无严格限制。但由于现行的外商直接投资外汇管理框架建立于 1994 年汇率并轨及 1996 年外商投资企业纳入银行结售汇体系后，在具体的管理环节、管理流程上仍有进一步简化、优化的空间。

今年以来，外汇局对直接投资外汇管理相关政策和具体管理流程进行了深入研究，并于近期正式推出《国家外汇管理局关于进一步改进和调整直接投资外汇管理政策的通知》，旨在通过大力缩减事前审批环节，实现以登记为主的外商直接投资外汇管理方式，在提升防范风险手段的同时，提高投资便利化程度，更好地服务于实体经济。

问：直接投资外汇管理政策调整的基本原则是什么？

答：此次直接投资外汇管理政策调整遵循了以下基本原则：

一是登记原则，取消了大部分常规性业务的事前核准，通过登记方式设定外商投资企业跨境资金流动与汇兑额度，银行主要依据外汇局相关业务系统登记信息为企业办理跨境收支与汇兑业务。

二是便利化原则，大幅取消或简化归并现有的管理环节，简化企业申请材料，以统一的标准化格式申请表取代现行业务申请书，简化流程，降低成本。

三是风险可控原则，通过外汇局相关业务系统全面采集与直接投资全流程有关的资金流出入、汇兑以及境内划转数据，进一步强化事后核查以及统计分析预警机制，增强外汇管理的有效性及风险防范能力。

问：直接投资外汇管理政策调整的主要内容有哪些？

答：为切实提高直接投资便利化程度，本次政策调整主要包括以下三方面内容：

一是取消部分直接投资项下管理环节。取消直接投资相关账户开立、入账、结汇以及购付汇核准；取消直接投资常规业务的境内外汇划转核准；取消外国投资者境内合法所得再投资核准；取消减资验资询证；取消外商投资性公司境内再投资的外汇登记及验资询证。

二是进一步简化现有管理程序。简化直接投资项下外汇账户类型；简化资本金结汇管理程序；简化外商投资企业验资询证及转股收汇外资外汇登记程序；大幅简化审核材料、缩短办理时限。

三是进一步放松直接投资项下资金运用的限制。放宽直接投资项下外汇账户开立个数及异地开户限制；放宽直接投资项下异地购付汇限制；放宽境外放款资金来源及放款主体资格限制，允许境内主体以国内外汇贷款对外放款，允许外商投资企业向其境外母公司放款。

问：请简要介绍本次政策调整后外商直接投资的外汇管理流程？

答：此次政策调整后，直接投资外汇管理流程得到大幅简化并优化。根据《通知》，外国投资者在设立外商投资企业前，到外汇局进行主体信息或者相应信息的登记后，即可在银行开立外汇账户，在登记的可流入额度范围内汇入外汇资金，开展直接投资相关的前期活动。在外商投资企业设立、运营及结束阶段，外商投资企业在获得主管部门批准后，及时到外汇局办理了相应外汇登记（如新设登记、变更登记、注销登记等）手续，即可直接在银行办理外汇账户开立、资金划转、资金购付汇等相关手续。银行凭外汇局相关业务系统中的外汇登记信息为企业办理相关外汇业务，并在办理完毕后及时、准确地在系统中备案。

问：《通知》对外商投资企业境内再投资外汇管理进行了哪些调整？

答：《通知》对外商投资企业境内再投资的政策调整主要包括两方面：

一是取消外国投资者以其境内合法所得进行投资的有关核准手续。外商投资性公司和外国投资者以境内合法所得转增资、再投资的，由被投资企业在外汇局办理外汇登记后，银行凭外汇局登记信息为企业办理所涉资金划转，会计师事务所也可凭登记信息为企业办理验资询证手续。

二是简化外商投资性公司境内再投资管理。《通知》取消了外商投资性公司境内投资款划拨的外汇局核准手续和所设全资附属企业的验资询证要求，外商投资性公司境内再投资设立全资附属企业的，被投资企业在外汇局办理境内机构接收境内再投资外汇信息登记后，即可由银行凭登记信息为其开立境内再投资专用账户，账户内资金参照外商投资企业外汇资本金管理。

问：本次直接投资外汇管理政策调整在验资询证方面有哪些变化？

答：作为外国投资者出资权益确认不可或缺的手续，目前验资询证的程序为：会计师事务所在向银行询证后，持银行出具的信息到外汇局询证，外汇局核对无误后出具询证回函，会计师事务所凭此为企业出具验资报告。《通知》取消了会计师事务所申请办理外汇局验资询证手续时提交纸质材料的要求，调整为会计师事务所直接通过业务系统报送电子申请材料，会计师事务所可凭外汇局网上回函意见作为验资询证的依据；取消外商投资企业外国投资者减资验资询证，会计师事务可凭外汇局登记信息作为验资询证的依据。由此，验资询证全部实现了网上办理，会计师事务所无需到外汇局现场询证，大大便利了验资询证手续。

问：本次直接投资外汇管理政策调整对外国投资者收购中方股权的程序进行了哪些简化？

答：根据《通知》，企业办理外国投资者收购中方股权业务时，无需进行境内资产变现账户的开立核准和资金入账核准；对于外国投资者从境外汇入外汇支付全部股权转让价款的，企业无需到外汇局现场办理外国投资者收购中方股权外资外汇登记手续。银行办理境内资产变现账户资金入账备案后，外汇局相关信息系统自动完成外国投资者收购中方股权出资确认登记。

问：本次直接投资外汇管理政策调整后，直接投资项下外汇账户有何变化？

答：《通知》对直接投资项下外汇账户进行了梳理和优化，调整后，直接投资项下外汇账户主要包括：前期费用外汇账户（用于存放外国投资者在境内从事与直接投资活动相关的各类前期费用）、外汇资本金账户（用于存放外商投资企业外汇资本金）、境外汇入保证金专用账户和境内划入保证金专用账户（分别用于存放从境外汇入的外汇保证金和境内划入的外汇保证金）、境内资产变现账户和境外资产变现账户（分别用于存放境内主体出售境内或境外资产权益所得外汇）、境内再投资专用账户（用于存放接收境内再投资的外汇资金）。

问：本次直接投资外汇管理政策调整后，外汇局将如何实现对外商投资企业的管理和相关数据统计？

答：本次直接投资外汇管理政策调整后，直接投资外汇管理以外商来华直接投资基本信息登记和外国投资者权益确认登记为核心，通过登记设定外商投资企业外汇资金流入限额以及相应的结汇条件，由银行查询外汇局相关登记信息后直接为企业办理。银行办理业务后通过外汇局相关业务系统反馈相关跨境资金流动和汇兑信息供外汇局开展事后核查监测。管理流程的优化，既能进一步促进直接投资便利化、保障企业经营自主权，又能有效提高外汇管理效率。

在减少事前审批事项的同时，外汇局进一步健全了包括综合分析、非现场监测、现场核查、分类监管等为主要内容的直接投资外汇业务非现场监管机制，强化了对银行和企业办理直接投资业务整个流程的合规性与备案信息反馈的要求。这样有利于外汇局集中精力做好统计监测和分析预警工作，更好地把握跨境资金流动态势、有效防范和应对宏观金融风险。

问：请简要介绍本次直接投资外汇管理政策调整后银行在办理直接投资相关外汇业务的职责？

答：政策调整后，银行在办理直接投资相关外汇业务的职责主要有两项：一是业务的合规性审核；二是就相关业务办理的数据和信息进行备案。

银行在办理业务合规性审核时，主要以外汇局登记信息确定的收付汇及结售汇额度为基础，同时也需依据真实性原则审核完税凭证等证明材料。为了便于银行办理业务合规性审核，我们在《通知》中后附了操作指引，银行业务人员可按照操作指引的要求，办理业务的合规性审核。

国家外汇管理局关于中国石化财务有限责任公司上线运行直接投资外汇管理信息系统的批复

汇复［2012］131号

国家外汇管理局北京外汇管理部：

你管理部《关于中国石化财务有限责任公司申请开通直接投资外汇管理信息系统有关问题的请示》（京汇［2012］123号）收悉。现批复如下：

一、同意中国石化财务有限责任公司（以下简称中国石化财务公司）参照《国家外汇管理局关于直接投资外汇业务信息系统全国推广上线准备事宜的通知》（汇发［2008］13号）和《国家外汇管理局综合司关于开展直接投资外汇管理信息系统应用门户整合推广工作的通知》（汇综发［2011］41号）对外汇指定银行的相关要求和标准，接入国家外汇管理局应用服务平台的直接投资外汇管理信息系统（以下简称直接投资系统）。

二、中国石化财务公司应严格参照汇发［2008］13号和汇综发［2011］41号文件的有关规定及国家外汇管理局应用服务平台、直接投资系统操作指引对外汇指定银行的各项要求和标准，及时通过直接投资系统银行端业务功能为其集团成员公司办理相关的直接投资项下外汇业务和反馈相应的业务数据，并接受你管理部的日常监管。

三、今后，其他企业集团财务公司满足汇发［2008］13号和汇综发［2011］41号文件的相应要求，并具备结售汇业务资格等条件，因实际业务需要申请接入直接投资系统的，应参照外汇指定银行，首先向所在地国家外汇管理局分局、外汇管理部（以下简称分局）标准主管部门申领金融机构代码及标识码，其接入工作可由所在地分局资本项目管理部门牵头办理。

所在地分局同意企业集团财务公司接入直接投资系统的，应将批复于5个工作日内向国家外汇管理局资本项目管理司和科技司报备。

此复。

二〇一二年七月二十七日

国家外汇管理局综合司关于进一步做好2012年外商投资企业外汇年检工作有关问题的通知

汇综发［2012］19号

国家外汇管理局各省、自治区、直辖市分局、外汇管理部，深圳、大连、青岛、厦门、宁波市分局：

为进一步做好2012年外商投资企业外汇年检（以下简称年检）工作，现就有关事项通知如下：

一、为进一步简化外商投资企业参检手续，提高外商投资企业年检工作效率，2012年外商投资企业年检工作将继续鼓励外商投资企业通过注册会计师事务所办理年检数据报送手续，提倡“谁审计、谁报送”的年检方式。

二、2012年外商投资企业年检信息包括2011年底外商投资企业联合年检（外汇部分）信息登记表、经审核的2011年度外商投资企业外方权益确认表、2011年末资产负债表、2011年度利润表以及2011年度审核报告。其中外商投资企业外方权益确认表取代原外汇收支情况表，表样及填表说明见附件1。该表仍由企业填写，注册会计师审核。相关财务报表格式按现行企业会计制度的要求填报。对于通过注册会计师事务所代申报年检信息的企业，外汇局可暂不要求其提供纸质材料。

2012年外商投资企业联合年检报告书（外汇部分）已改用外商投资企业外方权益确认表，参检企业或代申报的注册会计师事务所可直接登陆外汇局直接投资外汇管理信息系统（以下简称直投系统），或由商务部联合年检网站链接至外汇局直投系统填报上述信息。相关信息将由我局数据交换至商务主管部门，参检企业或代申报的注册会计师事务所无需在商务部联合年检系统中重复报送外汇部分数据。

三、各分局、外汇管理部（以下简称各分局）应认真做好年检部门协作与相关准备工作。在年检过程中应注意加强与所在地商务主管部门、工商行政管理部门的沟通配合，年检开始前各分局应将已在工商行政管理部门办理注销的企业在直投系统中的状态设置为暂停并催促企业前来外汇局办理注销手续，该部分企业将不纳入应参检企业底数。年检结束后应与上述部门及时交换未参加或未通过年检的企业名单。

各分局应采取有效措施增加企业自觉参检意识，在直投系统中及时将未参检企业设置为业务暂停状态，并将其作为后续非现场核查重点监测对象，未参检企业名单及核查情况应报国家外汇管理局资本项目管理司。

四、各分局应继续做好年检数据质量的控制工作，进一步提高年检工作与日常监管工作的结合程度。针对年检报表形式调整，各分局应加强相关宣传和培训工作，提高年检人员业务水平，努力探索利用年检数据做好非现场核查的有益方式和方法。对于年检中发现的各类违反外汇管理法规的行为，所在地外汇局应依法查处。

各分局应认真做好以跨境人民币出资企业的年检工作，逐一核对外汇局登记、银行流入备案以及注册会计师事务所验资信息的一致性，准确掌握辖内已发生的跨境人民币直接投资规模，并督促企业和银行做好补登记及数据补录工作。

五、各分局应高度重视年检中的信息调研与分析预警工作，结合辖内利用外资实际状况开展相关调研，并及时上报调研成果。

各分局应重点分析辖内外商投资企业利润产生、处置及经营期限（存续周期）情况，掌握辖内外商投资企业外方投资者权益状况及已分配未汇出利润的实际规模。重点关注辖内已办理股权转让或注销登记但尚未发生跨境资金支付的实际规模。各分局应重点关注房地产、各类服务业、农业以及担保、小额信贷等类金融外商投资企业的外汇收支及结汇情况，进行资本金结汇用途及合规性的专题分析。辖内返程投资业务量较大的分局，应全面分析和掌握辖内返程投资企业的资本流入规模、领域以及合规状况。

六、为引导各分局进一步明确年检工作重点，提高年检工作绩效，国家外汇管理局资本项目管理司对原有年检考核办法进行了修订，制定了

《2012年外商投资企业外汇年检考核办法》（见附件2），请各分局遵照执行。

七、其他年检未尽事宜，各分局应按照《国家外汇管理局综合司关于进一步做好2011年外商投资企业外汇年检工作有关问题的通知》（汇综发［2011］25号）和《商务部、财政部、税务总局、工商总局、统计局、外汇局关于开展2012年外商投资企业联合年检工作的通知》（商资函［2012］98号）等文件执行。

八、各分局收到本通知后，应及时转发辖内中心支局和支局。年检中如遇到问题，请及时向国家外汇管理局资本项目管理司反馈。

特此通知。

附件：1. 外商投资企业外方权益确认表

2. 2012年外商投资企业外汇年检工作考核办法

二〇一二年三月十五日

附件1：

外商投资企业外方权益确认表

编制单位：	填报时间：　　年　　月　　日	
组织机构代码：		单位：人民币元
指　　标	期初数	期末数
一、外方投资者实际出资额		
其中：外方实到注册资本		
二、外方享有的公积金及留存收益额		
2.1　资本公积		
2.2　盈余公积		
2.3　未分配利润		
三、已分配但尚未汇出的外方股利		
四、外汇账户余额（含经常项目及资本项目）		
附注：		
1. 本年度已汇出外方利润金额为：______元		
2. 对外担保本年新增担保金额______美元，本年减少担保金额______美元，年末余额______美元		

填表说明：

1. “外方投资者实际出资金额”：截至2011年底包括外国投资者投入外汇、跨境人民币、无形资产、实物等各类形式的出资资本及购买中方股权形成的外国资本，以及企业以应付外方股东利润、企业资本公积、盈余公积、未分配利润和已登记外债（可含利润）转增的资本，以及吸收的投资性外商投资企业境内投资额。外方溢折价投入的资本也记入本项目。

数据来源为：企业验资报告。

2. “其中：外方实到注册资本”：外方投资者实际出资部分中计入注册资本部分金额。

数据来源为：企业验资报告。

3.“外方享有的公积金及留存收益额”：按股权或约定比例计算外方所有的资本公积、盈余公积和未分配利润等。

数据来源为：经审计的资产负债表中“所有者权益”栏的“资本公积/盈余公积/未分配利润”数乘以外方所占的股权或者约定比例。

4.“已分配但尚未汇出的外方股利”：企业已宣告分配但尚未支付给外方的股利。

数据来源为：企业台账。

5.“外汇账户余额（含经常项目及资本项目）”：截至 2011 年底企业在外汇指定银行的外币存款合计数。

数据来源为：外汇账户的余额对账单。

6.“本年度已汇出外方利润金额”：企业当年已支付给外方的股利金额。

数据来源为：企业台账。

7.“对外担保本年新增担保金额”：经外汇局核准的向境外机构提供的对外担保数。

数据来源为：企业台账。

8. 本表的填报币种为人民币元（除对外担保金额外），折算汇率可参照后附汇率折算表。

9. 表中所有项目均为必填，为零的须填写“0”，不能为空白。

各种货币对美元和人民币折算率表一

制表单位：国家外汇管理局　　　　有效期限：2011 年 12 月

货币名称		货币单位	对美元折算率	对人民币折算率	货币名称		货币单位	对美元折算率	对人民币折算率
ASF	记账瑞士法郎	1 记账瑞士法郎	0. 8553	5. 41943	KZT	哈萨克斯坦坚戈	1 坚戈	0. 0068	0. 0430
AUD	澳大利亚元	1 元	0. 9692	6. 14085	MOP	澳门元	1 元	0. 1247	0. 7900
BRL	巴西雷亚尔	1 雷亚尔	0. 5270	3. 33913	MXN	墨西哥比索	1 比索	0. 0705	0. 4466
CAD	加拿大元	1 元	0. 9544	6. 04695	MYR	马来西亚林吉特	1 林吉特	0. 3134	1. 9859
CHF	瑞士法郎	1 法郎	1. 0854	6. 87722	NOK	挪威克朗	1 克朗	0. 1698	1. 0761
USD	美元	1 美元	1. 0000	6. 33600	NPR	尼泊尔卢比	1 卢比	0. 0121	0. 0765
CZK	捷克克朗	1 克朗	0. 0518	0. 32808	NZD	新西兰元	1 元	0. 7417	4. 6994
DKK	丹麦克朗	1 克朗	0. 1792	1. 13547	PHP	菲律宾比索	1 比索	0. 0228	0. 1447
EUR	欧元	1 欧元	1. 3319	8. 43892	PKR	巴基斯坦卢比	1 卢比	0. 0114	0. 0723
GBP	英镑	1 镑	1. 5467	9. 79989	RUB	俄罗斯卢布	1 卢布	0. 0318	0. 2012
HKD	港元	1 元	0. 1283	0. 81290	SDR	特别提款权	1 特别提款权	1. 5562	9. 8601
IDR	印度尼西亚卢比	1 卢比	0. 0001	0. 00070	SEK	瑞典克朗	1 克朗	0. 1439	0. 9120
INR	印度卢比	1 卢比	0. 0192	0. 12196	SGD	新加坡元	1 元	0. 7638	4. 8392
IRR	伊朗里亚尔	1 里亚尔	0. 0001	0. 00058	THB	泰国铢	1 铢	0. 0321	0. 2032
JOD	约旦第纳尔	1 第纳尔	1. 4124	8. 94915	TRY	土耳其里拉	1 里拉	0. 5350	3. 3895
JPY	日本元	1 元	0. 0129	0. 08195	TWD	台湾元	1 元	0. 0328	0. 2079
KRW	韩元	1 元	0. 0009	0. 00546	TZS	坦桑尼亚先令	1 先令	0. 0006	0. 0037
KWD	科威特第纳尔	1 第纳尔	3. 6170	22. 91750	ZAR	南非兰特	1 兰特	0. 1174	0. 7437

注：本表仅供统计使用。

各种货币对美元和人民币折算率表二

制表单位：国家外汇管理局　　　　有效期限：2010 年 12 月

货币名称		货币单位	对美元折算率	对人民币折算率	货币名称		货币单位	对美元折算率	对人民币折算率
ASF	记账瑞士法郎	1 记账瑞士法郎	07921	5. 2785	KWD	科威特第纳尔	1 第纳尔	3. 5590	23. 7156
AUD	澳大利亚元	1 元	0. 9801	6. 5310	MOP	澳门元	1 元	0. 1253	0. 8347
BRL	巴西雷亚尔	1 雷亚尔	0. 5764	3. 38411	MXN	墨西哥比索	1 比索	0. 0804	0. 5357
CAD	加拿大元	1 元	0. 9833	6. 5522	MYR	马来西亚林吉特	1 林吉特	0. 3197	2. 1303
CHF	瑞士法郎	1 法郎	1. 0052	6. 6984	NOK	挪威克朗	1 克朗	0. 1644	1. 0954
USD	美元	1 美元	1. 0000	6. 6636	NPR	尼泊尔卢比	1 卢比	0. 0138	0. 0920
DKK	丹麦克朗	1 克朗	0. 1798	1. 1984	NZD	新西兰元	1 元	0. 7631	5. 0850
EUR	欧元	1 欧元	1. 3405	8. 9326	PHP	菲律宾比索	1 比索	0. 0227	0. 1512
GBP	英镑	1 镑	1. 5825	10. 5451	PKR	巴基斯坦卢比	1 卢比	0. 0117	0. 0780
HKD	港元	1 元	0. 1289	0. 8589	RUB	俄罗斯卢布	1 卢布	0. 0319	0. 2124
IDR	印度尼西亚卢比	1 卢比	0. 0001	0. 0007	SDR	特别提款权	1 特别提款权	1. 5520	10. 3422
INR	印度卢比	1 卢比	0. 0219	0. 1461	SEK	瑞典克朗	1 克朗	0. 1437	0. 9578
IRR	伊朗里亚尔	1 里亚尔	0. 0001	0. 0006	SGD	新加坡元	1 元	0. 7634	5. 0871
JOD	约旦第纳尔	1 第纳尔	1. 4144	9. 4252	THB	泰国铢	1 铢	0. 0333	0. 2217
JPY	日本元	1 元	0. 0120	0. 0802	TRY	台湾元	1 元	0. 0329	0. 2189
KRW	韩元	1 元	0. 0009	0. 0058	TWD	坦桑尼亚先令	1 先令	0. 0007	0. 0045

注：本表仅供统计使用。

附件 2：

2012 年外商投资企业外汇年检工作考核办法

为促进各级外汇局科学、有序地开展外商投资企业外汇年检工作，提升年检数据统计监测与分析预警的水平与质量，提高年检工作效率，特制定此考核办法。

一、考核对象

国家外汇管理局各分局（外汇管理部）外商投资企业外汇年检工作。

二、考核时间

截至 2012 年 11 月 30 日前，考核各分局（外汇管理部）2012 年外商投资企业外汇年检工作。年检汇总材料应于 2012 年 8 月 15 日前报资本项目管理司。

三、考核方式

（一）考核实行百分制计分，其中基础工作 50 分，重点工作 35 分，创新工作 15 分。

（二）考核主要依据日常考核、非现场核查、工作反馈等情况综合评分。

（三）根据综合得分排名情况评选年度外商投资企业外汇年检先进分局、优秀分局，表彰外汇年检先进个人。

四、考核内容

考核内容包括基础工作、重点工作以及创新工作。基础工作包括工作总量、基于企业家数的参检率、基于注册资本总额的参检率、会计师事务所代申报率、工作及时性、数据质量控制；重点工作包括信息调研、数据监测、违规查处；创新工作包括创新年检工作、其他工作举措等。具体内容见《外商投资企业外汇年检工作考核标准》（附）。

五、考核组织

由资本项目管理司投资管理处牵头组织考核工作。考核过程应公开、透明并充分运用分局互评机制。

附：外商投资企业外汇年检工作考核标准

附：

外商投资企业外汇年检工作考核标准

考核项目	考核内容	分值	指标说明及要求	评分标准
基础工作指标（50%）	工作总量	15	按各分局（外汇管理部）辖内参检企业总规模即外商投资企业外汇年检工作总量计算相对权重和得分	基础分值 5 分。全国 36 个分局（外汇管理部）得分计算方法：按照参检企业家数进行降序排序，第 1 名 15 分，第 36 名 5 分；第 m 名得分 = 5 + 10 * Nm/N1（Nm 为第 m 名分局的参检企业家数，N1 为第 1 名分局的参检企业数，35≥m≥2）
	基于企业家数的参检率	7	基于企业家数的参检率 = 已参检企业家数/应参检企业注册资本家数。应参检企业为在直接投资外汇管理信息系统中登记状态为“正常”的企业	参检率达到 85%（含）以上的得 7 分；85% 以下的得 3 分
	基于注册资本总额的参检率	8	基于注册资本总额的参检率 = 已参检企业注册资本总额/应参检企业注册资本总额	参检率达到 90%（含）以上的得 8 分；70%（含）—90% 的得 6 分；70% 以下的得 4 分
	会计师事务所代申报率	5	本指标考察年检企业通过会计师事务所代申报率	代申报率达到 90%（含）以上的得 5 分；80%（含）—50% 的得 4 分；50% 以下的得 3 分
	工作及时性	5	1. 及时在直投系统中办理暂停、注销等相关手续 2. 按时报送年检汇总数据、调研报告、工作总结等	未及时在直投系统中对未参检企业办理暂停、注销等相关手续，每家扣 0.1 分。未及时报送数据、调研报告、工作总结等，每次扣 1 分，扣完为止

续表

考核项目	考核内容	分值	指标说明及要求	评分标准
基础工作指标（50%）	数据质量控制	10	1. 有切实可行措施加强对企业报送数据的全面性、准确性和一致性 2. 对会计师事务所、年检企业开展必要培训 3. 积极探索对会计师事务所数据报送质量的科学考评方式	根据年检数据质量、培训效果、对事务所考评开展情况分为优秀、良好、一般三类。优秀得 10 分，良好得 8 分，一般得 6 分
重点工作指标（35%）	信息调研	20	充分挖掘年检数据信息，开展专题调研，可选择的调研内容包括： 1. 外商投资企业存续周期情况及特点，尤其是短周期企业原因分析 2. 外商投资企业利润及外方投资者权益分配情况 3. 已办理股权转让或注销登记后尚未发生跨境资金支付的实际规模 4. 重点行业的外汇收支及资本金结汇情况 5. 返程投资企业的资本流入规模、领域以及合规状况 6. 跨境人民币直接投资情况分析	根据调研报告的时效、质量及数量情况，分为优秀、良好、一般三类。优秀得 20 分，良好得 15 分，一般得 10 分
	数据监测	10	1. 坚持年检与日常业务管理相结合，有效利用年检数据加强对异常、违规资金及交易的甄别与监管 2. 利用年检数据开展非现场核查：制定相关非现场核查方案，明确非现场核查思路及方法，并有明确检查成果 3. 认真开展跨境人民币直接投资数据专项核对 4. 对未参检企业制定非现场核查工作方案并开展后续核查工作	根据数据监测及非现场核查工作重点落实情况，分为优秀、良好、一般三类。优秀得 10 分，良好得 8 分，一般得 6 分

续表

考核项目	考核内容	分值	指标说明及要求	评分标准
重点工作指标（35%）	违规查处	5	1. 未参检企业及其他涉嫌违规企业移交检查覆盖面不得低于30% 2. 对于年检中发现的银行涉嫌违规情况，一并移交查处	移交检查覆盖面达到30%（含）以上的，得3分。银行违规以及跨境人民币业务违规成功移交的，每例得0.5分。已移交名单应报资本司。本项满分为5分
创新及其他工作指标（15%）	创新工作举措	10	1. 适应主体监管需要，基于年检工作确定重点关注的外商投资企业、银行、会计师事务所名单，并采取后续监管措施 2. 提高企业自觉年检意识的举措 3. 其他提高年检工作效率效果的创新工作举措	根据创新工作开展情况、社会效果及工作成果酌情评分
	其他工作举措	5	1. 积极反馈年检改革效果，并提出有效建议 2. 及时反馈年检中遇到的困难与问题，并提出合理化建议 3. 承担总局年检工作的相关任务	根据反馈情况及工作效果，分为优秀、良好、一般三类。优秀得5分，良好得4分，一般得3分

国家外汇管理局综合司关于2012年境外投资外汇年检工作有关问题的通知

汇综发［2012］93号

国家外汇管理局各省、自治区、直辖市分局、外汇管理部，深圳、大连、青岛、厦门、宁波市分局：

为进一步做好2012年境外投资外汇年检工作，现就有关问题通知如下：

一、2012年境外投资外汇年检（以下简称年检）时间为2012年7月1日至8月31日，应参检境外投资企业为在直接投资外汇管理信息系统（以下简称直接投资系统）中截至2011年12月31日登记状态正常的企业（使用援外资金设立的境外企业、金融类境外投资企业暂除外）。以前年度未参检并在直接投资系统中为“暂停”状态的境外投资企业，以及经商务主管部门批准注销，并在直接投资系统办理清算登记或减资、转股变更登记后境内投资主体投资总额为零的境外投资企业不纳入应参检企业底数。

二、2012年年检信息表调整为：“境外投资企业协议投资及实际投资情况表”（见附件1）及“境外投资企业外汇情况表”（见附件2）。各境内投资主体需登录直接投资系统填报上述信息，可暂不提供纸质材料，但应保存相关纸质材料备查。国家外汇管理局分支局（以下简称外汇局）在审核年检数据过程中，如需核查相关情况，可要求境内投资主体提供境外投资企业的财务审计报告等纸质材料。

三、年检结束后，国家外汇管理局各分局、外汇管理部（以下简称各分局）应于2012年10月15日前，将年检工作报告及汇总的本辖区年检信息表报国家外汇管理局资本项目管理司（以下简称资本司），电子版发送至门户网邮箱 invest@ capital. safe。

四、各分局应着重做好以下工作

（一）采取有效措施提高企业参检的自觉性，认真做好年检部门协作与相关准备工作，针对年检报表形式调整，加强相关宣传和培训。

（二）高度重视年检数据质量的控制工作，探索完善境外直接投资外汇统计的方式方法，准确统计各种形式流出的境外投资资金全口径数据，核实非现汇形式出资数据。加强年检数据与其他部门相关数据的核对，找出数据差异并分析差异产生的原因。

（三）加强数据监测与核查，提高年检与日常监管工作的结合程度，切实提高企业合规意识。对年检中发现企业及银行的各类涉嫌违反外汇管理法规行为，应及时移交外汇检查部门依法查处，无法移交的，应将涉嫌违规企业名单及违规线索报资本司。

1. 重视以跨境人民币境外投资企业的年检工作。认真核对外汇局登记、银行流出备案等信息的一致性，准确掌握辖内已发生的跨境人民币境外直接投资规模，并督促企业和银行做好补登记及数据补录工作。

2. 加强对境外放款的事后监管。对境外放款逾期仍有尚可汇回额度的境内投资主体，各分局应按照《国家外汇管理局关于境内企业境外放款外汇管理有关问题的通知》（汇发［2009］24 号）进行重点核查。如发现违规情况，取消其境外放款额度并移交检查部门查处。

3. 加强对境外投资前期费用汇出的事后监管。对境外投资前期费用已全部汇出，逾期六个月尚未设立境外企业，且剩余资金未汇回的境内投资主体进行核查。年检结束后将有关境内投资者主体名单、汇出前期费用金额及核查情况报资本司。

4. 加强对境内投资主体境外留存所得的监管。对已办理转股、减资等外汇变更或清算登记，但仍有未汇回所得资金逾期一年以上的境内投资主体进行核查，年检结束后将有关境内投资主体名单、未汇回所得金额及核查情况报资本司。

（四）各分局应充分利用和深度挖掘年检数据，高度重视年检中的专题调研与分析预警工作，并及时上报调研成果。

五、各分局应加大对未参检企业的处理力度。年检结束后，对未参检的境外投资企业进行暂停登记，同时不受理其境内投资主体的其他新设境外投资企业登记业务。未参检的境外投资企业如需再办理境外投资外汇业务，所在地外汇局应按照《中华人民共和国外汇管理条例》第四十八条有关规定对其进行相应处罚并补检后再予以办理。

六、各分局在年检工作中，应根据《国家外汇管理局关于清理境外投资汇回利润保证金有关问题的通知》（汇发［2002］110号）及《国家外汇管理局关于退还境外投资汇回利润保证金有关问题的通知》（汇发［2003］81号），对2002年11月15日以前发生境外投资的企业再次进行通知，逐笔逐户询问是否已领取退还的境外投资汇回利润保证金（以下简称保证金），通知各有关企业领取保证金时间延长至2012年12月31日。详细记录未领取保证金企业名单、金额，核实未领取原因，对其中发生转股、破产、解散、清算、注销等行为的企业进一步查询有无承接主体。年检结束后将清理及通知情况报资本司。

七、为引导各分局进一步明确年检工作重点，提高年检工作成效，资本司对原有年检考核办法进行了修订，制定了《2012年境外投资外汇年检工作考核办法》（见附件3），请各分局遵照执行。

各分局接到本通知后，应及时转发辖内中心支局和支局。年检中如遇到问题，应及时向资本司反馈。

特此通知。

附件：1. 境外投资企业协议投资及实际投资情况表
　　　2. 境外投资企业外汇情况表
　　　3. 2012年境外投资外汇年检工作考核办法

二〇一二年六月二十一日

附件 1：

境外投资企业协议投资及实际投资情况表

（由境内投资主体填写）

单位：美元（按业务发生时汇率折算）

投资情况	本年度	历年累计
填报主体协议投资总额	/	
填报主体实际投资总额		
1. 现汇		
其中：购汇		
2. 实物		
3. 权益（含无形资产）		
4. 境外解决		
其中：利润		
5. 跨境人民币		
6. 其他		

注：

多个境内投资主体共同投资同一境外企业时，各投资主体应分别向注册所在地外汇局报送各自的年检数据。

附件2：

境外投资企业外汇情况表

（本表为参检的境外投资企业数据）

编制单位：	填报时间：	年 月 日
		单位：美元
指标	期初数	期末数
一、资产、负债情况	/	/
1.1 资产合计		
1.1.1 流动资产		
1.1.2 长期投资		
1.2 负债合计		
其中：从境内母公司借款		
其中：流动负债		
1.3 所有者权益合计		
其中：未分配利润		
二、利润情况	本年度	历年累计
2.1 已向境内投资主体分配的利润额		
其中：已汇回利润金额		
三、撤资情况	/	/
3.1 减资、转股、清算金额		
其中：已汇回入账金额		

续表

四、对境内直接投资情况	期初数	期末数
4.1 境外投资企业（含直接或间接控制情况）向其在中国（不含港澳台地区）创设企业的实际出资金额		
4.2 向其在中国（不含港澳台地区）创设企业的外方股东贷款金额		

注：

1. 多个境内投资主体共同投资同一境外企业时，各投资主体应分别向注册所在地外汇局报送年检数据，其中："一、资产、负债情况"及"四、对境内直接投资情况"填写境外投资企业的整体数据；"二、利润情况"及"三、撤资情况"填写填报主体的各自数据。

2. 1.2"其中：从境内母公司借款"包括境内投资主体对境外子公司的境外放款数据及境外子公司账务处理中计入"境内母公司借款"的投资总额与注册资本差额数据。

3. 4.1数据来源为外商投资企业验资报告，对该项有实际发生金额的，各分局年检工作人员应核验直接投资系统中非特殊目的公司返程投资情况。

4. 涉及折算汇率应参照国家外汇管理局网站公布的2011年12月各种货币对美元折算率。

附件3：

2012年境外投资外汇年检工作考核办法

为科学、有序地开展境外投资外汇年检工作，提升年检数据统计监测与分析预警的水平与质量，提高年检工作效率，特制定此考核办法。

一、考核对象

国家外汇管理局各分局（外汇管理部）境外投资外汇年检工作。

二、考核时间

截至2012年11月30日前，考核各分局（外汇管理部）2012年境外投资外汇年检工作。年检汇总材料应于2012年10月15日前报资本项目管理司。

三、考核方式

（一）考核实行百分制计分，其中基础工作45分，重点工作50分，创新工作5分。

（二）考核主要依据日常考核、调研成果、非现场核查、工作反馈等情况综合评分。

（三）根据综合得分排名情况评选年度境外投资外汇年检先进分局、优秀分局，表彰外汇年检先进个人和优秀调研成果。

四、考核内容

考核内容包括基础工作、重点工作以及创新工作。基础工作包括工作总量、基于企业家数的参检率、基于投资规模的参检率、工作及时性；重点工作包括信息调研、数据质量、数据清理、违规查处；创新工作包括创新年检工作、其他工作举措等。具体内容见《境外投资外汇年检工作考核标准》(附)。

五、考核组织

由资本项目管理司投资管理处牵头组织考核工作。考核过程应公开、透明并充分运用分局互评机制。

附：境外投资外汇年检工作考核标准

附：

境外投资外汇年检工作考核标准

考核项目	考核内容	分值	指标说明及要求	评分标准
基础工作指标（45%）	工作总量	25	辖内参检境外投资企业总规模即境外投资外汇年检工作总量计算相对权重和得分	基础分值15分。全国36个分局（外汇管理部）得分计算方法：按照参检企业家数进行降序排序，第1名25分，第36名15分；第m名得分=15+10×Nm/N1（Nm为第m名分局的参检企业家数，N1为第1名分局参检企业数，35≥m≥2）
	基于企业家数参检率	7	基于企业家数的参检率=已参检境外投资企业家数/应参检境外投资企业家数。应参检企业为在直接投资外汇管理信息系统中截至上年度12月31日登记状态正常的企业	参检率达到85%（含）以上得7分；85%以下得5分
	基于投资总额参检率	8	基于投资总额的参检率=已参检企业中方投资总额/应参检企业中方投资总额	参检率达到95%（含）以上得8分；80%（含）—95%得6分；80%以下得4分
	工作及时性	5	1. 及时在直投系统中办理境外投资企业暂停相关手续 2. 按时报送年检汇总数据、调研报告、工作总结等	基础分5分。年检开始前未上报以前年度未参检企业底数及未做暂停操作的扣2分；年检结束后未及时对未参检企业做暂停操作的扣2分；未及时报送数据、调研报告、工作总结等，酌情扣分

续表

考核项目	考核内容	分值	指标说明及要求	评分标准
重点工作指标（50%）	数据清理	13	1. 对 2002 年 11 月 15 日以前有境外投资企业且至今尚未领取退还的汇回利润保证金的境内投资主体再次进行通知，统计名单、资金规模、未领取原因等 2. 清理境外投资前期费用汇出逾六个月尚未设立境外企业，剩余资金未汇回的境内投资主体，统计名单、资金规模、核查情况等 3. 发生清算、转股、减资等境外投资企业，已办理变更或清算登记，尚未汇回所得资金的境内投资主体名单、资金规模、核查情况 4. 境外放款逾期企业的名单、逾期金额及核查情况等	逐项得分，每完成一项清理工作的得 3 分。数据清理取得显著成果及清理工作量大的酌情加分
	信息调研	20	充分挖掘年检数据信息，开展专题调研，可选择的调研内容包括： 1. 境外投资企业外汇收支、资金使用及生产经营状况中普遍性和趋势性特点的问题 2. 境内投资主体境外投资的规模、地区及行业分布、投资质量及盈利情况、投资风险等 3. 境外投资的出资结构，重点关注跨境人民币出资及境外解决出资方式的资金规模、资金来源及存在问题 4. 境内投资主体的境外权益状况及已分配未汇回利润的实际规模 5. 境外投资企业对境内返程投资规模、领域以及合规状况 6. 境外放款、债权回收、前期费用政策专题研究 7. 新形势下境外投资年检定位及有效实现形式，年检工作与日常工作结合的方式方法 8. 现有境外投资外汇管理及数据统计的意见建议 9. 利用现有统计体系及框架，探索 CDIS 外向调查的有效方式	根据调研报告的时效、质量及数量情况，分为优秀、良好、一般三类。优秀得 15 ~ 20 分，良好得 10 ~ 15 分，一般得 5 ~ 10 分，无上报调研成果的不得分（年检报告中包含调研成果的酌情得 1 ~ 5 分）

续表

考核项目	考核内容	分值	指标说明及要求	评分标准
重点工作指标（50%）	数据质量	12	1. 保证年检数据质量，有切实可行的措施保证企业报送数据的全面性、准确性和及时性 2. 做好年检数据核对工作，包括外汇局年检数据与商务部门年检数据的核对，年检数据与直接投资系统数据的核对，实物投资与出口核销情况的核对，跨境收支数据与国际收支部门相关统计数据的核对等工作 3. 开展跨境人民币直接投资数据专项核对	基础分3分，逐项得分。有控制数据质量制度或措施的得3分，有数据差异对比成果的得3分，有人民币专项核查工作的得3分。出现明显数据差错的酌情扣分
	违规查处	5	对境外投资外汇年检中发现的各类违反外汇管理法规的行为移交检查情况，无法移交的企业名单及违规事项上报资本司	涉嫌违规情况移交覆盖面达50%（含）以上的得5分，30%（含）—50%的得3分；移交覆盖面30%以下但有涉嫌违规名单上报总局的得2分
创新工作指标（5%）	创新工作举措	5	1. 提高企业自觉参加年检意识及提高年检工作效率效果的创新工作举措 2. 加强境外投资年检与日常监管工作相结合的创新举措 3. 承担CDIS专题调研工作 4. 承担总局年检其他工作	根据创新工作开展情况及工作成果酌情评分

国家外汇管理局综合司关于外国投资者外汇专用账户内资金结汇缴纳海上合作油气田弃置费有关问题的通知

汇综发［2012］126号

国家外汇管理局各省、自治区、直辖市分局、外汇管理部，深圳、大连、青岛、厦门、宁波市分局；各外汇指定银行：

为进一步促进投资便利化，支持实体经济发展，现就外国投资者外汇专用账户内资金结汇缴纳海上合作油气田弃置费有关问题通知如下：

一、外国投资者外汇专用账户内资金可以结汇缴纳海上合作油气田弃置费，由外汇指定银行直接办理，无须外汇局核准。

二、外汇指定银行在受理结汇缴纳海上合作油气田弃置费时，须审核以下材料：

（一）商务主管部门对合作开发油气田项目总体开发方案的批复；

（二）已报国家相关主管部门备案的《合作项目的弃置费预备（或调整）方案》或《合作项目的弃置费实施方案》；

（三）其他与海上合作油气田弃置费相关的证明材料。

三、鉴于目前直接投资外汇管理信息系统尚无法进行外国投资者外汇专用账户结汇备案，外汇指定银行应按《国家外汇管理局综合司关于完善外商投资企业外汇资本金支付结汇管理有关业务操作问题的补充通知》（汇综发［2011］88号）附表1的填报要求，将此类结汇业务的相关信息按月逐笔上报所在地外汇局，待直接投资外汇管理信息系统完善备案功能后，可不再上报纸质报表。

四、以中外合作开采海上或陆上油气田项目名义开立其他资本项目外汇账户的，外方合作者按规定需要以账户内资金结汇缴纳弃置费，参照本通知前述规定办理。

特此通知。

二〇一二年八月二日

国家外汇管理局综合司关于2012年外汇年检工作情况的通报

汇综发［2012］155号

国家外汇管理局各省、自治区、直辖市分局、外汇管理部，深圳、大连、青岛、厦门、宁波市分局：

根据《商务部　财政部　国家税务总局　国家工商行政管理总局　国家统计局　国家外汇管理局关于开展2012年外商投资企业联合年检工作的通知》（商资函［2012］98号）、《国家外汇管理局综合司关于进一步做好2012年外商投资企业外汇年检工作有关问题的通知》（汇综发［2012］19号）和《商务部　国家外汇管理局关于境外投资联合年检工作有关事项的通知》（商合函［2009］60号）的要求，各分局、外汇管理部（以下简称各分局）认真组织开展了2012年外商投资企业和境外投资外汇年检工作。在资本项目法规清理与系统整合工作任务较重的同时，各分局克服了人员少、时间紧等困难，积极探索和创新外汇年检工作新思路和方法，顺利完成了外商投资企业和境外投资两项年检工作，并在加大信息调研力度、强化年检与日常监管工作相结合方面取得了良好效果。

为鼓励先进，调动工作积极性，表彰各分局在2012年外商投资企业和境外投资外汇年检工作中取得的优异成绩，经研究决定，特授予国家外汇管理局福建省分局等20个分局为“2012年全国外商投资企业外汇年检工作先进分局”；授予国家外汇管理局江苏省分局等20个分局为“2012年全国境外投资外汇年检工作先进分局”；授予国家外汇管理局陕西省分局等9个分局为“2012年外汇年检工作优秀分局”；授予鲁旭等168名同志为“2012

年全国外汇年检工作先进个人”。

希望受到表彰的分局和个人发扬成绩，再接再厉，进一步加强和改进直接投资外汇管理工作，在新的起点上再创佳绩。

特此通报。

附件：获奖单位和个人名单（内容详见光盘）

二〇一二年十二月二十日

第四节　证券投资外汇管理

国家外汇管理局公告

［2012］第 2 号

为进一步规范合格境外机构投资者境内证券投资外汇管理，现对《合格境外机构投资者境内证券投资外汇管理规定》（国家外汇管理局公告 2009 年第 1 号）作出如下修改：

一、第七条增加一款，作为第二款：“主权基金、央行及货币当局等机构投资额度上限可超过等值 10 亿美元”。

二、第十条增加一款，作为第三款：“合格投资者应凭国家外汇管理局额度批复文件，并按照境外机构境内人民币结算账户管理的有关规定，在托管人或境内其他商业银行开立与外汇账户相对应的人民币专用存款账户”。相应删除第十条第一、二款中“和一个对应的人民币特殊账户”字样，将第三款“人民币特殊账户”修改为“人民币专用存款账户”；第十一条第一、三款中“人民币特殊账户”修改为“人民币特殊账户或专用存款账户（简称人民币账户）”；删除第十一条第二款；第十三、十四、十五、二十一、二十四条及附表三中“人民币特殊账户”修改为“人民币账户”；删除第十四条第一款中“在托管人处开立的”字样。

三、增加一条，作为第十六条：“合格投资者可在投资本金锁定期结束后，分期、分批汇出本金和收益。合格投资者每月汇出资金（本金、收益）总额不得超过其上年底境内总资产的 20%”。

四、第十六条第一款修改为："开放式中国基金可根据申购或赎回的轧差净额，由托管行按周为其办理相关的资金汇入或汇出。每月累计净汇出资金不得超过上年底基金境内总资产的20%"。删除第三、四款。

五、第十七、十八条合并，作为第十八条，修改为："除开放式中国基金外，其他合格投资者如需汇出本金，应持书面申请（含本金汇入及既往投资情况说明等）、外汇登记证原件等向国家外汇管理局提出申请。国家外汇管理局经审核同意后出具批复文件，并相应调减合格投资者的投资额度。托管人凭国家外汇管理局批复文件为合格投资者办理资金汇出相关手续。

除开放式中国基金外，其他合格投资者如需汇出已实现的累计收益，托管人可凭合格投资者书面申请或指令、中国注册会计师出具的投资收益专项审计报告、完税证明等，为合格投资者办理相关资金汇出手续"。

六、第二十二条第（二）项及附表三中"8个工作日"修改为"5个工作日"。

七、增加附件《合格境外机构投资者境内账户管理操作指引（试行）》。

本公告自公布之日起施行。

《合格境外机构投资者境内证券投资外汇管理规定》根据本公告作相应的修改，重新公布。

特此公告。

附件：合格境外机构投资者境内证券投资外汇管理规定

二〇一二年十二月七日

附件：

合格境外机构投资者境内证券投资外汇管理规定

（国家外汇管理局公告2009年第1号　根据国家外汇管理局公告2012年第2号修改）

第一章　总　　则

第一条　为规范合格境外机构投资者（以下简称合格投资者）在中国境内证券市场的外汇管理，根据《中华人民共和国外汇管理条例》以及《合格境外机构投资者境内证券投资管理办法》（中国证券监督管理委员会、中国人民银行、国家外汇管理局2006年第36号令），制定本规定。

第二条　合格投资者应当委托其境内托管人（以下简称托管人）代为办理本规定所要求的相关手续。

第三条　合格投资者和托管人应当遵守中国外汇管理有关规定。

第四条　国家外汇管理局及其分局、外汇管理部（以下简称外汇局）依法对合格投资者境内证券投资的投资额度、资金账户、资金收付及汇兑等实施监督、管理和检查。

第二章　投资额度管理

第五条　国家对合格投资者的境内证券投资实行额度管理。国家外汇管理局批准单个合格投资者的投资额度，鼓励中长期投资。

第六条　合格投资者申请投资额度、开立外汇账户和人民币特殊账户，应向国家外汇管理局提供以下材料：

（一）托管人及合格投资者提交的书面申请，书面申请的内容包括：合格投资者基本情况、资金来源说明与投资计划、合格投资者在锁定期内不撤资的承诺函等，并附“国家外汇管理局合格境外机构投资者登记表”（样表见附1）；

（二）中国证券监督管理委员会（以下简称证监会）颁发的“合格境外机构投资者证券投资业务许可证”复印件；

（三）经公证的合格投资者对托管人的授权委托书；

（四）国家外汇管理局要求的其他材料。

合格投资者申请增加投资额度的，除提供上述第（一）、（四）项材料外，还需提供“合格境外机构投资者外汇登记证”（以下简称“外汇登记证”）和已有投资额度在境内的投资情况说明，内容包括：资产配置及变动情况、投资损益情况、合规履行情况和股票交易平均换手率等。

第七条 单个合格投资者申请投资额度每次不得低于等值5 000万美元，累计不得高于等值10亿美元。国家外汇管理局可根据经济金融形势、外汇市场供求关系和国际收支状况等对上述限额进行调整。

主权基金、央行及货币当局等机构投资额度上限可超过等值10亿美元。

合格投资者在上次投资额度获批后1年内不得再次提出增加投资额度的申请。

第八条 合格投资者应在每次投资额度获批之日起6个月内汇入投资本金，未经批准逾期不得汇入。在规定时间内未足额汇入本金但超过等值2 000万美元的，以实际汇入金额作为其投资额度。

合格投资者汇入本金为非美元货币时，应参照汇入当月国家外汇管理局公布的各种货币对美元折算率表计算汇入的等值美元投资额度。

第九条 养老基金、保险基金、共同基金、慈善基金、捐赠基金、政府和货币管理当局等类型的合格投资者，以及合格投资者发起设立的开放式中国基金的投资本金锁定期为3个月；其他合格投资者的投资本金锁定期为1年。

合格投资者的投资本金锁定期自其足额汇入本金之日起计算；未在规定时间内汇足本金的，自投资额度获批之日起6个月后开始计算。

上述所称“开放式中国基金”是指在境外以公募形式发起设立，且至少70%以上基金资产投资于中国境内的开放式证券投资基金。合格投资者发起设立开放式中国基金后20个工作日内，应将基金招募说明书原件及其核心内容中文译文报国家外汇管理局备案。

上述所称“投资本金锁定期”是指禁止合格投资者将投资本金汇出境外的期限。

第三章 账户管理

第十条 合格投资者凭国家外汇管理局投资额度及开户批复文件，可以在托管人处为自有资金或由其提供资产管理服务的客户资金分别开立一个外汇账户。

合格投资者设立开放式中国基金的，每只开放式中国基金应单独开立一个外汇账户。

合格投资者应凭国家外汇管理局额度批复文件，并按照境外机构境内人民币结算账户管理的有关规定，在托管行或境内其他商业银行开立与外汇账户相对应的人民币专用存款账户（有关人民币账户开立和使用详见附2《合格境外机构投资者境内账户操作指引（试行）》）。

托管人应在合格投资者外汇账户和人民币专用存款账户开立后5个工作日内向托管人所在地外汇局备案，并向国家外汇管理局报送正式托管协议、为合格投资者领取“外汇登记证”。

第十一条 合格投资者外汇账户的收入范围是：合格投资者从境外汇入的本金、利息收入、从人民币特殊账户或专用存款账户（以下简称人民币账户）购汇划入的资金及经国家外汇管理局核准的其他收入；支出范围是：结汇划入合格投资者人民币账户的资金、原路汇回境外的资金及经国家外汇管理局核准的其他支出。

合格投资者外汇账户和人民币账户内的资金不得用于境内证券投资以外的其他目的。

第十二条 合格投资者的自有资金账户、客户资金账户及其开放式中国基金资金账户之间不得进行资金划转，同一合格投资者多只开放式中国基金资金账户之间也不得进行资金划转。

第十三条 合格投资者外汇账户和人民币账户的存款利率参照中国人民银行有关规定执行。

第十四条 合格投资者有下列情形之一的，应在1个月内变现资产并关闭其外汇账户和人民币账户，其相应的投资额度同时作废：

（一）证监会已收缴其证券投资业务许可证；

（二）合格投资者在首次投资额度获批后6个月内汇入的投资款低于等值2 000万美元的；

（三）合格投资者因将投资撤回境外，使得境内剩余本金之和低于等值2 000万美元的；

（四）国家外汇管理局依据本规定取消合格投资者原有投资额度的；

（五）国家外汇管理局规定的其他情形。

托管人应在合格投资者外汇账户和人民币账户关闭后5个工作日内向托管人所在地外汇局备案，并将“外汇登记证”缴还国家外汇管理局。

第四章 汇兑管理

第十五条 合格投资者可根据申请额度时提供的投资计划及有关说明，在实际投资前10个工作日内通知托管人直接将投资所需外汇资金结汇并划入其人民币账户。

合格投资者汇入投资本金累计未满等值2 000万美元的，不得结汇投资。

第十六条 合格投资者可在投资本金锁定期结束后，分期、分批汇出本金和收益。合格投资者每月汇出资金（本金、收益）总额不得超过其上年底境内总资产的20%。

第十七条 开放式中国基金可根据申购或赎回的轧差净额，由托管行按周为其办理相关的资金汇入或汇出。每月累计净汇出资金不得超过上年底基金境内总资产的20%。

出现净赎回的，应根据托管人确认的汇出前一月最后一个交易日合格投资者投资本金和损益的比例计算其中汇出的本金数额，作为今后允许再次汇入投资款的额度。

第十八条 除开放式中国基金外，其他合格投资者如需汇出本金，应持书面申请（含本金汇入及既往投资情况说明等）、“外汇登记证”原件等向国家外汇管理局提出申请。国家外汇管理局经审核同意后出具批复文件，并相应调减合格投资者的投资额度。托管人凭国家外汇管理局批复文件为合格投资者办理资金汇出相关手续。

除开放式中国基金外，其他合格投资者如需汇出已实现的累计收益，托管人可凭合格投资者书面申请或指令、中国注册会计师出具的投资收益专项审计报告、完税证明等，为合格投资者办理相关资金汇出手续。

第十九条 托管人应准确、及时在“外汇登记证”上记录合格投资者的资金汇兑和收付情况。

第二十条 国家外汇管理局可以根据我国经济金融形势、外汇市场供求关系和国际收支状况，对合格投资者资金汇出时间、金额及汇出资金的期限予以调整。

第五章 统计与监督管理

第二十一条 合格投资者有下列情形之一的，应在5个工作日内到国家外汇管理局办理外汇登记证变更手续并提交书面报告：

（一）合格投资者名称、负责人、主要股东或实际控制人等基本情况变更的；

（二）合格投资者或其主要股东、实际控制人受到其他监管部门（含境外）重大处罚，会对合格投资者投资运作造成重大影响或相关业务资格被暂停或取消的；

（三）托管人、境内委托投资机构（经纪商）变更或其相关重要信息发生变更的；

（四）账户名称、开户行信息等发生变更的；

（五）开放式中国基金招募说明书发生变更的；

（六）国家外汇管理局规定的其他情形。

合格投资者变更托管人的，新托管人还应提供新签订的托管协议草案和新托管人基本情况及资产托管业务方面相关情况的说明，以及新的经公证的授权委托书，并在外汇账户和人民币账户开立之日起5个工作日内报送正式托管协议。

第二十二条 托管人应按照下列规定及时、准确报送有关合格投资者资金汇兑及境内证券投资情况的相关报表：

（一）在合格投资者发生资金汇出入或结购汇行为后2个工作日内，填报“合格境外机构投资者资金汇出入明细表”（样表见附3）；

（二）每月结束后5个工作日内，报送“合格境外机构投资者境内证券投资月报表（一）、（二）”（样表见附4）；

（三）每个会计年度结束后3个月内，报送上一年度经中国注册会计师审计的“合格境外机构投资者境内证券投资年度财务报表（一）、（二）”

（样表见附5）。

第二十三条 合格投资者具有下列行为之一的，由外汇局依据《中华人民共和国外汇管理条例》等相关规定予以处罚，并可调减其投资额度直至取消：

（一）转让或转卖投资额度等非法使用外汇行为的；

（二）向托管人或外汇局提供虚假信息或材料的；

（三）未按规定办理投资结汇或购付汇的；

（四）未按外汇局要求提供其资金汇兑及境内证券投资相关信息或材料的；

（五）有其他违反外汇管理规定的行为。

第二十四条 托管人具有下列行为之一的，由外汇局依据《中华人民共和国外汇管理条例》等相关规定予以处罚；情节严重的，将会同证监会取消其合格投资者托管人资格：

（一）超过国家外汇管理局批准的投资额度或逾期为合格投资者办理本金汇入的；

（二）未按规定为合格投资者办理本金和收益汇出手续的；

（三）未按规定为合格投资者开立或关闭外汇账户和人民币账户，或未按规定的账户收支范围为合格投资者办理资金汇兑和划转手续的；

（四）未按规定向外汇局报送报表和有关资料或未按规定向外汇局报告有关情况的；

（五）未按规定进行国际收支统计申报的；

（六）有其他违反外汇管理规定的行为。

第六章 附 则

第二十五条 根据本规定向外汇局报送的材料应为中文文本。同时具有外文和中文译文的，应以中文文本为准。

第二十六条 本规定由国家外汇管理局负责解释。

第二十七条 本规定自发布之日起实施。《合格境外机构投资者境内证券投资外汇管理暂行规定》（国家外汇管理局2002年第2号公告）及《国家外汇管理局综合司关于QFII外汇管理操作问题的通知》（汇综发［2003］124号）同时废止。

附 1：国家外汇管理局合格境外机构投资者登记表
附 2：合格境外机构投资者境内账户管理操作指引（试行）
附 3：合格境外机构投资者资金汇出入明细表
附 4：合格境外机构投资者境内证券投资月报表（一）
合格境外机构投资者境内证券投资月报表（二）
附 5：____年合格境外机构投资者境内证券投资年度财务报表（一）
____年合格境外机构投资者境内证券投资年度财务报表（二）

附 1：

国家外汇管理局合格境外机构投资者登记表
（SAFE）REGISTRATION FORM FOR QUALIFIED FOREIGN INSTITUTIONAL INVESTORS

编号（No.）：

申请机构名称 Name of applicant	中文： English：	托管人名称 Name of custodian	中文： English：
申请日期 Date of application		申请投资额度（百万人民币） Intended investment quota（Million RMB）	
机构类别 Institution category	□基金管理公司 □保险公司 □证券公司/投行 □商业银行 □其他机构 □Fund management institution □Insurance company □Securities company/Investment bank □Commercial bank □Other institution		
成立时间 Time of establishment		注册地址 Domicile of incorporation	中文： English：
上一会计年度实收资本（百万美元） Paid－up capital for the latest fiscal year（Million USD）		上一会计年度管理证券资产（百万美元） Assets under management for the latest fiscal year（Million USD）	
证券投资业务许可证号 No. of securities investment license		发证日期 Licensing date	

续表

最近三年是否受到所在国家或地区监管机构的处罚。如有，请具体说明。 Any penalty from the home regulator in recent 3 years. If any, please specify.	
主要管理人员简况 Brief description of the professionals	
资金来源说明 Statement on sources of the funds	
初步投资计划 Initial investment plan	

续表

主要股东名称、注册地和股权比例（可用英文） Names, domiciles and share percentages of major shareholders (In English if necessary)			
主要关联机构名称和注册地（可用英文） Names and domiciles of major affiliates (In English if necessary)			
合格投资者联系人 QFII's contact person 电话（Telephone） 传真（Fax）	 	托管人联系人 Custodian's contact person 电话（Telephone） 传真（Fax）	

合格投资者董事会授权人签名：

(Signature of the authorizee of QFII's board):

附 2：

合格境外机构投资者境内账户管理操作指引（试行）

一、合格投资者可按中国人民银行关于境外机构人民币银行结算账户管理的有关规定，以机构自身名义开立人民币基本存款账户（以下简称基本存款账户）。

基本存款账户不得存放其在境内证券投资的相关资金。

二、已开立基本存款账户的合格投资者，应凭国家外汇管理局（以下简称国家外汇局）的额度批复文件，开立人民币专用存款账户（以下简称专用存款账户）。专用存款账户名称为合格机构投资者名称，并体现资金性质（自有资金/客户资金或客户名称/开放式基金名称等）。

三、专用存款账户分为合格投资者投资境内证券市场的专用存款账户（以下简称专用存款账户〈证券交易〉），以及投资境内股指期货的专用存款账户（以下简称专用存款账户〈期货交易〉）等。

专用存款账户〈证券交易〉应在合格投资者境内托管行（以下简称托管行）处开立。该账户收入范围是：从合格投资者外汇账户结汇划入的资金、从专用存款账户〈期货交易〉划回的资金、出售证券所得价款、现金股利、利息收入及经国家外汇局批准的其他收入；支出范围是：买入规定的证券类等产品支付的价款（含印花税、手续费等）、划往专用存款账户〈期货交易〉的资金、支付税款、托管费、审计费和管理费等相关税费、购汇划入外汇账户的资金以及经国家外汇局批准的其他支出。

专用存款账户〈期货交易〉应在期货保证金存管银行处开立。该账户收入范围是：从专用存款账户〈证券交易〉划入的资金、利息收入、从事股指期货交易有关收入以及经国家外汇局批准的其他收入；支出范围是：划回专用存款账户〈证券交易〉资金、开展股指期货交易有关资金支出、相关税费支出以及经国家外汇局批准的其他支出。

合格投资者专用存款账户〈期货交易〉应与专用存款账户〈证券交易〉

一一对应。

若合格投资者托管行已经是期货保证金存管银行，也可指定其人民币特殊账户或专用存款账户〈证券交易〉为期货保证金账户，此时无须再开立专用存款账户〈期货交易〉。

四、合格投资者人民币特殊账户收支范围调整为与专用存款账户〈证券交易〉收支范围保持一致。

合格投资者外汇账户收入范围调整为：合格投资者从境外汇入的本金、利息收入、从人民币特殊账户或专用存款账户〈证券交易〉划入的资金以及经国家外汇局批准的其他收入；支出范围调整为：结汇划入合格投资者人民币特殊账户或专用存款账户〈证券交易〉的资金、原路汇回境外的资金以及经国家外汇局批准的其他支出。

五、合格投资者可根据实际需要，申请为其管理的客户资金开立不超过6个专用存款账户〈证券交易〉，每个账户起始开户金额不得低于等值2 000万美元。

合格投资者为客户资金开立的多个专用存款账户〈证券交易〉，与客户资金外汇账户（一个）存在对应关系。多个客户资金的专用存款账户〈证券交易〉之间的资金不得相互划转。

合格投资者如需为客户资金开立多个专用存款账户〈证券交易〉的，应在投资额度申请文件中说明拟开立的客户资金账户的名称、资金来源和投资计划；如为单个客户开立客户资金账户，还应提交客户的身份证明文件。

六、对已开立人民币特殊账户的合格投资者，如需开立新的专用存款账户，或变更原有人民币特殊账户等，应撤销原人民币特殊账户后，开立基本存款账户和专用存款账户。

合格投资者完成专用存款账户开立后，可将原人民币特殊账户资金划入相应的专用存款账户〈证券交易〉。

托管行应在合格投资者相关人民币特殊账户关闭、专用存款账户开立以及相关资金划转等完成后10个工作日，将有关信息报国家外汇局备案。

七、合格投资者如需对已开立的客户资金的人民币特殊账户进行分账管理，开立多个专用存款账户的，应在本指引发布之日起6个月内向国家外汇局提出申请，并在获批后3个月内将需要划转的资金从原来的人民币特殊账户，一次性全额划转至新开立的专用存款账户。托管行应在相关资金划转后

10 个工作日内将有关信息报国家外汇局备案。

合格投资者申请将原客户资金的人民币特殊账户进行分账管理需提供的材料，除本指引第五条第三款有关内容外，还需提交原客户资金人民币特殊账户的审计报告，以及额度分配情况（包括本金和收益的分配）的详细说明材料。

八、托管行应认真做好对合格投资者现有账户的开立、更名工作，切实履行额度监控、信息报送等各项职责。

附 3：

合格境外机构投资者资金汇出入明细表

QFII 账户名称：　　托管人名称：　　QFII 账户性质：一般 QFII 机构□　　QFII 开放式中国基金□

QFII 许可证代码：　　报告日期：　　资金性质：初始投资本金汇入□　　锁定期后资金汇出□　　锁定期后资金汇入□

汇兑日期	资金汇入			资金结汇			资金汇出						备注（汇率等）
							本金			收益			
	等值美元	其他外汇	人民币	等值美元	其他外汇	人民币	人民币	等值美元	其他外汇	人民币	等值美元	其他外汇	

附 4：

合格境外机构投资者境内证券投资月报表（一）

托管人名称：

QFII 账户名称：

QFII 机构代码：

结算日：　　　　　　　　　　　　　　　　　　　　单位：元（人民币）

分类	项目	本月发生数（变化数）	月末数
资金汇出入情况	汇入本金		
	汇出本金		
	汇出收益		
	净汇入资金		
投资市值	银行存款		
	股 票		
	国 债		
	可转债		
	公司债		
	封闭式基金		
	开放式基金		
	权 证		
	其他投资		
	投资市值合计		
人民币账户收支情况	收入情况：		
	结汇资金		
	卖出证券所得价款		
	股利收入		
	利息收入		
	其他收入		
	收入合计		
	支出情况：		
	购汇资金		
	买入证券支付价款		
	托管费		
	管理费		
	其他支出		
	支出合计		

续表

分类	项目	本月发生数（变化数）	月末数
外汇账户收支情况	收入情况：		
	汇入本金		
	人民币账户购汇划入		
	收入合计		
	支出情况：		
	结汇划入人民币账户		
	汇出收益		
	汇出本金		
	支出合计		
备注			

填表人：　　　　　　　　　　　　　　复核人：

联系电话：　　　　　　　　　　　　　联系电话：

填表说明：

注 1. “结算日”与“填表日期”的填报格式为“YYYY－MM－DD”；

注 2. “月末数”为历年至本月末累计数，“本月发生数”与“月末数”都精确到小数点后面两位；

注 3. 除“银行存款”外，“投资市值”项下以每月最后一个市场交易日的市值计算；

注 4. “净汇入资金”按照“汇入本金”减去“汇出资金”、“汇出收益”计算；

注 5. 如果 QFII 有获得批准而尚未结汇的额度，可单独在“备注”部分进行说明；

注 6. “投资市值”项目中，“银行存款”、“股票”、“国债”等不计入应收利息、股利或红利；

注 7. 未上市分离型可转债并入“可转债”，上市分离后，分别并入“公司债”与“权证”项目；

注 8. “投资市值”项目中，本月发生数不填写，ETF 和 LOF 并入“开放式基金”项目进行反映；

注 9. “清算备付金”和“交易保证金”，并入“其他投资”项目中反映，且在“备注”中说明；

注 10. “投资市值”中已分项目列示之外、证监会尚未明细分类的投资品种在“其他投资”中合并反映；

注 11. “新股中签退款”与“新股申购缴款”不在收入或支出中体现，但需在“备注”中进行说明；

注 12. 如需要依照客户要求计提资本利得等税金，暂时在“备注”中进行说明；

注 13. 此表为月报表，每月结束后 5 个工作日内报送外汇局。

合格境外机构投资者境内证券投资月报表（二）

托管人名称：

QFII 名称：

QFII 代码：

结算日：　　　　　　　　　　　　　　　　　　　　　　　　　单位：元（人民币）

资产负债	项目	行次	成本	市值
资产	资产合计	1		
	银行存款	2		
	股　票	3		
	国　债	4		
	可转债	5		
	公司债	6		
	封闭式基金	7		
	开放式基金	8		
	权　证	9		
	其他投资	10		
	应收清算款	11		
	应收股利	12		
	应收利息	13		
	其他应收款	14		
负债	负债合计	15		
	应付清算款	16		
	应付托管费	17		
	应付管理费	18		
	应纳税款	19		
	其他应付款	20		
净资产		21		
本月买入周转率 = 本月买入成本/[（上月市值 + 本月市值）/2] =				
本月卖出周转率 = 本月卖出成本/[（上月市值 + 本月市值）/2] =				
平均获利率 = [（已实现资本利得 + 未实现资本利得）/汇入本金净值] ×100% =				
当月平均获利率 = [本月各种投资市值总额/（上月投资市值总额 + 本月汇入本金净值）－1] ×100% =				
备注				

填表人：　　　　　　　　　　　　　　　　　　　　　　　　复核人：

联系电话：　　　　　　　　　　　　　　　　　　　　　　　联系电话：

填表说明：

注1. “结算日”与“填表日期”的填报格式为“YYYY-MM-DD”；

注2. “成本”为移动加权平均方法计算的金额，“市值”按该月最后一个市场交易日的市值计算；

注3. 对于货币性项目，成本与市值相等；

注4. “清算备付金”和“交易保证金”，合并在“其他投资”项目中反映；

注5. 该表资产类别中已分项目列示之外、证监会尚未明细分类的投资品种在“其他投资”中合并反映；

注6. “应收清算款”按照“证券清算款”科目的借方余额填列；

注7. “应付清算款”按照“证券清算款”科目的贷方余额填列；

注8. “本月买入周转率”与“本月卖出周转率”项目精确到小数点后面两位；

注9. “平均获利率”与“当月平均获利率”项目填报格式为百分比，且精确到小数点后面两位；

注10. 此表为月报表，每月结束后5个工作日内报送外汇局。

附 5：

____年合格境外机构投资者境内证券投资年度财务报表（一）

资产负债表

QFII 名称：　　　　　　　　托管人名称：　　　　　　　　单位：元（人民币）

资　　产 其中：银行存款 公司股票 国　　债 其他债券 其他投资 预付股款 应收股款 应收股利 应收利息 其他应收款	
负　　债 其中：应付管理费 应付托管费 应纳税款 应付股款 其他应付款	
净 资 产 其中：汇入本金净值 本年度净损益 累计盈余	

填表人：　　　　负责人：　　　　联系电话：　　　　填表日期：

填表说明：公司股票、国债、其他债券以及其他投资以上年末最后一个交易日收盘价记值。

____年合格境外机构投资者境内证券投资年度财务报表（二）

损　益　表

QFII 名称：　　　　　　　　　　托管人名称：　　　　　　　　　单位：元（人民币）

收　　入 其中：股利收入 　　　利息收入 　　　其他收入	
费　　用 其中：托管费 　　　管理费 　　　税款 　　　其他费用（税费）	
已实现资本利得（亏损）	
未实现资本利得（亏损）	
本年度净损益	
期初累计盈余	
期末累计盈余	

填表人：　　　　　负责人：　　　　　联系电话：　　　　　填表日期：

国家外汇管理局关于境内个人参与境外上市公司股权激励计划外汇管理有关问题的通知

汇发［2012］7号

国家外汇管理局各省、自治区、直辖市分局、外汇管理部，深圳、大连、青岛、厦门、宁波市分局；各中资外汇指定银行：

为规范和完善境内个人参与境外上市公司股权激励计划外汇管理，根据《中华人民共和国外汇管理条例》、《个人外汇管理办法》（中国人民银行令［2006］第3号）等相关法规及规定，现就有关事项通知如下：

一、本通知所称“境外上市公司”是指在境外（含港澳台）证券交易场所上市的公司。

“股权激励计划”是指境外上市公司以本公司股票为标的，对境内公司的董事、监事、高级管理人员、其他员工等与公司具有雇佣或劳务关系的个人进行权益激励的计划，包括员工持股计划、股票期权计划等法律、法规允许的股权激励方式。

“境内公司”是在境内注册的境外上市公司、境外上市公司在境内的分支机构（含代表处）以及与境外上市公司有控股关系或实际控制关系的境内各级母、子公司或合伙企业等境内机构。

“境内个人”（以下简称个人）是指符合《中华人民共和国外汇管理条例》第五十二条规定的境内公司董事、监事、高级管理人员及其他员工，包括中国公民（含港澳台籍）及外籍个人。

二、参与同一项境外上市公司股权激励计划的个人，应通过所属境内公司集中委托一家境内代理机构（以下简称境内代理机构）统一办理外汇登记、账户开立及资金划转与汇兑等有关事项，并应由一家境外机构（以下简称境外受托机构）统一负责办理个人行权、购买与出售对应股票或权益以及相应资金划转等事项。

境内代理机构应是参与该股权激励计划的一家境内公司或由境内公司依法选定的可办理资产托管业务的其他境内机构。

三、境内代理机构应持下列材料，到国家外汇管理局所在地分局或外汇管理部（以下简称所在地外汇局）统一办理个人参与股权激励计划的外汇登记：

（一）书面申请，并附“境内个人参与境外上市公司股权激励计划外汇登记表”（见附表1，以下简称“外汇登记表”）；

（二）境外上市公司相关公告等能够证明股权激励计划真实性的证明材料（涉及国有企业等需经主管部门批准的，另需出具有关主管部门的认可文件）；

（三）境内公司授权境内代理机构统一办理个人参与股权激励计划的授权书或协议；

（四）境内公司出具的个人与其雇佣或劳务关系属实的承诺函（附个人名单、身份证件号码、所涉股权激励类型等）；

（五）前述材料内容不一致或不能说明交易真实性时，要求提供的补充材料。

所在地外汇局审核上述材料无误后，为境内代理机构出具相应的股权激励计划外汇登记证明。

四、个人可以其个人外汇储蓄账户中自有外汇或人民币等境内合法资金参与股权激励计划。以自有外汇资金参与的，银行应凭加盖了境内代理机构公章的股权激励计划外汇登记证明复印件、个人与境内公司雇佣及劳务关系说明等材料办理相应的资金划转手续。以人民币资金参与的，个人应将人民币资金划转至境内代理机构的账户，由境内代理机构按照本通知第五条规定统一办理有关购付汇手续。

五、境内代理机构为个人参与股权激励计划需从境内汇出资金的，应按年度持书面申请、股权激励计划外汇登记证明（在最初办理股权激励计划外汇登记的同时一并申请付汇额度的无需提供）、最新填写的“外汇登记表”等材料向所在地外汇局申请付汇额度。

所在地外汇局审核上述材料无误后，为境内代理机构出具载有对应付汇额度的股权激励计划外汇登记证明，银行凭此在付汇额度内为境内代理机构办理相应的购汇及付汇手续。

六、境内代理机构应凭股权激励计划外汇登记证明，在银行开立一个境内专用外汇账户。该账户的收入范围是：从个人外汇储蓄账户划入的外汇资金，境内代理机构为个人统一购汇所得的外汇资金，个人出售股权激励计划项下股票或权益后汇回的本金及收益，汇回的分红资金，以及经所在地外汇局核准的其他收入。支出范围是：向境外支付参与股权激励计划所需资金、境外汇回资金结汇或向个人外汇储蓄账户划转的资金，以及经所在地外汇局核准的其他支出。

七、个人参与股权激励计划所得外汇收入调回后，境内代理机构应凭相关书面申请、股权激励计划外汇登记证明、境外交易凭证等材料，由银行将资金从境内代理机构境内专用外汇账户分别划入对应的个人外汇储蓄账户，并按照个人外汇储蓄账户的有关规定管理和使用。

调回资金中与原本金购汇部分对应的资金及所有收益，也可由境内代理机构凭上述材料在银行统一为个人办理结汇，并将结汇所得资金分别划入对应的个人境内人民币账户。

八、境内代理机构应在境外上市公司股权激励计划发生重大变更（如原计划关键条款的修订及增加新计划，境外上市公司或境内公司并购重组等重大事项导致原计划发生变化等）、境内代理机构或境外受托机构变更等情况发生后的三个月内，持书面申请、原股权激励计划外汇登记证明、最新填写的“外汇登记表”及相关交易真实性证明材料，到所在地外汇局办理变更登记。

九、因股权激励计划到期，或因境外上市公司在境外证券市场退市、境内公司并购重组等重大事项导致股权激励计划终止的，境内代理机构应在计划终止后的20个工作日内，持书面申请、原股权激励计划登记证明和其他相关证明材料到所在地外汇局办理股权激励计划外汇登记注销。

所在地外汇局审核上述材料无误后，办理相应的股权激励计划外汇登记注销手续，境内代理机构凭此办理后续的账户清理及资金汇兑事宜。

十、境内代理机构应于每季度初三个工作日内向所在地外汇局报送

《境内个人参与境外上市公司股权激励计划情况备案表》（见附表2）。境内代理机构的开户银行应于每月初三个工作日内向所在地外汇局报送“境内个人参与境外上市公司股权激励计划境内专用外汇账户开立及关闭情况表”（见附表3）、“境内个人参与境外上市公司股权激励计划境内专用外汇账户收支情况表”（见附表4）。

所在地外汇局应于每月初五个工作日内将对应报表审核汇总后上报国家外汇管理局。

十一、个人参与境外上市公司股权激励计划并通过境内代理机构开立的境内专用外汇账户进行涉外收付款时，境内代理机构应按规定办理国际收支统计间接申报。

十二、国家外汇管理局及其分支机构对个人参与境外上市公司所涉外汇业务实施监督、管理和检查。个人、境内公司、境内代理机构及银行等违反本通知的，国家外汇管理局及其分支机构可依法采取相应的监管措施和行政处罚。

十三、本通知要求报送的相关申请及登记备案材料均需提供具有法律效力的中文文本；具有中文及其他文字等多种文本的，以具有法律效力的中文文本为准。

十四、本通知自发布之日起实施。《国家外汇管理局综合司关于印发〈境内个人参与境外上市公司员工持股计划和认股期权计划等外汇管理操作规程〉的通知》（汇综发［2007］78号）和《国家外汇管理局综合司关于下放境内个人参与境外上市公司员工持股计划首次购付汇额度及开立外汇账户审批权限的通知》（汇综发［2008］2号）同时废止。

各分局、外汇管理部收到本通知后，应尽快转发辖内中心支局、支局和外资银行。各中资外汇指定银行收到本通知后，应尽快转发分支行。执行中如遇问题，请及时向国家外汇管理局资本项目管理司反馈。

附表：1. 境内个人参与境外上市公司股权激励计划外汇登记表（内容详见光盘）
2. 境内个人参与境外上市公司股权激励计划情况备案表（内容详见光盘）
3. 境内个人参与境外上市公司股权激励计划境内专用外汇账户

开立及关闭情况表（内容详见光盘）

4. 境内个人参与境外上市公司股权激励计划境内专用外汇账户收支情况表（内容详见光盘）

二〇一二年二月十五日

国家外汇管理局综合司关于上海证券交易所和中国证券登记结算有限责任公司上海分公司证券交易费用专用外汇账户增加收支范围的批复

汇综复［2012］57号

国家外汇管理局上海市分局：

你分局《关于上海证券交易所和中国证券登记结算有限责任公司上海分公司证券交易费用专用外汇账户增加收支范围的请示》（上海汇发［2012］49号）收悉。现批复如下：

一、同意在上海证券交易所和中国证券登记结算有限责任公司上海分公司的境内非银行金融机构外汇活期结算专户的收入范围增加“外国投资者于资本市场转让所持企业股份所缴纳的经手费、过户费和印花税等交易税费”。

二、相关外汇资金的使用参照原B股交易费用管理原则办理。

此复。

二〇一二年七月二十七日

第六章 科技管理

国家外汇管理局关于发布《国家外汇管理局信息系统数据管理办法（试行）》的通知

汇发［2012］64 号

国家外汇管理局各司室、机关党委、各事业单位，各省、自治区、直辖市分局、外汇管理部，深圳、大连、青岛、厦门、宁波市分局：

为贯彻落实外汇管理信息化发展规划纲要，充分发挥数据对外汇管理的支撑和服务作用，国家外汇管理局制定了《国家外汇管理局信息系统数据管理办法（试行）》（见附件），现印发你们，请遵照执行。

特此通知。

附件：国家外汇管理局信息系统数据管理办法（试行）

二〇一二年十二月二十七日

附件：

国家外汇管理局信息系统数据管理办法（试行）

第一章 总 则

第一条 为加强国家外汇管理局（以下简称外汇局）信息系统数据（以下简称数据）管理，贯彻落实外汇管理信息化发展规划纲要，充分发挥数据对外汇管理的支撑和服务作用，特制定本办法。

第二条 本办法所指数据是外汇局依据有关法律法规，通过信息系统采集或处理履行外汇管理职能所需的电子信息。

第三条 数据管理是对数据统筹规划、标准制定、采集和处理、质量管理、共享和交换、安全和维护等全过程的管理。

第四条 数据管理工作遵循科学规划、规范管理、充分共享、安全使用的原则。

第五条 数据管理工作在外汇局信息化领导小组领导下开展，成立数据管理工作小组。数据管理工作小组负责建立健全数据管理方面的规章制度，组织开展数据管理相关工作。外汇业务数据监测中心（科技司）一名司级领导牵头小组工作并负责相关沟通和协调。小组成员由各部门相关人员组成。

第六条 各部门在职责范围内，做好本部门及分支机构对口处室数据管理相关的指导、协调等工作。外汇局各级分支机构按照属地管理的原则做好数据使用和管理等工作。

第二章 数据规划

第七条 数据规划是外汇管理信息化发展规划纲要的重要组成部分，应同步进行制定和实施。

第八条 数据规划应立足于外汇局现有工作职能及未来发展趋势，充分考虑外汇管理业务处理和统计监测分析工作的特点，做到科学规划、统一采集、集中处理、共享使用，提高数据利用效率。

第九条 数据规划的实施情况应定期评估，掌握规划在执行过程中存在的问题，并根据评估情况适时调整工作任务。

第三章 数据标准管理

第十条 数据标准是对外汇管理工作所涉及数据的规范化定义和统一解释，包括基础数据标准和指标数据标准。

第十一条 外汇局信息系统建设应遵循统一的数据标准。

第十二条 数据标准应根据业务需要和系统变更情况及时进行更新和修订。

第四章 数据采集

第十三条 数据采集遵循“统一、有用、已有、同步”的原则。“统一”即按照“统一平台、统一标准、统一管理”的方式进行数据采集和共享使用。“有用”即每个数据应有明确且合理的业务需求。“已有”即应立足于监管对象已有的数据，降低采集成本。“同步”即对同类的数据采集需求，应统一工作进度，避免重复采集。

第十四条 外汇局数据采集渠道主要依托外汇业务数据采集平台、外汇业务监管平台和网上服务平台三个平台进行，并辅以其他采集方式。

第十五条 各部门负责在充分调研基础上提出数据采集需求和数据采集方案。

第十六条 数据管理工作小组负责数据采集需求和数据采集方案的评估论证工作。专家组由数据管理工作小组成员和外部专家共同组成，具体人选根据数据采集内容确定。需求提出部门在论证会上向专家组报告相关事项，专家组重点评估数据采集的必要性、可行性、完整性、稳定性以及采集成本。经评审通过的数据采集方案报信息化领导小组审议通过后实施。

第十七条 重大数据采集方案经信息化领导小组审议通过后报局长办公会审议后实施。

第十八条 数据管理工作小组负责对已实施的数据采集方案和已采集的数据在外汇管理工作中所发挥的作用进行定期评估，并提交相应的评估报告。数据采集内容和数据采集方案应根据评估结果适时调整。

第十九条 需要从金融机构自身业务系统中采集的数据，各部门应及时将审议通过的数据采集方案告知金融机构，并在数据采集方案正式实施之前，给予金融机构一定的过渡准备期。

第二十条 需要金融机构、企业、个人等涉汇主体利用信息系统向外汇局报告的数据，各部门应在数据采集方案正式实施之前，做好对涉汇主体的宣传培训工作。

第五章 数据质量管理

第二十一条 数据质量管理是对数据及时性、完整性和规范性进行监测、监督、检查等工作。

第二十二条 数据质量要从数据采集环节抓起。各部门在进行数据采集时应建立与数据质量相关的业务规范，并据此对数据质量进行监督和检查。数据监测部门依据数据标准等技术规范对数据进行监测，并建立数据质量监测结果反馈机制。

第二十三条 各部门针对存在的数据质量问题采取切实可行的修正措施并监督落实。

第二十四条 在设计、开发数据采集功能时，采取必要的技术手段，进行数据质量控制。

第六章 数据共享与交换

第二十五条 外汇业务数据应在相关业务主管部门知悉和授权基础上在外汇局内部共享使用。

第二十六条 对于可以通过信息系统界面直接获取到的数据，数据需求部门可以通过业务功能授权获得相应的数据查询使用权限。

第二十七条 对于无法从信息系统界面直接获取到的数据，数据需求部门经业务主管部门同意后，数据监测部门按照需要提供相应数据服务和技术支持。

第二十八条 对外部门提供数据应按照公文流转或政务信息流程执行。数据的使用范围、相关数据的解释和说明工作由数据提供部门负责。

第二十九条 数据交换是指外汇局与外部门之间，对确定的标准数据信息，经数据通信网络，在计算机系统之间进行的交换和处理。数据交换要建立安全机制，保证数据的安全、及时传输。

第三十条 外汇局与外部门开展数据交换前应签订数据交换合作文件。

第三十一条 外部交换的数据在符合相关合作文件要求的条件下，或经数据管理工作小组研究同意后，可在外汇局内部共享使用。

第七章 数据安全与维护

第三十二条 完善运行安全管理，保障数据中心和业务数据的安全。

第三十三条 不得在非涉密信息系统或设备上存储、处理、传输涉及国家秘密数据；集中存储、处理、传输工作秘密的信息系统和设备，参照秘密级信息系统和设备管理。

第三十四条 按照国家信息安全和保密的有关规定，加强数据使用安全的管理，对发现的数据安全问题或安全隐患，及时上报和处理。

第三十五条 数据监测部门负责对各类数据存储和备份的管理，保证数据的完整性、可用性。

第三十六条 下线系统的数据根据业务需要保存一定期限后，进行清理、迁移或销毁。

第八章 附 则

第三十七条 外汇局分支机构信息系统数据管理参照本办法执行。

第三十八条 中央外汇业务中心自行制定相关信息系统数据管理办法。

第三十九条 本办法由国家外汇管理局外汇业务数据监测中心（科技司）负责解释。

第四十条 本办法自发布之日起实施。

国家外汇管理局综合司关于开展贸易信贷登记管理等系统应用门户整合推广工作的通知

汇综发［2012］18号

国家外汇管理局各省、自治区、直辖市分局、外汇管理部，深圳、大连、青岛、厦门、宁波市分局；全国性中资外汇指定银行：

根据贸易信贷登记管理、QFII和QDII报表、银行结售汇综合头寸日报表、中资金融机构外汇资产负债统计和银行非居民人民币账户统计系统（以下简称贸易信贷登记管理等系统）应用门户整合试点情况，国家外汇管理局决定从2012年3月19日起，在全国开展贸易信贷登记管理等系统应用门户整合推广上线工作。现就有关事项通知如下：

一、贸易信贷登记管理等系统应用门户整合主要是将系统的用户管理、权限管理、登录和界面组装功能整合到国家外汇管理局应用服务平台（简称ASOne），国家外汇管理局及其各分支机构（以下简称外汇局）、各外汇指定银行（以下简称银行）、非银行中资金融机构将通过应用服务平台访问贸易信贷登记管理等系统办理日常业务。对于企业，仍通过原有方式访问贸易信贷登记管理系统。

二、贸易信贷登记管理等系统应用门户整合推广上线后，银行和非银行中资金融机构访问系统的网络渠道和访问地址将有所调整。其中，银行由原通过国际互联网接入方式调整到通过国家外汇管理局外部机构接入网方式访问系统；对非银行中资金融机构，如果与国家外汇管理局有专线接入，应通过国家外汇管理局外部机构接入网接入方式访问系统，否则仍通过国际互联网接入方式访问系统。各类用户的网络接入方式和应用服务平台访问地址如下：

用户类型	网络接入方式	应用服务平台访问地址
外汇局	内部业务网	http://100.1.48.51:9101/asone/
银行	外部机构接入网	http://asone.safe:9101/asone/
非银行中资金融机构	外部机构接入网	http://asone.safe:9101/asone/
非银行中资金融机构	互联网	http://asone.safesvc.gov.cn/asone/

三、2012 年 3 月 19 日（含）起，外汇局、银行和非银行中资金融机构应按照《贸易信贷登记管理等系统应用门户整合推广上线方案》（以下简称推广方案，见附件）的要求组织实施推广工作，主要分两个阶段进行：

（一）2012 年 3 月 19 日至 3 月 31 日期间，外汇局、银行和非银行中资金融机构仍通过原有方式访问贸易信贷登记管理等系统办理日常业务，同时外汇局、银行和非银行中资金融机构应按照推广方案的有关要求完成网络设置、浏览器和域名设置、外汇局机构信息核对、银行和非银行中资金融机构信息核对、用户和权限维护等准备工作。

（二）从 2012 年 4 月 1 日（含）起，外汇局、银行和非银行中资金融机构应通过应用服务平台登录贸易信贷登记管理等系统办理日常业务。

四、各分局、外汇管理部（以下简称分局）负责组织辖内贸易信贷登记管理等系统应用门户整合推广工作，并做好推广期间日常业务开展。外汇局信息科技部门应配合有关业务部门做好相关准备工作。

五、各银行总行应按照推广方案有关要求，结合本行实际情况，做好网络调整，并指导分支机构完成浏览器和域名设置等技术准备工作。

六、各分局收到本通知后，应立即转发给辖内中心支局、支局、银行和相关非银行中资金融机构。

推广期间，国家外汇管理局业务和技术支持电话如下：

系统名称	技术支持电话	业务支持电话
贸易信贷登记管理	010－68402141 010－68402469	010－68402250
QFII 和 QDII 报表	010－68402141 010－68402220	010－68402383
银行结售汇综合头寸日报表	010－68402141	010－68402586、68402313
中资金融机构外汇资产负债统计		010－68402448
银行非居民人民币账户统计		010－68402489

特此通知。

附件：贸易信贷登记管理等系统应用门户整合推广上线方案（内容详见光盘）

二〇一二年三月十四日

国家外汇管理局综合司关于开展个人结售汇系统应用门户整合推广工作的通知

汇综发［2012］22 号

国家外汇管理局各省、自治区、直辖市分局、外汇管理部，深圳、大连、青岛、厦门、宁波市分局；全国性中资外汇指定银行：

根据个人结售汇系统应用门户整合工作试点情况，国家外汇管理局决定从 2012 年 4 月 1 日起，在全国开展个人结售汇系统应用门户整合推广上线工作。现就有关事项通知如下：

一、个人结售汇系统应用门户整合主要是将个人结售汇系统的用户管理、权限管理、登录和界面组装功能整合到国家外汇管理局应用服务平台（简称 ASOne），国家外汇管理局及其分支机构（以下简称外汇局）、各外汇指定银行（以下简称银行）将通过应用服务平台访问个人结售汇系统办理日常业务。其中，外汇局访问的应用服务平台地址为：http：//100.1.48.51：9101/asone/，银行访问的应用服务平台地址为：http：//asone.safe：9101/asone/。

二、从 2012 年 4 月 1 日（含）起，外汇局和银行应按照《个人结售汇系统应用门户整合推广上线方案》（以下简称推广方案，见附件）的要求组织实施推广工作，主要分两个阶段进行：

（一）2012 年 4 月 1 日至 4 月 30 日期间，外汇局和银行仍通过原有方式访问个人结售汇系统办理日常业务，同时应按照推广方案的有关要求完成网络设置、域名和浏览器设置、外汇局和银行信息核对、用户和权限维护等准备工作。

（二）从2012年5月1日（含）起，外汇局应通过应用服务平台登录个人结售汇系统办理日常业务。对于银行，通过登录个人结售汇系统办理业务应改为通过应用服务平台登录个人结售汇系统办理业务；通过电子银行个人结售汇系统办理业务的访问方式不变。

对于个人结售汇系统中外汇局代码和金融机构标识码与外汇代码标准管理信息系统（以下简称代码系统）不一致的外汇局和银行，应使用代码系统中的外汇局代码和金融机构标识码办理新发生的业务，不得使用原外汇局代码和金融机构标识码继续办理业务；原外汇局代码和金融机构标识码仅限查询整合之前的业务。

三、各分局、外汇管理部负责组织辖内个人结售汇系统应用门户整合推广工作，并做好推广期间日常业务开展。外汇局信息科技部门应配合个人结售汇业务部门做好相关准备工作。

四、各银行总行应按照推广方案有关要求，结合本行实际情况，做好网络调整，并指导分支机构完成浏览器和域名设置等技术准备工作。

五、各分局、外汇管理部收到本通知后，应立即转发辖内中心支局、支局和辖内外汇指定银行。

推广期间，国家外汇管理局业务和技术支持联系电话如下：

技术支持联系电话：010－68402141（应用服务平台）、010－68402354（个人结售汇系统）；

业务支持联系电话：010－68402449。

特此通知。

附件：个人结售汇系统应用门户整合推广上线方案（内容详见光盘）

二〇一二年三月二十三日

附　　录

现行有效外汇管理主要法规目录
（截至 2012 年 7 月 31 日）[①]

一、综合（39 项）

（一）基本法规

（1）中华人民共和国外汇管理条例（国务院令第 532 号）

（2）结汇、售汇及付汇管理规定（银发［1996］210 号）

（3）境内机构外币现钞收付管理暂行办法（［96］汇管函字第 211 号）

（4）境内外汇划转管理暂行规定（［97］汇管函字第 250 号）

（5）个人外汇管理办法（中国人民银行令 2006 年第 3 号）

（6）个人外汇管理办法实施细则（汇发［2007］1 号）

（7）国家外汇管理局关于加强外汇业务管理有关问题的通知（汇发［2010］59 号）

（8）国家外汇管理局关于进一步加强外汇业务管理有关问题的通知（汇发［2011］11 号）

（二）账户管理

① 共收录外汇管理法规 400 件。

（1）境内外汇账户管理规定（银发［1997］416号）

（2）境外外汇账户管理规定（［97］汇政发字第10号）

（3）国家外汇管理局关于对公外汇账户业务涉及有关外汇管理政策问题的批复（汇复［2007］398号）

（4）国家外汇管理局综合司关于驻华外交机构外汇业务有关问题的批复（汇综复［2008］53号）

（5）国家外汇管理局关于境外机构境内外汇账户管理有关问题的通知（汇发［2009］29号）

（三）行政许可

（1）国家外汇管理局取消26项行政审批项目后有关事宜的公告（国家外汇管理局公告［2003］第1号）

（2）国家外汇管理局取消8项行政审批项目后有关事宜公告（国家外汇管理局公告［2004］第1号）

（3）国家外汇管理局关于实施外汇管理行政许可有关程序问题的通知（汇发［2004］68号）

（4）中国人民银行公告（［2006］第5号——调整部分外汇管理政策）

（5）国家外汇管理局综合司关于转发《国务院关于第四批取消和调整行政审批项目的决定》的通知（汇综发［2007］189号）

（6）国家外汇管理局行政许可办理程序（汇综发［2008］191号）

（7）国务院关于第五批取消和下放管理层级行政审批项目的决定（国发［2010］21号）

（8）国家外汇管理局行政许可项目表（汇发［2010］43号）

（四）特殊经济区域管理

（1）国家外汇管理局关于《上海钻石交易所外汇管理暂行办法》的批复（汇复［2000］316号）

（2）国家外汇管理局关于上海钻石交易所外汇管理有关问题的批复（汇复［2002］261号）

（3）国家外汇管理局关于推动浦东新区跨国公司外汇管理改革试点有关问题的批复（汇复［2005］300号）

（4）保税监管区域外汇管理办法（汇发［2007］52号）

（5）保税监管区域外汇管理办法操作规程（汇综发［2007］166号）

（五）其他

（1）国家外汇管理局来信来访制度（汇发［1999］346 号）

（2）关于规范外汇业务重要凭证、审批核准、档案管理的指导意见（汇发［2004］1 号）

（3）国家外汇管理局关于印发《国家外汇管理局政府信息公开指南》、《国家外汇管理局政府信息公开目录》、《国家外汇管理局依申请公开政府信息工作规程》的通知（汇发［2008］12 号）

（4）国家外汇管理局法律咨询工作管理规定（汇综发［2009］106 号）

（5）国家外汇管理局关于公布废止和失效的外汇管理规范性文件目录的通知（汇发［2009］19 号）

（6）国家外汇管理局关于公布废止和失效的 25 件外汇管理规范性文件的通知（汇发［2009］36 号）

（7）中国人民银行公告（［2009］第 16 号——废止 6 件规范性文件）

（8）国家外汇管理局关于公布废止和失效的 56 件外汇管理规范性文件目录的通知（汇发［2009］44 号）

（9）国家外汇管理局关于公布废止和失效的 55 件外汇管理规范性文件的通知（汇发［2009］60 号）

（10）国家外汇管理局关于公布废止和失效 24 件外汇管理规范性文件的通知（汇发［2010］16 号）

（11）国家外汇管理局关于废止 52 件国际收支统计申报规范性文件的通知（汇发［2010］42 号）

（12）国家外汇管理局综合司关于办理二氧化碳减排量等环境权益跨境交易有关外汇业务问题的通知（汇综发［2010］151 号）

（13）国家统计局办公室关于同意外债统计监测等 37 项统计制度备案的函（国统办函［2011］46 号）

二、经常项目外汇管理（61 项）

（一）经常项目综合

（1）国家外汇管理局关于免税商品外汇管理有关问题的通知（汇发［2006］16 号）

（2）国家外汇管理局关于调整经常项目外汇管理政策的通知（汇发

［2006］19号）

（3）经常项目外汇账户和境内居民个人购汇操作规程（汇综发［2006］32号）

（4）国家外汇管理局关于境内机构自行保留经常项目外汇收入的通知（汇发［2007］49号）

（5）国家外汇管理局综合司关于驻华使领馆经常项目外汇账户管理有关问题的通知（汇综发［2007］114号）

（二）货物贸易外汇管理

（1）对外贸易经济合作部　海关总署　国家外汇管理局关于印发《规范进出口代理业务的若干规定》的通知（［1998］外经贸政发第725号）

（2）国家外汇管理局综合司关于商业银行办理黄金进出口收付汇有关问题的通知（汇综发［2012］85号）

（3）国家外汇管理局　海关总署　国家税务总局关于货物贸易外汇管理制度改革的公告（国家外汇管理局公告［2012］第1号）

（4）国家外汇管理局关于印发货物贸易外汇管理法规有关问题的通知（汇发［2012］38号）

（5）国家外汇管理局关于做好货物贸易外汇管理制度改革推广工作有关问题的通知（汇发［2012］39号）

（三）边境贸易

（1）边境贸易外汇管理办法（汇发［2003］113号）

（四）服务贸易外汇管理

1. 基本法规

（1）国家外汇管理局关于外汇指定银行办理利润、股息、红利汇出有关问题的通知（汇发［1998］29号）

（2）国家外汇管理局关于修改《关于外汇指定银行办理利润、股息、红利汇出有关问题的通知》的通知（汇发［1999］308号）

（3）国家外汇管理局综合司关于转发农业部《关于报送获得农业部远洋渔业企业资格的企业名单及远洋渔业项目的函》的通知（汇综发［2001］25号）

（4）非贸易售付汇及境内居民个人外汇收支管理操作规程（试行）（汇发［2002］29号）

（5）国家外汇管理局关于做好因公出国售汇管理工作有关问题的通知（汇发［2002］118 号）

（6）国家外汇管理局关于现行法规中没有明确规定的非贸易项目售付汇有关问题的通知（汇发［2003］35 号）

（7）国家外汇管理局关于外币旅行支票代售管理等有关问题的通知（汇发［2004］15 号）

（8）国家外汇管理局关于跨国公司非贸易售付汇管理有关问题的通知（汇发［2004］62 号）

（9）国家外汇管理局关于企业和预算外单位公务出国用汇管理有关问题的通知（汇发［2004］117 号）

（10）国家外汇管理局综合司关于企业和预算外单位公务出国用汇管理有关问题的批复（汇综复［2005］39 号）

（11）关于服务贸易外汇管理有关问题的答复（汇经函［2006］12 号）

（12）国家外汇管理局综合司关于调整部分服务贸易项下售付汇政策有关问题的通知（汇综发［2006］73 号）

（13）国家外汇管理局关于境内机构捐赠外汇管理有关问题的通知（汇发［2009］63 号）

2. 运输外汇管理

（1）国家外汇管理局、农业部关于印发《远洋渔业企业远洋渔业外汇收支管理暂行规定》的通知（汇发［2001］49 号）

（2）国家外汇管理局关于国际海运业外汇收支管理有关问题的通知（汇发［2001］58 号）

（3）国家税务总局、国家外汇管理局关于加强外国公司船舶运输收入税收管理及国际海运业对外支付管理的通知（国税发［2001］139 号）

（4）国家税务总局、国家外汇管理局关于加强外国公司船舶运输收入税收管理及国际海运业对外支付管理的补充通知（国税发［2002］107 号）

（5）国家外汇管理局经常项目管理司关于办理航空运输项下售付汇手续有关问题的批复（汇经函［2005］1 号）

（6）国家外汇管理局综合司关于国际运输专用发票取消后相关衔接工作的批复（汇综复［2010］122 号）

3. 旅游外汇管理

（1）国家外汇管理局关于旅行社旅游外汇收支管理有关问题的通知（汇发［2001］3号）

（2）国家外汇管理局经常项目管理司关于国际旅行社延伸旅游业务外汇支付有关问题的通知（汇经函［2001］26号）

（3）国家外汇管理局关于旅行社旅游外汇收支管理有关操作问题的通知（汇发［2001］122号）

（4）国家外汇管理局关于对旅行社代售国际机票业务兑换外汇有关问题的批复（汇复［2001］213号）

（5）国家外汇管理局经常项目管理司关于边境旅游支付境外团费问题的批复（汇经复［2002］3号）

（6）国家外汇管理局关于旅行社组织境内居民赴香港、澳门地区旅游有关外汇管理问题的通知（汇发［2002］31号）

（7）国家外汇管理局关于调整中国公民出境旅游购汇政策的通知（汇发［2002］55号）

（8）国家外汇管理局关于旅游外汇管理有关问题的通知（汇发［2002］84号）

（9）国家外汇管理局关于旅行社组织内地居民赴香港、澳门地区旅游有关外汇管理问题的补充通知（汇发［2002］109号）

4. 无形资产外汇管理

（1）国家外汇管理局关于加强对引进无形资产售付汇管理有关问题的通知（［98］汇管函字第092号）

（2）国家外汇管理局关于修改《加强对引进无形资产售付汇管理有关问题的通知》并转发国家版权局国权［1999］15号文的通知（汇发［1999］283号）

（3）国家外汇管理局关于简化外商投资企业技术引进售付汇管理手续的通知（汇发［1999］319号）

（4）对外贸易经济合作部　信息产业部　国家税务总局　海关总署国家外汇管理局　国家统计局关于软件出口有关问题的通知（［2000］外经贸技发第680号）

（5）国家外汇管理局关于调整专利权许可用汇审核凭证等有关问题的通知（汇发［2002］34号）

(6) 对外贸易经济合作部、国家外汇管理局关于加强技术进口合同售付汇管理的通知（外经贸技发［2002］50 号）

5. 对外支付税务凭证

(1) 国家税务总局　国家外汇管理局关于境内机构及个人对外支付技术转让费不再提交营业税税务凭证的通知（国税发［2005］28 号）

(2) 国家外汇管理局　国家税务总局关于服务贸易等项目对外支付提交税务证明有关问题的通知（汇发［2008］64 号）

(3) 国家外汇管理局关于转发国家税务总局服务贸易等项目对外支付出具税务证明管理办法的通知（汇发［2009］1 号）

(4) 国家外汇管理局　国家税务总局关于进一步明确服务贸易等项目对外支付提交税务证明有关问题的通知（汇发［2009］52 号）

（五）个人经常项目外汇管理

(1) 国家外汇管理局关于个人对外贸易经营有关外汇管理问题的通知（汇发［2004］86 号）

(2) 国家外汇管理局综合司关于规范银行个人结售汇业务操作的通知（汇综发［2007］90 号）

(3) 国家外汇管理局综合司关于境外个人购汇管理有关问题的通知（汇综发［2008］159 号）

(4) 国家外汇管理局关于进一步完善个人结售汇业务管理的通知（汇发［2009］56 号）

(5) 个人结售汇管理信息系统应急预案（汇综发［2008］49 号）

(6) 电子银行个人结售汇业务管理暂行办法（汇发［2011］10 号）

(7) 国家外汇管理局关于银行开办电子渠道个人结售汇业务试行个人分拆结售汇“关注名单”管理的通知（汇发［2011］41 号）

（六）外币现钞与外币计价管理

(1) 国家外汇管理局　海关总署关于下发《银行调运外币现钞进出境管理规定》的通知（汇函［1998］65 号）

(2) 国家外汇管理局　海关总署关于银行调运澳门元现钞有关问题的通知（汇发［1999］204 号）

(3) 携带外币现钞出入境管理暂行办法（汇发［2003］102 号）

(4) 携带外币现钞出入境管理操作规程（汇发［2004］21 号）

（5）国家外汇管理局综合司、海关总署办公厅关于调运卢布现钞进出境有关问题的通知（汇综发［2004］44号）

三、资本项目外汇管理（140项）

（一）资本项目综合

（1）国家外汇管理局关于启用新版《国家外汇管理局资本项目外汇业务核准件》的通知（汇发［2001］45号）

（2）中国人民银行、国家外汇管理局关于调整资本项下部分购汇管理措施的通知（银发［2001］304号）

（3）国家外汇管理局关于取消部分资本项目外汇管理行政审批后过渡政策措施的通知（汇发［2003］50号）

（4）国家外汇管理局关于下放部分资本项目外汇业务审批权限有关问题的通知（汇发［2005］63号）

（5）国家外汇管理局关于调整部分资本项目外汇业务审批权限的通知（汇发［2009］21号）

（6）国家外汇管理局关于调整部分资本项目外汇业务审批权限的通知（汇发［2010］29号）

（7）住房和城乡建设部　国家外汇管理局关于进一步规范境外机构和个人购房管理的通知（建房［2010］186号）

（8）国家外汇管理局综合司关于下发《国家外汇管理局关于加强外汇业务管理有关问题的通知》所涉资本项目业务操作指引的通知（汇综发［2011］29号）

（9）国家外汇管理局关于取消和调整部分资本项目外汇业务审核权限及管理措施的通知（汇发［2011］20号）

（10）国家外汇管理局关于进一步明确和规范部分资本项目外汇业务管理有关问题的通知（汇发［2011］45号）

（11）国家外汇管理局关于鼓励和引导民间投资健康发展有关外汇管理问题的通知（汇发［2012］33号）

（二）外商直接投资外汇管理

1. 基本法规

（1）国家外汇管理局关于外商以人民币再投资外汇管理有关问题的复

函（汇复［2000］129 号）

（2）利用外资改组国有企业暂行规定（国家经济贸易委员会、财政部、国家工商行政管理总局、国家外汇管理局令 2002 年第 42 号）

（3）外商投资创业投资企业管理规定（对外贸易经济合作部、科学技术部、国家工商行政管理总局、国家税务总局、国家外汇管理局令 2003 年第 2 号）

（4）国家外汇管理局关于完善外商直接投资外汇管理工作有关问题的通知（汇发［2003］30 号）

（5）国家外汇管理局关于境内居民通过境外特殊目的公司融资及返程投资外汇管理有关问题的通知（汇发［2005］75 号）

（6）外国投资者对上市公司战略投资管理办法（商务部、中国证券监督管理委员会、国家税务总局、国家工商行政管理总局、国家外汇管理局令 2005 年第 28 号）

（7）国家外汇管理局综合司关于保险中介机构开立外汇资本金账户有关问题的通知（汇综发［2006］6 号）

（8）关于外国投资者并购境内企业的规定（商务部、国务院国有资产监督管理委员会、国家税务总局、国家工商行政管理总局、中国证券监督管理委员会、国家外汇管理局令 2006 年第 10 号）

（9）境内居民通过境外特殊目的公司融资及返程投资外汇管理操作规程（汇发［2011］19 号）

2. 资本金管理

（1）国家外汇管理局关于外商投资企业资本金变动若干问题的通知（［96］汇资函字第 188 号）

（2）国家外汇管理局关于改革外商投资项下资本金结汇管理方式的通知（汇发［2002］59 号）

（3）国家外汇管理局关于改进外商投资企业资本项目结汇审核与外债登记管理工作的通知（汇发［2004］42 号）

（4）国家外汇管理局综合司关于对外商投资企业将资本金结汇归还人民币贷款行为定性处理的通知（汇综发［2008］39 号）

（5）国家外汇管理局综合司关于外商投资创业投资企业资本金结汇进行境内股权投资有关问题的批复（汇综复［2008］125 号）

（6）国家外汇管理局综合司关于完善外商投资企业外汇资本金支付结汇管理有关业务操作问题的通知（汇综发［2008］142号）

（7）国家外汇管理局综合司关于完善外商投资企业外汇资本金支付结汇管理有关业务操作问题的补充通知（汇综发［2011］88号）

3. 登记

（1）外商投资企业外汇登记管理暂行办法（［96］汇资函字第187号）

（2）国家外汇管理局关于开展外商直接投资外汇登记工作有关问题的通知（汇发［2002］42号）

（3）财政部　国家外汇管理局关于进一步加强外商投资企业验资工作及健全外资外汇登记制度的通知（财会［2002］1017号）

（4）国家外汇管理局关于在出口加工区、保税区和上海钻石交易所开展外商直接投资验资询证及外资外汇登记工作的通知（汇发［2004］108号）

（5）国家外汇管理局关于外商投资企业合并、分立的验资询证有关问题的批复（汇复［2005］180号）

（6）建设部　商务部　国家发展和改革委员会　中国人民银行　国家工商行政管理总局　国家外汇管理局关于规范房地产市场外资准入和管理的意见（建住房［2006］171号）

（7）国家外汇管理局综合司关于下发第一批通过商务部备案的外商投资房地产项目名单的通知（汇综发［2007］130号）

（8）国家外汇管理局综合司关于实行网上公布通过商务部备案的外商投资房地产项目名单的通知（汇综发［2007］138号）

（9）国家外汇管理局关于直接投资外汇业务信息系统全国推广上线有关问题的通知（汇发［2008］16号）

（10）国家外汇管理局综合司关于直接投资外汇业务信息系统与外汇账户系统操作有关问题的通知（汇综发［2008］129号）

（11）国家外汇管理局综合司关于外商投资房地产企业外汇登记有关问题的通知（汇综发［2009］42号）

（12）国家外汇管理局综合司关于外商投资企业外方股东以境内股权出资办理验资询证有关问题的批复（汇综复［2010］3号）

（13）国家外汇管理局综合司关于“三来一补”企业不作价设备转作外

商投资企业外国投资者出资所涉验资询证有关问题的批复（汇综复［2011］155 号）

（14）国家外汇管理局综合司关于东软集团股份有限公司外资股东减持股份所涉外汇登记变更有关问题的批复（汇综复［2012］34 号）

4. 年检

（1）财政部　国家外汇管理局关于加强外商投资企业外汇审计工作的通知（财外字［1998］607 号）

（2）对外贸易经济合作部　国家经济贸易委员会　财政部　海关总署　国家税务总局　国家工商行政管理局　国家外汇管理局关于对外商投资企业实行联合年检实施方案的通知（［1998］外经贸资发第 938 号）

（3）国家外汇管理局、财政部关于调整外商投资企业外汇年检“外汇内容表”的通知（汇发［2002］124 号）

（4）国家外汇管理局关于改进外商投资企业外汇年检工作有关事项的通知（汇发［2004］7 号）

5. 投资清算

（1）国家外汇管理局关于授权分局办理外商投资企业转股、清算外汇业务的通知（汇发［1999］397 号）

6. 其他

（1）国家外汇管理局关于境外企业承包境内工程外汇管理若干问题的复函（［98］汇资函字第 204 号）

（2）国家外汇管理局关于转发《国务院办公厅关于妥善处理现有保证外方投资固定回报项目有关问题的通知》的通知（汇发［2002］105 号）

（3）国家外汇管理局　建设部关于规范房地产市场外汇管理有关问题的通知（汇发［2006］47 号）

（4）国家外汇管理局综合司关于下放外国投资者竞标土地使用权专用外汇保证金账户、外国投资者产权交易专用外汇保证金账户审批权限的通知（汇综发［2008］130 号）

（三）境外投资外汇管理

（1）国家外汇管理局　对外贸易经济合作部关于援外项目外汇管理有关问题的通知（汇发［1999］251 号）

（2）境外带料加工装配项目、援外项目外汇管理操作规程（汇发

[1999] 317号）

（3）国家外汇管理局关于境内企业境外放款外汇管理有关问题的通知（汇发[2009] 24号）

（4）境内机构境外直接投资外汇管理规定（汇发[2009] 30号）

（5）商务部　国家外汇管理局关于境外投资联合年检工作有关事项的通知（商合函[2009] 60号）

（6）国家外汇管理局关于境内银行境外直接投资外汇管理有关问题的通知（汇发[2010] 31号）

（7）国家外汇管理局关于上海贝尔股份有限公司境外放款有关问题的批复（汇综复[2010] 19号）

（四）境外融资及有价证券管理

1. 境外发债及上市

（1）境外进行项目融资管理暂行办法（计外资[1997] 612号）

（2）国务院办公厅转发国家计委、人民银行关于进一步加强对外发债管理意见的通知（国办发[2000] 23号）

（3）国家外汇管理局、中国证监会关于进一步完善境外上市外汇管理有关问题的通知（汇发[2002] 77号）

（4）国家外汇管理局关于完善境外上市外汇管理有关问题的通知（汇发[2003] 108号）

（5）国家外汇管理局关于境外减持外汇收入上缴全国社保基金有关问题的通知（汇发[2004] 64号）

（6）国家外汇管理局关于境外上市外汇管理有关问题的通知（汇发[2005] 6号）

（7）国家外汇管理局关于境内个人参与境外上市公司股权激励计划外汇管理有关问题的通知（汇发[2012] 7号）

2. 套期保值

（1）国有企业境外期货套期保值业务管理办法（证监发[2001] 81号）

（2）国有企业境外期货套期保值业务外汇管理操作规程（试行）（汇发[2001] 150号）

（3）国家外汇管理局关于调整《国有企业境外期货套期保值业务外汇

管理操作规程（试行）》中有关开立境内外汇账户问题的通知（汇发［2003］72号）

（4）国家外汇管理局关于修改《国有企业境外商品期货套期保值业务外汇管理操作规程（试行）》有关问题的通知（汇发［2005］34号）

（5）国家外汇管理局综合司关于安徽铜陵有色金属集团控股有限公司支付境外商品期货套期保值外汇资金有关问题的批复

（附件：国有企业境外商品期货套期保值外汇管理过渡期有关问题的处理原则）（汇综复［2008］78号）

（6）国家外汇管理局综合司关于解决假日期间国有企业境外商品期货套期保值项下外汇备用金汇出问题的批复（汇综复［2009］7号）

（7）国家外汇管理局关于中央企业境外金融衍生业务外汇管理有关问题的通知（汇发［2011］24号）

3. 其他

（1）国家外汇管理局关于调整境内发行B股和境外上市股票外汇专用账户的开立和募股收入结汇审批权限的通知（汇发［1999］380号）

（2）中国人民银办公厅关于A股上市公司外资股东减持股份及分红所涉账户开立与外汇管理有关问题的通知（银办发［2009］178号）

（3）国家外汇管理局综合司关于境内个人投资B股购汇有关问题的批复（汇综复［2011］148号）

（4）国家外汇管理局关于重庆长安汽车股份有限公司回购B股股份购汇额度等外汇管理事项的批复（汇复［2012］21号）

（五）证券市场投资外汇管理

1. 境内证券市场投资外汇管理

（1）合格境外机构投资者境内证券投资管理办法（中国证券监督管理委员会、中国人民银行、国家外汇管理局令2006年第36号）

（2）合格境外机构投资者境内证券投资外汇管理规定（国家外汇管理局公告［2009］第1号）

（3）国家外汇管理局综合司关于绿庭（香港）有限公司减持A股资金管理有关问题的批复（汇综复［2010］58号）

（4）国际开发机构人民币债券发行管理暂行办法（中国人民银行、财政部、国家发展和改革委员会、中国证券监督管理委员会公告［2010］第

10 号）

（5）国家外汇管理局关于基金管理公司、证券公司人民币合格境外机构投资者境内证券投资试点有关问题的通知（汇发［2011］50 号）

2. 境外证券市场投资外汇管理

（1）商业银行开办代客境外理财业务管理暂行办法（银发［2006］121 号）

（2）商业银行代客境外理财业务外汇管理操作规程（汇综发［2006］135 号）

（3）保险资金境外投资管理暂行办法（中国保险监督管理委员会、中国人民银行、国家外汇管理局令 2007 年第 2 号）

（4）信托公司受托境外理财业务管理暂行办法（银监发［2007］27 号）

（5）国家外汇管理局关于基金管理公司和证券公司境外证券投资外汇管理有关问题的通知（汇发［2009］47 号）

（六）外债及对外担保管理

1. 基本法规

（1）国家外汇管理局关于印发《银行外汇业务管理规定》等规章的通知（附件：境内机构借用国际商业贷款管理办法）（［97］汇政发字第 06 号）

（2）国家外汇管理局关于调整购汇提前还贷管理措施的通知（汇发［2002］38 号）

（3）外债管理暂行办法（国家发展计划委员会、财政部、国家外汇管理局令 2003 年第 28 号）

（4）境内外资银行外债管理办法（国家发展和改革委员会、中国人民银行、中国银行业监督管理委员会令　2004 年第 9 号）

（5）国家外汇管理局关于实施《境内外资银行外债管理办法》有关问题的通知（汇发［2004］59 号）

（6）国家外汇管理局关于完善外债管理有关问题的通知（汇发［2005］74 号）

（7）境内金融机构赴香港特别行政区发行人民币债券管理暂行办法（中国人民银行、国家发展改革委员会公告［2007］第 12 号）

2. 外债统计与管理

（1）外债统计监测暂行规定

（2）国家计委关于借用国外贷款实行全口径计划管理的通知（计外资［1996］751 号）

（3）国家外汇管理局关于印发《银行外汇业务管理规定》等规章的通知（附件：外债统计监测实施细则）（［97］汇政发字第 06 号）

（4）国家计委、中国人民银行、国家外汇管理局关于国有商业银行实行中长期外债余额管理的通知（计外资［2000］53 号）

（5）国家外汇管理局关于调整我国外债口径及相关问题的通知（汇发［2001］174 号）

（6）国家外汇管理局关于推广外债统计监测系统（银行版）和调整外债数据报送要求的通知（汇发［2005］78 号）

（7）国家外汇管理局综合司关于外商投资房地产企业外债登记有关问题的批复（汇综复［2007］118 号）

（8）银行外债数据非现场核查办法（试行）（汇发［2007］44 号）

（9）国家外汇管理局关于改进中国进出口银行外债转贷款外汇管理方式的通知（汇发［2009］22 号）

（10）财政部　国家外汇管理局关于改进部分地区国际金融组织转贷款项目外汇管理方式的通知（财际［2010］7 号）

（11）国家外汇管理局关于进一步推进外国政府和国际金融组织转贷款外汇管理方式改革的通知（汇发［2011］26 号）

（12）国家外汇管理局关于完善中国进出口银行外债转贷款外汇管理方式的通知（汇发［2011］36 号）

（13）国家外汇管理局关于核定 2012 年度境内机构短期外债余额指标有关问题的通知（汇发［2012］12 号）

3. 担保

（1）境内机构对外担保管理办法（中国人民银行令 1996 年第 3 号）

（2）境内机构对外担保管理办法实施细则（［97］汇政发字第 10 号）

（3）国家外汇管理局政策司关于如何界定擅自以外汇作质押的函（［97］汇政法字第 2 号）

（4）中国人民银行　国家外汇管理局关于加强境内金融机构外汇担保

项下人民币贷款业务管理的通知（银发［1998］458号）

（5）国家外汇管理局关于金融机构外汇担保项下人民币贷款有关问题的复函（汇复［1999］56号）

（6）国家外汇管理局资本项目司关于外债、对外担保补登记有关问题的通知（汇资函［1999］77号）

（7）国家外汇管理局关于规范对外担保履约审批权限的通知（汇发［2000］84号）

（8）国家外汇管理局关于支付涉外担保费有关处理原则的通知（汇发［2000］105号）

（9）国家外汇管理局关于转发和执行《最高人民法院关于适用〈中华人民共和国担保法〉若干问题的解释》的通知（汇发［2001］6号）

（10）国家外汇管理局关于保险权益质押登记问题的批复（汇复［2001］144号）

（11）国家外汇管理局关于外汇担保项下人民币贷款有关问题的补充通知（汇发［2005］26号）

（12）国家外汇管理局综合司关于境外担保履约款结汇有关问题的批复（汇综复［2009］65号）

（13）国家外汇管理局关于江苏太平洋造船集团有限公司提供对外担保的批复（汇复［2010］7号）

（14）国家外汇管理局关于境内机构对外担保管理问题的通知（汇发［2010］39号）

（15）国家外汇管理局关于金融资产管理公司对外转让不良资产涉及担保备案管理有关问题的通知（汇发［2011］13号）

（16）国家外汇管理局关于核定境内银行2012年度融资性对外担保余额指标有关问题的通知（汇发［2012］35号）

4. 贸易信贷

（1）中国人民银行关于商业银行办理信用证和保函业务有关问题的通知（银发［2002］124号）

（2）国家外汇管理局关于银行申请办理贸易融资类新产品业务有关外汇管理问题的批复（汇复［2004］274号）

5. 外汇贷款

（1）外汇（转）贷款登记管理办法

（2）国家外汇管理局关于实施国内外汇贷款外汇管理方式改革的通知（汇发［2002］125号）

（3）境内企业内部成员外汇资金集中运营管理规定（汇发［2009］49号）

（4）国家外汇管理局关于境内企业外汇质押人民币贷款政策有关问题的通知（汇发［2011］46号）

（七）个人资本项目外汇管理

1. 资产转移

（1）个人财产对外转移售付汇管理暂行办法（中国人民银行公告［2004］第16号）

（2）《个人财产对外转移售付汇管理暂行办法》操作指引（试行）（汇发［2004］118号）

（3）国家外汇管理局　外交部　公安部　监察部　司法部关于实施《个人财产对外转移售付汇管理暂行办法》有关问题的通知（汇发［2005］9号）

（4）国家税务总局　国家外汇管理局关于个人财产对外转移提交税收证明或者完税凭证有关问题的通知（国税发［2005］13号）

（5）国家外汇管理局综合司关于境外自然人购买境内商品房外汇资金结汇有关问题的批复（汇综复［2007］86号）

2. 证券投资

（1）国家外汇管理局　中国证券监督管理委员会关于国内证券经营机构从事B股交易有关问题的通知（［95］汇管函字第140号）

（2）中国证券监督管理委员会　国家外汇管理局关于境内居民个人投资境内上市外资股若干问题的通知（证监发［2001］22号）

（3）国家外汇管理局关于贯彻实施《关于境内居民个人投资境内上市外资股若干问题的通知》中有关问题的通知（汇发［2001］26号）

（4）国家外汇管理局关于境内居民投资境内上市外资股有关问题的补充通知（汇发［2001］31号）

（5）国家外汇管理局关于贯彻实施《关于境内居民个人投资境内上市外资股若干问题的通知》中有关问题的补充通知（汇发［2001］32号）

（6）国家外汇管理局关于境内居民个人外汇存款投资 B 股市场有关问题的补充通知（汇发［2001］33 号）

（7）国家外汇管理局关于境内个人投资者 B 股投资收益结汇有关问题的批复（汇复［2007］283 号）

3. 外汇质押人民币贷款

（1）国家外汇管理局关于境内居民个人以外汇抵押人民币贷款政策问题的通知（汇发［2003］2 号）

四、金融机构外汇业务监管（69 项）

（一）基本法规

（1）非银行金融机构外汇业务管理规定（［92］汇业发字第 15 号）

（2）国家外汇管理局关于下发《银行外汇业务管理规定》和《非银行金融机构外汇业务管理规定》的补充规定的通知（附件：关于非银行金融机构外汇业务管理的相关规定）（［93］汇业函字第 83 号）

（3）非银行金融机构外汇业务范围界定（［96］汇管函字第 142 号）

（4）国家外汇管理局关于调整非银行金融机构经营外汇业务范围的通知（［97］汇管函字第 258 号）

（5）国家外汇管理局外汇收支非现场监管工作制度（试行）（汇发［2004］22 号）

（6）银行执行外汇管理规定情况考核办法（汇发［2010］38 号）

（7）银行执行外汇管理规定情况考核内容及评分标准（2012 年）（汇综发［2012］47 号）

（二）银行结售汇业务

1. 银行结售汇业务

（1）外资银行结汇、售汇及付汇业务实施细则（银发［1996］202 号）

（2）《外资银行结汇、售汇及付汇业务实施细则》会计处理的有关规定

（3）外汇指定银行办理结汇、售汇业务管理暂行办法（中国人民银行令 2002 年第 4 号）

（4）中国人民银行关于外资银行开立结售汇人民币现金专用账户有关问题的通知（银发［2003］180 号）

（5）中国人民银行关于结售汇业务管理工作的通知（银发［2004］62

号）

（6）中国人民银行关于结售汇人民币专用账户有关问题的通知（银发［2005］292 号）

（7）国家外汇管理局关于境外黄金借贷和衍生产品交易业务外汇管理问题的批复（汇复［2005］253 号）

（8）国家外汇管理局关于调整银行即期结售汇业务市场准入和退出管理方式的通知（汇发［2007］20 号）

（9）国家外汇管理局综合司关于启用“银行结售汇业务管理专用章”的通知（汇综发［2007］97 号）

（10）国家外汇管理局国际收支司关于银行即期结售汇业务市场准入和退出管理有关问题的批复（汇国发［2007］11 号）

（11）国家外汇管理局关于完善银行自身结售汇业务管理有关问题的通知（汇发［2011］23 号）

（12）国家外汇管理局关于银行贵金属业务汇率敞口外汇管理有关问题的通知（汇发［2012］8 号）

2. 银行结售汇头寸管理

（1）国家外汇管理局关于银行结售汇综合头寸管理有关问题的通知（汇发［2010］56 号）

（2）国家外汇管理局关于完善银行结售汇综合头寸管理有关问题的通知（汇发［2012］26 号）

3. 银行结售汇报表

（1）银行结售汇统计制度（汇发［2006］42 号）

（2）国家外汇管理局关于进一步规范银行结售汇统计管理有关问题的通知（汇发［2008］54 号）

（3）国家外汇管理局综合司关于将人民币购售业务纳入结售汇统计有关问题的通知（汇综发［2010］99 号）

4. 结售汇相关产品管理

（1）外汇指定银行对客户远期结售汇业务和人民币与外币掉期业务备案操作指引（汇发［2005］70 号）

（2）中国人民银行关于扩大外汇指定银行对客户远期结售汇业务和开办人民币与外币掉期业务有关问题的通知（银发［2005］201 号）

(3) 国家外汇管理局关于外汇指定银行对客户远期结售汇业务和人民币与外币掉期业务有关外汇管理问题的通知（汇发［2006］52号）

(4) 中国人民银行关于政策性银行为合格境外机构办理人民币贷款业务和货币互换业务有关问题的通知（银发［2007］81号）

(5) 国家外汇管理局关于合作办理远期结售汇业务有关问题的通知（汇发［2010］62号）

(6) 国家外汇管理局关于外贸个体工商户个人外汇结算账户资金办理远期结售汇及人民币与外币掉期业务的批复（汇复［2010］197号）

(7) 国家外汇管理局关于外汇指定银行对客户人民币外汇货币掉期业务有关外汇管理问题的通知（汇发［2011］3号）

(8) 国家外汇管理局关于人民币对外汇期权交易有关问题的通知（汇发［2011］8号）

(9) 国家外汇管理局关于银行办理人民币对外汇期权组合业务有关问题的通知（汇发［2011］43号）

（三）离岸业务

(1) 离岸银行业务管理办法（银发［1997］438号）

(2) 离岸银行业务管理办法实施细则（［98］汇管发字第09号）

（四）银行卡相关

(1) 国家外汇管理局关于报送内地人民币卡在香港使用统计报表的通知（汇发［2004］57号）

(2) 国家外汇管理局关于提高中国银联卡境外自动柜员机单卡单日提取外币现钞限额的批复（汇复［2008］103号）

(3) 国家外汇管理局关于规范银行外币卡管理的通知（汇发［2010］53号）

（五）不良债权

(1) 中国人民银行、国家外汇管理局关于国有独资商业银行剥离不良外汇贷款后有关外汇管理政策的通知（银发［2001］92号）

(2) 国家发展改革委、国家外汇管理局关于规范境内金融机构对外转让不良债权备案管理的通知（发改外资［2007］254号）

（六）银行相关其他

(1) 中国人民银行关于内地银行与香港和澳门银行办理个人人民币业

务有关问题的通知（银发［2004］254号）

（2）国家外汇管理局关于广东发展银行开证保证金账户等有关问题的批复（汇复［2006］1号）

（3）国家外汇管理局关于中国银行福建省分行开办个人外汇保证金交易的批复（汇复［2006］95号）

（4）国家外汇管理局综合司关于广东发展银行境内代付业务等问题的批复（汇综复［2007］17号）

（5）国家外汇管理局关于外资银行改制所涉外汇管理有关问题的通知（汇发［2007］15号）

（6）国家外汇管理局关于交通银行开办代理境外分支机构开户见证业务的批复（汇复［2010］208号）

（七）保险公司

（1）保险业务外汇管理暂行规定（汇发［2002］95号）

（2）国家外汇管理局关于报送保险外汇监管报表有关问题的通知（汇发［2003］27号）

（3）保险业务外汇管理操作规程（汇发［2003］118号）

（4）国家外汇管理局关于保险公司开办境内外汇同业拆借业务有关问题的通知（汇发［2003］105号）

（5）国家外汇管理局关于出口信用保险业务外汇收付有关问题的通知（汇发［2004］29号）

（6）国家外汇管理局关于简化对保险机构外汇业务审核手续有关问题的通知（汇发［2004］85号）

（7）国家外汇管理局关于实施《保险公司外汇同业拆借操作办法》的批复——保险公司外汇同业拆借操作办法（暂行）（汇复［2004］93号）

（8）国家外汇管理局关于美国联邦保险股份有限公司上海分公司支付代垫费用有关问题的批复（汇复［2005］216号）

（9）国家外汇管理局关于调整部分保险业务外汇管理政策有关问题的通知（汇发［2006］23号）

（八）信托公司、金融资产公司及其他非银行金融机构

（1）中国人民银行关于金融资产管理公司外汇业务经营范围的通知（银发［2000］160号）

（2）中国证券监督管理委员会　国家外汇管理局关于证券经营机构从事 B 股业务若干问题的补充通知（证监发［2001］26 号）

（3）国家外汇管理局关于信托投资公司购汇补充外汇资本金有关问题的通知（汇发［2001］159 号）

（4）国家外汇管理局关于外资参股基金管理公司有关外汇管理问题的通知（汇发［2003］44 号）

（5）国家外汇管理局关于国家邮政局邮政储汇局办理国际汇兑业务有关问题的批复（汇复［2003］271 号）

（6）国家外汇管理局关于汽车金融公司有关外汇管理问题的通知（汇发［2004］72 号）

（7）国家外汇管理局关于金融资产管理公司利用外资处置不良资产有关外汇管理问题的通知（汇发［2004］119 号）

（九）外币代兑机构、个人本外币兑换特许机构、自助兑换机及外汇预结汇

（1）外币代兑机构管理暂行办法（中国人民银行令 2003 年第 6 号）

（2）国家外汇管理局关于部分银行试行办理个人外汇预结汇汇款业务有关问题的通知（汇发［2003］48 号）

（3）国家外汇管理局关于改进外币代兑机构外汇管理有关问题的通知（汇发［2007］48 号）

（4）国家外汇管理局关于进一步完善个人本外币兑换业务有关问题的通知（汇发［2008］24 号）

（5）国家外汇管理局关于进一步完善银行试行办理个人外汇预结汇汇款业务有关问题的通知（汇发［2009］51 号）

（6）国家外汇管理局关于在深圳市使用外币兑换机开展兑换业务的批复（汇复［2009］264 号）

（7）个人本外币兑换特许业务试点管理办法（汇发［2012］27 号）

五、人民币汇率与外汇市场（33 项）

（一）汇价

（1）关于完善人民币汇率形成机制改革有关事宜（中国人民银行公告［2005］第 16 号）

（2）中国人民银行关于银行间外汇市场交易汇价和外汇指定银行挂牌汇价管理有关事项的通知（银发［2005］183 号）

（3）中国人民银行关于进一步改善银行间外汇市场交易汇价和外汇指定银行挂牌汇价管理的通知（银发［2005］250 号）

（4）关于进一步完善银行间即期外汇市场、改进人民币汇率中间价形成方式有关事宜（中国人民银行公告［2006］第 1 号）

（5）国家外汇管理局关于进一步完善出口换汇成本监测工作有关事宜的通知（汇发［2006］12 号）

（6）关于扩大银行间即期外汇市场人民币兑美元交易价浮动幅度（中国人民银行公告［2007］第 9 号）

（7）国家外汇管理局关于中国外汇交易中心调整外汇市场收费方案的批复（汇复［2007］107 号）

（8）国家外汇管理局综合司关于出口换汇成本监测新系统上线有关事宜的通知（汇综发［2009］103 号）

（9）中国人民银行关于银行间外汇市场交易汇价和外汇指定银行挂牌汇价管理有关问题的通知（银发［2010］325 号）

（10）国家外汇管理局关于外汇指定银行停止报送挂牌汇价日报表的通知（汇发［2012］9 号）

（二）外汇交易市场

（1）国家外汇管理局关于加强对外汇市场监管规范办公程序的通知（［96］汇国函字第 009 号）

（2）银行间外汇市场管理暂行规定（银发［1996］423 号）

（3）国家外汇管理局关于中国外汇交易中心在银行间外汇市场开设欧元/人民币交易的批复（汇复［2002］14 号）

（4）国家外汇管理局关于同意中国外汇交易中心开办外币拆借中介业务的批复（汇复［2002］37 号）

（5）关于在香港地区办理个人人民币存款、兑换、银行卡和汇款业务的有关银行清算安排事宜（中国人民银行公告［2003］第 16 号）

（6）国家外汇管理局关于银行间外汇市场开展双向交易的通知（汇发［2003］109 号）

（7）国家外汇管理局关于中国外汇交易中心开展银行间外币买卖业务

的批复（汇复［2004］115号）

（8）国家外汇管理局关于在银行间外汇市场推出即期询价交易有关问题的通知（汇发［2005］87号）

（9）非金融企业和非银行金融机构申请银行间即期外汇市场会员资格实施细则（暂行）（汇发［2005］94号）

（10）中国人民银行关于加快发展外汇市场有关问题的通知（银发［2005］202号）

（11）国家外汇管理局关于中国外汇交易中心发布人民币外汇远期交易主协议和交易规则的批复（汇复［2005］291号）

（12）国家外汇管理局关于中国外汇交易中心发布人民币外汇即期交易规则的批复（汇复［2005］325号）

（13）国家外汇管理局关于境内外汇指定银行办理韩元挂牌兑换业务有关事项的通知（汇发［2006］45号）

（14）国家外汇管理局关于统一银行间外汇市场即期竞价交易和即期询价交易时间的通知（汇发［2006］50号）

（15）国家外汇管理局关于中国外汇交易中心发布人民币外汇掉期交易规则的批复（汇复［2006］87号）

（16）国家外汇管理局关于中国外汇交易中心在银行间外汇市场开设英镑对人民币交易的批复（汇复［2006］153号）

（17）中国人民银行关于在银行间外汇市场开办人民币外汇货币掉期业务有关问题的通知（银发［2007］287号）

（18）国家外汇管理局关于中国外汇交易中心发布人民币外汇货币掉期交易规则的批复（汇复［2007］347号）

（19）货币经纪公司外汇经纪业务管理暂行办法（汇发［2008］55号）

（20）中国人民银行　国家外汇管理局关于停办外币清算业务有关事宜的通知（银发［2009］137号）

（21）银行间外汇市场做市商指引（汇发［2010］46号）

（22）国家外汇管理局关于中国外汇交易中心在银行间外汇市场推出人民币对外汇期权交易的批复（汇复［2011］30号）

（23）国家外汇管理局关于调整银行间外汇市场部分业务管理的通知（汇发［2012］30号）

六、国际收支与外汇统计（37 项）

（一）国际收支统计

（1）国际收支统计申报办法（中国人民银行行长令 1995 年第 2 号）

（2）国家外汇管理局　国家质量监督检验检疫总局关于在外汇业务工作中全面使用组织机构代码标识的通知（汇发［2002］24 号）

（3）国际收支统计申报办法实施细则（汇发［2003］21 号）

（4）国际收支统计申报中特殊机构代码赋码业务操作规程（汇发［2003］131 号）

（5）国家外汇管理局国际收支司关于明确国际收支统计申报中特殊机构代码赋码有关事项的通知（汇国发［2004］5 号）

（6）国家外汇管理局关于下发“境内银行涉外收付相关凭证管理规定”的通知（汇发［2004］45 号）

（7）国家外汇管理局关于规范境内银行涉外收付相关凭证印制工作的通知（汇发［2004］65 号）

（8）国家外汇管理局综合司关于境内银行涉外收付相关凭证备案工作有关事项的通知（汇综发［2004］140 号）

（9）国家外汇管理局《国际收支申报核查证》管理工作制度（汇发［2010］20 号）

（10）国家外汇管理局综合司关于调整境内银行涉外收付相关凭证内容的通知（汇综发［2010］50 号）

（11）国家外汇管理局综合司关于停止报送汇兑业务统计申报表的通知（汇综发［2010］54 号）

（12）对外直接投资统计制度（商合发［2010］520 号）

（二）国际收支统计间接申报

（1）国家外汇管理局综合司关于现钞结算的国际收支统计间接申报和核销问题的批复（汇综复［2006］106 号）

（2）国家外汇管理局综合司关于外资银行改制有关国际收支统计申报事项的批复（汇综复［2007］40 号）

（3）通过金融机构进行国际收支统计申报业务操作规程（汇发［2010］22 号）

（4）国际收支网上申报系统操作规程（汇综发［2010］122号）

（5）国家外汇管理局国际收支司关于国际收支统计申报有关问题的批复（汇国复［2010］6号）

（6）国家外汇管理局国际收支司关于境外承包工程国际收支统计间接申报问题的批复（汇国复［2010］10号）

（7）国际收支统计间接申报核查制度（汇发［2011］1号）

（8）国家外汇管理局关于进一步强化国际收支核查工作的通知（汇发［2011］47号）

（9）国家外汇管理局关于明确和调整国际收支申报有关事项的通知（汇发［2011］34号）

（10）国家外汇管理局关于做好调整境内银行涉外收付凭证及相关信息报送准备工作的通知（汇发［2011］49号）

（三）金融机构对境外资产负债损益申报统计

（1）金融机构对境外资产负债及损益申报业务操作规程（［96］汇国发字第13号）

（2）国家外汇管理局关于金融机构对境外资产负债及损益申报业务有关事项的通知（［97］汇国函字第075号）

（3）国家外汇管理局关于推广使用金融机构对境外资产负债及损益统计申报和汇兑统计申报两项业务软件的通知（汇发［1999］246号）

（4）国家外汇管理局国际司关于明确金融机构对境外资产负债及损益申报业务计算机软件推广使用中具体要求的通知（汇国函［1999］31号）

（5）国家外汇管理局综合司关于金融机构对境外资产负债及损益申报有关事项的通知（汇综发［2005］112号）

（6）国家外汇管理局综合司关于境内金融机构补充申报直接投资数据有关事项的通知（汇综发［2008］24号）

（7）国家外汇管理局综合司关于境内银行报送非居民人民币账户数据的通知（汇综发［2008］51号）

（8）国家外汇管理局关于中资金融机构报送外汇资产负债统计报表的通知（汇发［2009］6号）

（9）国家外汇管理局综合司关于中资金融机构外汇资产负债统计软件试点及上线有关事项的通知（汇综发［2010］2号）

（10）国家外汇管理局关于开展银行贸易融资业务调查的通知（汇综发［2011］114 号）

（四）抽样调查制度

（1）国家外汇管理局关于印发《贸易信贷调查制度》和《贸易信贷调查实施方案》的通知（汇发［2004］67 号）

（2）国家外汇管理局综合司关于调整贸易信贷抽样调查报表和启用贸易信贷抽样调查系统报送数据的通知（汇综发［2009］12 号）

（3）国家外汇管理局国际收支司关于启用贸易信贷调查系统（外汇局版）开展贸易信贷调查工作的通知（汇国发［2010］1 号）

（4）国家外汇管理局国际收支司关于开展 2010 年 6 月末贸易信贷调查有关事项的通知（汇国发［2010］8 号）

（5）国家外汇管理局综合司关于扩大贸易信贷调查地区范围及提高调查频率的通知（汇综发［2011］28 号）

七、外汇检查与法规适用（17 项）

（一）办案程序

（1）国家外汇管理局外汇检查处罚权限管理规定（汇发［2001］219 号）

（2）国家外汇管理局行政处罚听证程序（汇发［2002］79 号）

（3）国家外汇管理局行政复议程序（汇发［2002］80 号）

（二）法律依据

（1）国家外汇管理局关于转发《关于骗购外汇、非法套汇、逃汇、非法买卖外汇等违反外汇管理规定行为的行政处分或者纪律处分暂行规定》的通知（汇发［1999］102 号）

（2）国家外汇管理局关于《中华人民共和国外汇管理条例》修订后检查处理违反外汇管理行为法规适用问题的通知（汇发［2008］41 号）

（3）国家外汇管理局关于《中华人民共和国外汇管理条例》第七章法律责任部分条款内容含义和适用原则有关问题的通知（汇发［2008］59 号）

（4）对国家外汇管理局关于提请解释《外汇管理条例》法律责任有关条款的复函（国法函［2012］219 号）

（三）其他

（1）国家外汇管理局关于处理非法从事外汇期货交易机构的意见的通

知（［93］汇业函字第121号）

（2）中国证监会　国家外汇管理局　国家工商行政管理局　公安部关于严厉查处非法外汇期货和外汇按金交易活动的通知（证监发字［1994］165号）

（3）中国证券监督管理委员会　国家工商行政管理局　国家外汇管理局　公安部关于印发《关于贯彻中国证监会、国家外汇管理局、国家工商行政管理局、公安部〈关于严厉查处非法外汇期货和外汇按金交易活动的通知〉的会议纪要》的通知（证监发字［1994］196号）

（4）国家外汇管理局　中国证监会　国家工商行政管理局关于查处非法外汇期货（按金）交易活动的通知（［95］汇管函字第191号）

（5）国家外汇管理局　国家工商行政管理局关于禁止国内私自以外币计价结算和禁止发布含有外币计价结算内容的广告的通知（［96］汇管函字第177号）

（6）国家外汇管理局关于禁止非金融企业之间进行外汇借贷的通知（［96］汇资函字第305号）

（7）关于禁止金融机构随意开展境外衍生工具交易业务的通知

（8）国家外汇管理局、公安部关于严厉打击非法买卖外汇违法犯罪活动的通知（汇发［2001］155号）

（9）国家外汇管理局综合司关于非法网络炒汇行为有关问题认定的批复（汇综复［2008］56号）

（10）国家外汇管理局综合司对外汇指定银行经营结售汇业务信息变更后未按规定备案违规行为处理的批复（汇综复［2008］117号）

八、外汇科技管理（4项）

（1）国家外汇管理局信息系统代码标准化工作管理办法（暂行）（汇综发［2008］162号）

（2）国家外汇管理局综合司关于信息系统代码标准化工作有关事项的通知（汇综发［2009］101号）

（3）国家外汇管理局信息系统代码标准库（第［2010］01版）（汇综发［2010］59号）

（4）国家外汇管理局信息系统代码标准管理实施细则（汇综发［2011］131号）

名 词 解 释

国家外汇管理局关于境内个人参与境外上市公司股权激励计划外汇管理有关问题的通知

汇发［2012］7 号

1. 境外上市公司，是指在境外（含港、澳、台）证券交易场所上市的公司。

2. 股权激励计划，是指境外上市公司以本公司股票为标的，对境内公司的董事、监事、高级管理人员、其他员工等与公司具有雇佣或劳务关系的个人进行权益激励的计划，包括员工持股计划、股票期权计划等法律、法规允许的股权激励方式。

3. 境内公司，是在境内注册的境外上市公司、境外上市公司在境内的分支机构（含代表处）以及与境外上市公司有控股关系或实际控制关系的境内各级母、子公司或合伙企业等境内机构。

4. 境内个人，是指符合《中华人民共和国外汇管理条例》第五十二条规定的境内公司董事、监事、高级管理人员及其他员工，包括中国公民（含港澳台籍）及外籍个人。

5. 尚未出售的股票/权益数量，是指个人认购股权激励计划指定股票/权益后，截至报告期末尚未出售的部分，是配发/认购股票数量与出售股票/权益数量、已取消股票/权益数量之差。

6. 持有股票/权益数量，是指个人报告期末累计持有的境外上市公司股票/权益数量，等于尚未出售的股票/权益数量与持股期间送、配股数量之和。

7. 付汇金额的期初数，为报告期初的累计付汇金额。本期发生，为报告期付汇金额。期末数，为报告期末的累计付汇金额。剩余可用付汇额度，为批准的付汇额度与累计已使用的付汇额度之差。采用非现金认购/行权的，付汇额度使用情况栏对应项目应填写为零。

8. 汇回境内专用外汇账户中对应的结汇，是指境内代理机构的境内专用外汇账户中资金的结汇，不包括划转至个人外汇储蓄账户后的结汇。

国家外汇管理局关于银行贵金属业务汇率敞口外汇管理有关问题的通知

汇发［2012］8号

9. 贵金属业务汇率敞口，是指银行在境内办理以人民币计价的即期贵金属（包括但不限于黄金、白银、铂金）买卖业务后，在境外市场平盘贵金属交易敞口而形成的本外币错配的一种汇率敞口。

国家外汇管理局关于核定2012年度境内机构短期外债余额指标有关问题的通知

汇发［2012］12号

10. 各地区指标，是指由分局为辖区内中、外资法人制银行（由总局直接核定指标的除外）、未对指标实行集中管理的外资银行分行以及中资企业等机构核定的指标总额上限。

国家外汇管理局关于印发《个人本外币兑换特许业务试点管理办法》的通知

汇发［2012］27号

11. 个人本外币兑换特许业务，是指境内非金融机构经国家外汇管理局及其分支机构批准，为境内外个人办理的人民币与外币之间的货币兑换业务。

12. 备付金，是指特许机构办理兑换业务形成的库存现钞，以及通过在银行开立备付金账户存储的用于兑换业务的资金。

国家外汇管理局关于印发货物贸易外汇管理法规有关问题的通知

汇发［2012］38号

13. 总量差额，是指企业最近12个月内被外汇局纳入核查的贸易收支累计差额与货物进出口累计差额之间的偏差。

14. 总量差额比率，是指总量差额与该企业同期被外汇局纳入核查的进出口和贸易外汇收支累计规模之间的比率。

15. 资金货物比率，是指企业最近12个月内被外汇局纳入核查的贸易外汇收支累计规模与同期进出口累计规模之间的比率。

16. 贸易信贷报告余额比率，是指企业根据规定进行贸易信贷报告的月末余额合计与企业最近12个月内进出口和贸易外汇收支累计规模之间的比率。

17. 一年期贸易信贷发生额比率，是指企业根据规定进行的一年期以上预收货款、预付货款、延期收款、延期付款各项贸易信贷报告发生额与企业最近12个月内相应的收汇、付汇、出口及进口规模之间的比率。

18. 离岸账户，是指境外机构按规定在依法取得离岸银行业务经营资格的境内银行离岸业务部开立的境外机构OSA账户。

19. 关联企业交易，是指存在直接或间接控制关系或重大影响关系的企业间贸易行为。

国家外汇管理局关于外商投资合伙企业外汇管理有关问题的通知

汇发［2012］58号

20. 外商投资合伙企业，是指两个以上外国企业或者个人（以下简称"外国合伙人"）依法在中国境内设立的合伙企业，以及外国合伙人与中国的自然人、法人和其他组织依法在中国境内设立的合伙企业。

国家外汇管理局综合司关于开展国际收支网上申报系统银行数据接口程序验收和联调工作有关事项的通知

汇综发［2012］14号

21. 银行接口程序，是指与涉外收付相关凭证调整有关的银行接口程序。

索　引

（按文件文号分类排序）